Veröffentlichungen
der Vereinigung der Deutschen Staatsrechtslehrer

Heft 4

Das Recht der freien Meinungsäusserung.

Der Begriff des Gesetzes in der Reichsverfassung.

Berichte
von
Karl Rothenbücher, Rudolf Smend, Hermann Heller und **Max Wenzel**

Verhandlungen der Tagung der Deutschen Staatsrechtslehrer zu München am 24. und 25. März 1927

Mit einem Auszug aus der Aussprache

Berlin und Leipzig 1928
Walter de Gruyter & Co.
vormals G. J. Göschen'sche Verlagshandlung — J. Guttentag, Verlagsbuchhandlung — Georg Reimer — Karl J. Trübner — Veit & Comp.

Druck von C. Schulze & Co., G. m. b. H., Gräfenhainichen.

Inhalt.

I. Eröffnung.

Der Vorsitzende Thoma-Heidelberg eröffnete die Beratungen am 24. März 1927 um 9 Uhr 50 Min. mit einer kurzen Ansprache, die in der Hauptsache folgendes ausführte: Die Tagung unterscheidet sich von der vorigen dadurch, daß sie zum ersten Male unter einem veränderten Vorstand stattfindet. In Zukunft werden die Vorstände periodisch abwechseln. Der Grund für das Aufblühen der Vereinigung ist die Arbeit des ersten Vorstandes, bestehend aus den Herren Triepel, Anschütz und Stier-Somlo, die uns eine Prägung, eine Tradition gegeben haben. Dem früheren Vorstand gebührt für die geleistete Arbeit der Dank der gesamten deutschen Staatsrechtslehrer. Sodann widmete der Vorsitzende den verstorbenen Mitgliedern Eduard Rosenthal, Robert Piloty, Ludwig Spiegel und Eugen von Jagemann sowie dem der Vereinigung nicht beigetretenen Julius Hatschek, einen ehrenden Nachruf. Als neues Mitglied wird Herrfahrdt-Greifswald begrüßt.

Schriftführer Nawiasky erstattet den Geschäfts- und Kassenbericht.

II. Erster Beratungsgegenstand:

1. Das Recht der freien Meinungsäußerung.

1. Bericht von Professor **Dr. Karl Rothenbücher** in München.

Gibt es ein Recht auf freie Meinungsäußerung?

Ein Recht, jede Meinung zu äußern, gibt es nicht, sagt Aurelius Augustinus; es kann nicht das Recht geben, eine offenbar irrige Anschauung vorzutragen. Es kann nur das Recht geben, die wahre Lehre kundzutun. Man kann zwar den Gedanken nicht unterdrücken, wohl aber ihn verhindern. an die Öffentlichkeit zu treten. („Saltem intra claustra cogitationis coercet malam cupiditatem.") Das ist auch die Rechtslehre der katholischen Kirche. Zwar ist es dem Katholiken gestattet, unter den heutigen Verhältnissen „bürgerliche Toleranz" zu gewähren und daher auch das Freiheitsrecht der Meinungsäußerung zuzugestehen, allein grundsätzlich darf der Katholik nicht zugeben, daß auch der Irrtum ein Recht haben könne, und daher hält innerhalb ihres Rechtsbereichs die Kirche auch strenge hieran fest. Sie verbietet Bücher, gleichviel welcher Verfasser, nicht nur wenn sie von der anerkannten Wahrheit abweichen, sondern auch schon dann, wenn sie der Religion und den Sitten nur gefährlich werden können. Und alle Werke, die sich auf Glauben und Sitten beziehen, sind der kirchlichen Behörde zur Vorzensur vorzulegen.

Nicht anders stand lange der Protestantismus überall dort, wo die jeweils Regierenden glaubten, im Besitze des „wahren Worts" zu sein. Friedrich Wilhelm I. entsetzt 1723 den Philosophen Christian Wolff seines Amtes und verweist ihn innerhalb 48 Stunden aus dem Lande, weil er Lehren vorgetragen habe, die der im göttlichen Worte geoffenbarten Religion entgegenstanden.

Dieselbe Auffassung findet man selbst bei Vielen, die an sich für ein sehr weit bemessenes Recht auf freie Meinungsäußerung eintreten. Bestimmten Meinungen könne dieses Recht doch nicht zugestanden werden. Thomas Morus, der in der „Utopia" ein weites Maß von Gedankenfreiheit gefordert hat. wollte doch verbieten, „daß Einer so tief unter die Würde der menschlichen Natur sinke, daß er den Glauben an die Unsterblichkeit der Seele und die göttliche Vorsehung aufgebe".

(Wobei er freilich einem solchen noch die Möglichkeit zugestehen wollte, in kleinem Kreise ernster gebildeter Männer seine Meinung zu vertreten, weil er auf diese Weise vielleicht zur Erkenntnis der Wahrheit gelange.) Spinoza hat in dem „Theologisch-politischen Traktat" die Freiheit der Meinungsäußerung, die er im übrigen mit Festigkeit vertrat, dahin eingeschränkt, daß es nicht gestattet sein könne, die Obrigkeit der Ungerechtigkeit zu beschuldigen oder zu lehren, daß man ein Versprechen nicht halten müsse. Und so in den folgenden Jahrhunderten alle jene Vertreter der Geistesfreiheit, die das Erfordernis der sogenannten „bürgerlichen Religion", d. h. eines Mindestmaßes von religiösen Überzeugungen aufstellen. Milton, der mit seiner „Aeropagitika" der Vater der Preßfreiheit geworden ist, hat die Freiheit der Meinungsäußerung doch nicht dem Papsttum und der katholischen Lehre zugestehen wollen und auch abgelehnt, daß etwas geduldet werde, was gottlos und „unbedingt böse" sei. Unter den Liberalen, die im 19. Jahrhundert in Deutschland für die akademische Lehrfreiheit eintraten, haben doch manche wiederum den Vorbehalt gemacht, daß nicht Lehren vorgetragen werden dürften, die, wie etwa diejenige der Sozialdemokratie, „den Bestand der Gesellschaft untergraben".

Dieser Gedanke, eine offenbar unrichtige Ansicht dürfe nicht geäußert werden, entspringt einem tief in der menschlichen Seele wurzelnden Triebe. Je weniger der Mensch geistig beherrscht ist, je triebhafter er ist, desto weniger vermag er eine gegenteilige Meinung anzuhören; er fühlt sich dadurch beleidigt, daß jemand dem, was er selbst für richtig hält, widerspricht. Die hieraus sich ergebende Neigung, die fremde Meinung zu unterdrücken, ruht tief in den Menschen. Im Grunde würden sehr viele, wenn sie die Macht hätten, ein Gesetz erlassen, wie 1737 der Herzog Ernst August von Weimar der „das vielfältige Räsonnieren der Untertanen" bei halbjähriger Zuchthausstrafe verbot.

In der Rechtsauffassung der deutschen Verwaltungsbehörden und Verwaltungsgerichte kommt jene Anschauung zur Geltung, wenn das Verbot eines Stücks damit gerechtfertigt wird, daß es geeignet sei, „bei den sittlich gefestigten Zuschauern Ärgernis zu geben" (Preußisches Oberverwaltungsgericht Entscheidung vom 29. 1. 03, bei Reger, Bd. 24, S. 26.): „Zuschauer mit normal entwickeltem Stittlichkeitsgefühl würden Ärgernis nehmen" (Sächsisches Oberverwaltungsgericht, Entscheidung vom 9. 1. 07, bei Reger, Bd. 28, S. 11). Eine Gefahr für die öffentliche Ordnung sei auch in Kundgebungen zu finden, „welche geeignet seien, durch Verletzung des berechtigten Vaterlandsgefühls öffentlich ein Ärgernis zu geben".

(Preuß. Oberverwaltungsgericht, Entscheidung vom 22. 9. 08, bei Reger, Bd. 29, S. 479.) Weiterhin (ebenda): „Die Ereignisse von 1866 würden in dem Theaterstücke als Rechtsbruch dargestellt . . . es würde die Aufführung bei dem patriotisch denkenden Teile ein schweres Ärgernis erregt haben."

Und jene Neigung des Menschen zeigt sich selbst dort, wo formal das Recht der freien Meinungsäußerung besteht, in dem tatsächlichen Verhalten der Gesellschaft. Schon vor hundert Jahren berichtete A. de Tocqueville über die Demokratie in Amerika: „Ich kenne kein Land, wo im allgemeinen weniger Unabhängigkeit des Geistes und wahre Freiheit der Meinungsäußerung besteht wie in Amerika. In Amerika zieht die Mehrheit einen furchtbaren Kreis um jeden Gedanken. Innerhalb dieser Grenzen ist der Schriftsteller frei, aber wehe ihm, wenn er es wagt, ihn zu verlassen. Er hat kein Autodafé zu fürchten, wohl aber die wirksame Verpönung durch die öffentliche Meinung."

Das Recht der freien Meinungsäußerung wird auch aus einer anderen geistigen Einstellung heraus abgelehnt. Es gibt Viele, denen die Frage nach dem Wahrheitsgehalt einer Meinung gleichgültig ist, die aber sagen: Meinungen, die gefährlich sind, gleichviel, ob sie wahr oder nicht wahr sind, dürfen nicht vorgetragen werden.

Und Meinungen können gefährlich sein, denn sie stehen hinter den Handlungen der Menschen. „Nicht ein Dolch hat die Brust des Herzogs von Berry getroffen, sondern eine liberale Idee", erklärte 1820 ein französischer Minister des Innern (É. Faguet, Le Libéralisme 1902 S. 95). Daher muß den in den Meinungen liegenden Gefahren vorgebeugt werden. Der Staat hat das Recht, die Äußerung gefährlicher Ansichten zu verbieten, und er hat daher auch das Recht, zu prüfen, ob Meinungen überhaupt ausgesprochen werden dürfen. Er hat das Recht der Vorzensur. Von Plato angefangen, der den Dichter der Zensur unterwirft, durch die Jahrhunderte geht diese Anschauung bis in die Gegenwart, in der sie, wie schon gesagt, innerhalb des Bereichs der katholischen Kirche aufs schärfste durchgeführt ist, in der sie aber auch für eine Reihe zeitgenössischer Staaten mit Hilfe der verschiedensten Einrichtungen sich behauptet. So in Italien, dessen derzeitiger Diktator die Theorie aufgestellt hat, die Rechte des Bürgers beruhten nur auf Zulassung des Staates, und der Staat könne daher das Recht auf freie Meinungsäußerung beliebig einschränken, so in Spanien, Polen, Rußland.

In Deutschland begegnen wir jenen Gedanken, wenn nicht in der Rechtsordnung, so doch innerhalb der Rechtsauslegung.

Es sei erinnert an die Rechtsauffassung, die für das ältere Recht, vor allem in der Rechtssprechung des preußischen Oberverwaltungsgerichts, zum Ausdruck gekommen ist. So wurde ein Verbot für zulässig erachtet, Scheunenflügel in polnischen Farben anzustreichen, ein Stück mit nationalpolnischer Tendenz im Theater aufzuführen, „denn eine Gefahr für die öffentliche Sicherheit, Ruhe und Ordnung könne auch darin bestehen, daß durch die Aufführung im Innern der Zuhörer Anschauungen, die zu einem die staatliche Ordnung gefährdenden Verhalten führen könnten, wachgerufen und befestigt würden", (Das Recht, 1911, S. 733.) Ähnlich in anderen Fällen, wo betont wurde, daß die Gefahr nicht nur darin bestehen könne, daß äußere Ausschreitungen durch Ruhestörung und Lärm zu erwarten seien (Entscheidung vom 22. Sept. 1900, Reger Bd. 21, S. 113). Aufgabe der Polizei sei es, eine Verschlechterung der Sittlichkeit zu verhüten. Eine solche könne auch in einer Verschlechterung des sittlichen Denkens und Fühlens liegen, ohne daß der Tatbestand des § 183 StrGB. gegeben sein müsse. (Entscheidung vom 2. 5. 92, Reger, Bd. 21, S. 421.) Paul Heyses „Maria von Magdala" stelle zwar nicht der Absicht, so doch der Wirkung nach einen Angriff auf die christliche Religion dar. „Diese aber bilde im preußischen Staat nach seiner geschichtlichen und verfassungsmäßigen Gestaltung einen Teil der öffentlichen Ordnung", daher sei das Verbot gerechtfertigt. (Entscheidung vom 19. 1. 1903, Reger, Bd. 24, S. 123.)

Allein jener Auffassung steht eine andere gegenüber: Meinungen sind ungefährlich. „Hängt es doch niedriger, daß die Leute sich nicht den Hals ausrenken", befiehlt Friedrich der Große 1787 angesichts eines ihn schmähenden Anschlags. (In bezug auf Friedrich den Großen sagt Kant in seinem Aufsatze „Was ist Aufklärung": „Nur ein einziger Herr in der Welt sagt: räsonniert, soviel ihr wollt, und worüber ihr wollt; aber gehorcht!)

Tiefer als die menschenverachtende Überlegenheit jenes wirklichen Souveräns geht aber noch die Regierungsweisheit, die die Apostelgeschichte (V, 34) dem Gamaliel in den Mund legt, der, als die Apostel vor dem Hohen Rat angeklagt waren, riet, sie laufen zu lassen, mit der Begründung, „sei der Rat oder das Werk aus den Menschen, so werde es untergehen; sei es aber aus Gott, so könne man es nicht unterdrücken".

In diesem Satze ist nicht von einem Recht auf freie Meinungsäußerung die Rede, aber zweierlei steckt in ihm: Einmal eine Staatsräson: Meinungen sind nie gefährlich, denn Irrtümer gehen in sich selbst zugrunde, Wahrheiten aber können nicht unterdrückt werden. Sodann aber: Es gibt kein Recht des

Staates, eine Meinung deshalb zu unterdrücken, weil sie nicht die wahre sei, denn einer Meinung kann man nicht von vornherein ansehen, ob sie die wahre ist.

Derjenige, der diesen Gedanken ausspricht, verzweifelt nicht, wie die vollendeten Skeptiker, daß man die Wahrheit überhaupt finden könne, sondern im Gegenteil, er ist überzeugt, die Wahrheit werde sich von selbst durchsetzen.

Dieser Glaube an den Sieg der Wahrheit tritt immer wieder auf. „Laßt die Wahrheit und die Lüge ringen; wer weiß, daß die Wahrheit jemals in einem freien, offenen Kampfe unterlegen wäre?" ruft Milton. Die überzeugten Anhänger der akademischen Lehrfreiheit im besonderen haben zu deren Begründung stets gesagt: die verschiedenen Lehrmeinungen würden vor urteilsfähigen Hörern vorgetragen, und hier werde mit der Zeit von selbst der Irrtum gegenüber der Wahrheit unterliegen — eine Auffassung, die letztlich alle diejenigen beseelt, die an den Fortschritt der Wissenschaft glauben.

Hier aber tritt nun ein weiterer Gehanke hervor, der dazu führen muß, in der Rechtsordnung die Freiheit der Meinungsäußerung zu verbürgen: Freiheit der Meinungsäußerung ist nicht nur nicht gefährlich, sondern sie ist geradezu notwendig um des Fortschritts der Erkenntnis, der Wissenschaft willen. „Durch die Unterdrückung einer Meinung werde die Menschheit beraubt, entweder der Wahrheit selbst oder, wenn die Meinung irrig sei, des Vorteils der deutlicheren Wahrnehmung und des lebhafteren Eindrucks der Wahrheit, wie er aus deren Widerstreit mit dem Irrtum hervorgehe," meint John Stuart Mill. „Völlig falsch sei die Behauptung, die Gesellschaft habe das Recht, zwar nicht die Wahrheit, wohl aber die Gefährlichkeit der Meinungen zu prüfen. Denn bei der grenzenlosen Macht der Trägheit in der Welt sei die Gefahr, daß eine vor der Zeit verkündete Wahrheit die Ruhe der Gesellschaft störe, verschwindend klein gegen die andere Gefahr, daß auch nur ein wahrer Gedanke infolge von Gewalt wieder verschwinde," schreibt Heinrich von Treitschke in der Schrift über die „Freiheit". Dieser Gedanke klingt an in dem Artikel 7 der helvetischen Verfassung von 1798: Es besteht ein Recht der freien Meinungsäußerung, damit ein jeder Gelegenheit habe, sich zu unterrichten.

Und selbst auf jenem Gebiete, auf dem die Vertreter der Staatsgewalt dazu neigen, das Recht der freien Meinungsäußerung zu verweigern oder zu beschränken, für die Meinungsäußerung hinsichtlich politischer Dinge sei Freiheit nicht nur nicht gefährlich, sondern geradezu notwendig. „Man soll von der einfachen Erwägung ausgehen, daß der moderne Staat dieser freien, öffentlichen Diskussion aller sozialen und politischen Fragen bedarf, und daß die Ungezogenheiten der freien Presse doch weniger bedenklich sind, als die Gefahr einer tiefen, grollenden Verbitterung derer, denen man den Mund verbunden hat." (Treitschke, Politik², Bd. I [1890], 175.) Vornehmlich aber bedürfe in einer parlamentarischen Regierung die gesetzgebende und die vollziehende Gewalt der fortwährenden Überwachung durch die öffentliche Meinung, und daher sei die freie Meinungsäußerung ein notwendiges Ergänzungsstück in dem Verfassungsbau des modernen Staates. Denen aber, die auch hier bestimmten Meinungen wegen ihrer Gefährlichkeit das Recht verweigern wollen, wird erwidert, daß es nicht die Kritik sei, die gefährlich sei, sondern die Mißstände seien es, die jene Kritik hervorrufen.

So stehen jenen, die das Recht der freien Meinungsäußerung nur bestimmten Meinungen zugestehen wollen, oder die das Recht des Staates auf Unterdrückung oder Beschränkung gefährlicher Meinungen behaupten, andere gegenüber, die erklären, es gebe kein Recht des Staates zur Unterdrückung einer Meinung, und allen Anschauungen müsse Freiheit gewährt werden. Um die Wahrheit, die religiöse Erkenntnis, um die Grundsätze für den Aufbau der Gesellschaft schwer Ringende sind es, die jenes Recht behaupten. Für deren Begründung des Rechts auf freie Meinungsäußerung ist wesentlich: Einmal, die Freiheit wird gefordert nicht um des Einzelnen willen, sondern um etwas Objektiven, der Wahrheit willen, nicht als ein Menschenrecht, sondern als ein Prinzip für den Aufbau der Gesellschaft. Sodann, man denkt nur an Meinungen grundsätzlicher Art, an irgendwelche Anschauungen über Gott, die Welt, den Staat, die Gesellschaft. Und schließlich — der Gedanke wurzelt in der Welt des geistigen Adels. (Es ist bezeichnend, daß der ältere Liberalismus es als wesentliches Gegenstück des Rechts auf freie Meinungsäußerung erachtet hat, daß ein jeder auch mit seinem Namen für seine Meinung eintreten müsse.) Denjenigen, die dieses Recht fordern, schwebt zugleich vor, daß ihm eine Schranke in der Sache selbst gezogen sei. Es ist bezeichnend, daß bei den allerersten Denkern, die für das Recht der Meinungsäußerung eintreten, der Vorbehalt gemacht wird, „daß jeder seine Meinung freundlich vortragen und ohne Anmaßung auf Vernunftgründen aufbauen müsse" (Thomas Morus); „daß er einfach sprechen oder lehren solle, bloß mit Hilfe der Vernunft, aber nicht durch Täuschung, Zorn und Haß seine Meinung vertreten solle" (Spinoza).

Nun wird aber das Recht der freien Meinungsäußerung noch von einer anderen Seite her behauptet: Das angeborene und unveräußerliche, von jeder staatlichen Zulassung unabhängige Recht eines jeden Menschen als solchen ist es, frei seine Meinungen und Gefühle äußern zu dürfen. Dieses Recht steht dem Menschen zu, gleichviel, ob er Bedeutendes oder Unbedeutendes, Wahres oder Falsches sagt, es steht allen in gleichem Maße zu als ein Teil ihres Rechtes auf Lebensbetätigung, im besonderen auf Äußerung der Persönlichkeit. Dieser Gedanke entspringt in der religiösen und zwar in der protestantischen Geisteswelt. Wenn der Einzelne den Beruf und die Befugnis hat, selbst das Wort Gottes zu deuten, dann muß er auch das Recht haben, diese seine Meinung auszusprechen. Zwar haben die großen Kirchenneuerer, ganz erfüllt von dem Glauben an die Alleinrichtigkeit ihrer Deutung der Heiligen Schrift, dies nicht zugestanden; allein ohne ihr Zutun haben sich diese Gedanken entwickelt und sind zum erstenmal in der großen religiös-politischen Umwälzung Englands im 17. Jahrhundert zur Anerkennung gekommen. Wenn man aber das Recht hat, seine Meinung in religiösen Dingen frei zu äußern, dann muß man das Recht haben, Meinungen überhaupt frei auszusprechen. Denn was hängt in einer religiös bestimmten Welt nicht schließlich alles mit dem Urgrunde der religiösen Weltanschauung zusammen. In der Begründung der Preßfreiheit durch Milton ist dies klar zu erkennen. Von hier aus ergibt sich aber auch dann im weiteren Verlauf das Recht auf Unterrichtsfreiheit, in den deutschen Verfassungen das Recht auf Freiheit der Wissenschaft und ihrer Lehre und schließlich das Recht auf Achtung der Nationalität oder, wie es in der Deutschen Reichsverfassung heißt, „das Recht auf volkstümliche Entwicklung und den Gebrauch der Muttersprache". Allen diesen Einzelrechten ist gemeinsam die Grundlage: Das Recht des Menschen auf Äußerung seiner geistigen Persönlichkeit.

In dieser Fassung vornehmlich geht das Recht auf freie Meinungsäußerung in die einzelnen staatlichen Rechtsordnungen ein. In der Verfassung von Pennsylvanien 1767 (Art. 12) heißt es, „daß die Menschen das Recht auf Freiheit besitzen, zu sprechen, zu schreiben und ihre Gefühle kund zu tun; daher die Freiheit der Presse nicht unterdrückt werden dürfe". Die „Déclaration des Droits de l'homme" von 1789 bestimmt: Niemand darf wegen seiner Meinungen, selbst nicht der religiösen, beunruhigt werden . . . (X). Die freie Mitteilung der Gedanken und Meinungen ist eines der kostbarsten Rechte des Menschen; jeder Bürger kann daher frei sprechen, schreiben, drucken . . . (XI). In der französischen Rechteerklärung von 1793 (Art. 1, Ziffer 7): „Das Recht, seine Gedanken und seine Meinungen, sei es durch die Presse, sei es auf irgendwelche andere Art kundzugeben, kann nicht ausgeschlossen werden." Oder entsprechend § 143 der Verfassung der Paulskirche von 1849: Jeder Deutsche hat das Recht, durch Wort, Schrift, Druck und bildliche Darstellung seine Meinung frei zu äußern.

In diesem Gedankengange erhält das Recht auf freie Meinungsäußerung folgende wesentliche Züge: Es ist ein Recht, das dem Menschen als solchem schlechthin zusteht; also nicht so sehr um eines außerhalb des Einzelmenschen liegenden objektiven Wertes willen. Es erstreckt sich auf Meinungen und Gefühle, also irgendwelche, wenn auch noch so belanglose, Äußerungen seines geistigen Wesens. Als die wesentlichste Folge des Rechts wird angesehen die Preßfreiheit, die in einigen Verfassungen sogar ausschließlich erwähnt, also anscheinend als mit jenem Recht sich deckend erachtet wird.

Nunmehr ergibt sich aber auch die Notwendigkeit, die Schranke anzugeben, die der Ausübung jenes Rechtes gezogen ist.

In der Déclaration des droits de l'homme von 1789 ist der Vorbehalt gemacht, „daß unberührt bleibe die Verantwortlichkeit für den Mißbrauch des Rechts in den vom Gesetz bestimmten Fällen". Es ist also hier an das in England bestehende sogenannte „Repressivsystem" gedacht. Derjenige, der von dem Rechte der freien Meinungsäußerung Gebrauch macht, bleibt unter der strafrechtlichen Verantwortlichkeit. Damit ist aber gleichzeitig gesagt, daß eben nur eine strafrechtliche Verantwortlichkeit bestehen soll. In anderen Verfassungen ist die Frage nicht berührt. Dagegen heißt es in der französischen Verfassung von 1848, Art. 8: „Die Ausübung einer Reihe von Grundrechten, worunter auch die Meinungsäußerung, hat keine anderen Schranken als die Rechte und die Freiheit der Anderen und die öffentliche Sicherheit." Hier ist eine andere Art von Schranke angegeben, nämlich welche materiellen Rechte dem Recht der freien Meinungsäußerung beschränkend gegenübertreten.

Wegen ihrer bemerkenswerten Fassung sei schließlich angeführt die kurhessische Verfassung von 1852, in deren § 28 es heißt: „Niemand kann wegen der freien Äußerung bloßer Meinungen zur Verantwortung gezogen werden, den Fall eines Vergehens oder einer Rechtsverletzung ausgenommen." In dieser Bestimmung verbinden sich die Gedanken, die in den vorhergehend angeführten Bestimmungen sich finden. Man darf nur zur Verantwortung gezogen werden, wenn man das Strafrecht oder das Recht eines Anderen verletzt.

Allen diesen grundsätzlichen Rechteformulierungen ist gemeinsam: Freiheit für jede Meinung. Es gibt kein „délit d'opinion" mehr. Aber nicht nur: die Äußerung bestimmter

Meinungen als solcher ist nicht strafbar, sondern „bloße Meinungen“ sind frei gegeben und dürfen daher auch nicht unterdrückt werden. Andererseits darf auf Grund des Rechts der freien Meinungsäußerung niemand behaupten, er habe sich an einen Rechtssatz, den er auch sonst beachten müßte, nicht zu halten.

In der Rechtsordnung der modernen europäisch-amerikanischen Völker ringen die zwei Rechtsauffassungen, die es hinsichtlich des Rechts auf freie Meinungsäußerung gibt, fortwährend miteinander, und es handelt sich auch für uns heute darum, uns klar zu werden, welche Stellung unsere Rechtsordnung zu ihnen nimmt.

Jene zwei Rechtsauffassungen ringen miteinander; nicht nur deshalb, weil die Anschauung, man dürfe eine andere Meinung, da sie nicht wahr, nicht sittlich, da sie gefährlich sei, unterdrücken, immer wieder emporwächst. Sondern vornehmlich auch aus folgenden zwei Gründen: Niemals ist eine historische Situation von Dauer; fortwährend ändert sie sich. Und daher muß das Rechtsdenken gegenüber der neuen Lage immer wieder von neuem sich einstellen und sich klar werden, ob und wie überlieferte Rechtsgedanken ihr gegenüber behauptet werden können. Die Verhältnisse ändern sich: Einmal sind es technische Erfindungen, die uns vor immer neue Rechtsfragen stellen. Das Recht auf freie Meinungsäußerung wurde den Menschen wichtig, als die Buchdruckerkunst aufkam. Denn nunmehr bekam die Meinungsäußerung eine ganz andere Bedeutung als vorher. „Bücher sind nicht tote Dinge, sondern enthalten eine Nachkommenschaft von Leben in sich, daß sie so lebendig und kraftvoll sein können, wie die fabelhaften Drachenzähne und daß aus ihnen, wenn sie ausgesät sind, möglicherweise bewaffnete Männer hervorwachsen können,“ sagt Milton. So kam es, daß der Gedanke des Rechts auf freie Meinungsäußerung vornehmlich im Hinblick auf die in der Presse liegenden Möglichkeiten gefaßt und abgegrenzt wurde und vielen sogar mit der Preßfreiheit im wesentlichen zusammenzufallen schien. Als die Theaterbühnen aufhörten, ausschließlich kirchliche oder höfische Anstalten zu ein und zu kapitalistischen Unternehmungen wurden, entstand die Frage der Theaterzensur. Film und Rundfunkwesen als neue Möglichkeiten der Verbreitung geistiger Inhalte haben uns von neuem genötigt, Stellung zu nehmen, und wir wissen heute noch nicht, in welcher Weise wir noch gezwungen sein können, angesichts nicht vorhersehbarer Möglichkeiten jenen Rechtsgedanken abermals festzulegen und die Ausübung jenes Rechtes abzugrenzen.

Der ursprüngliche Rechtsgedanke wird aber auch aus einem anderen Grunde immer wieder in Zweifel gezogen und bedarf der neuen Umschreibung. Jeder Rechtsgedanke, jeder Rechtssatz wird aufgestellt im Hinblick auf bestimmte Verhältnisse. Die Verhältnisse ändern sich, der Rechtssatz aber bleibt formal bestehen. Soll er noch weiter gelten, trotzdem er vielleicht andere Wirkungen hat, eine andere Funktion erfüllt? Das Recht der freien Meinungsäußerung ist aus der Not der wissenschaftlich und religiös Ringenden im Kampf um die Wahrheit und geistige Werte geboren worden. Dürfen sich auch diejenigen hierauf berufen, die die hier eröffnete formale Freiheit der Betätigung lediglich dazu benützen, durch die Befriedigung einer öden Schaulust oder einer durch niedere Triebe bestimmten Vorstellungskraft, durch Schund und Schmutz Geld zu erwerben? Die Preßfreiheit war für diejenigen bestimmt, die um der Erkenntnis, der religiösen Einsicht, der staatlichen Freiheit willen zu ihren Mitmenschen reden wollten. Heute kommt sie jedem zugute, gleichviel, ob er etwas zu sagen hat oder nicht, ob er um der Sache willen schreibt oder um des nackten Gelderwerbs willen.

Wie steht es nun nach heutigem deutschen Recht mit dem Rechte auf freie Meinungsäußerung?

Hier ist zunächst zu fragen, was ist der Inhalt dieses Rechts, was ist eine Meinung?

Ist jedes Wort, jeder Witz, jede Zote Äußerung einer Meinung? Ist die Visitenkarte, das Zeitungsinserat, das Stellengesuch Äußerung einer Meinung? Ist die Aktphotographie, ist die Schaustellung mehr oder weniger nackter Frauen und Männer in der sogenannten „Revue" Äußerung einer Meinung? Ist die Nachricht von einem wirklichen oder angeblichen Ereignis Äußerung einer Meinung?

Wir wissen, daß ein Teil jener „Äußerungen" durch die im Preßgesetz verbürgte Preßfreiheit gedeckt ist: Die Drucksache schlechthin. Aber hat diese stets eine Meinung zum Inhalt? Enthält der Nachrichtenteil, der Depeschendienst der Zeitung die Wiedergabe einer Meinung?

Man wird dies bezweifeln. Wer eine Nachricht gibt, teilt eine Tatsache mit. Ein Meinen ist hierbei höchstens insofern vorhanden, als der die Nachricht Gebende meint, die Tatsache sei wichtig, beachtenswert, sei wahr. Eine Nachricht bedeutet also zwar eine Äußerung eines geistigen Inhalts, nicht aber eigentlich die Äußerung einer Meinung.

Äußert derjenige, der ein Tanzbild, ein lebendes Bild stellt, eine Meinung? Zunächst werden wir sagen nein. Aber was liegt vor? Ein Ausdruck irgendwelcher, nicht so sehr geistiger Inhalte als Empfindungen, Empfindungsinhalte.

Diese Inhalte können eine besondere Bedeutung dann besitzen, wenn in ihnen ein Kunst-„Prinzip" sich dartut, das von anderen sich abhebt, wenn irgend etwas Grundsätzliches in der Lösung der Aufgabe zu erkennen ist, etwas „Stilmäßiges".

Wenn jemand den politischen Leitartikel einer Zeitung schreibt, so kann es sein, daß er eine Ansicht darüber äußert, wie ein bestimmtes geschichtliches Ereignis sich zugetragen hat, daß ein Staatsmann richtig oder falsch gehandelt hat. Aber abgesehen davon wird in sehr vielen Fällen eine wirkliche Meinung grundsätzlicher Art vorliegen, wie man überhaupt sich verhalten solle, welches die richtigen Ziele und die richtigen Mittel der Politik seien.

Dies führt uns darauf: Wir werden bei der folgenden Erörterung einen weiteren und engeren Kreis von Äußerungen geistigen Inhalts zu scheiden haben:

1. Äußerungen des Menschen, die irgendwie geistigen Inhaltes sind oder eine Empfindung ausdrücken, das Wort und Wortgebilde irgendwelchen geistigen Inhalts, gesprochen, geschrieben, gedruckt, kurz-irgendwie mitgeteilt. Aber auch die Gebärde, sofern sie irgend etwas geistiges oder Empfindungsmäßiges unmittelbar oder durch ein Sinnbild ausdrückt, ja sogar das in irgendwelcher Weise, mit Hilfe irgendwelcher Werkzeuge „vorgetragene" Musikstück.

2. Innerhalb des Kreises solcher Äußerungen irgendwelchen Geistes- oder Empfindungsgehalts heben sich Äußerungen ab, die dadurch gekennzeichnet sind, daß sie Stellungnahmen grundsätzlicher Art, Stellungnahmen, die irgendwie allgemein gültig sein wollen, erkennen lassen. Am deutlichsten ist dies hinsichtlich aller Anschauungen von dem, „wie es überhaupt in der Welt zugeht", Anschauungen von dem, was „ist" und Anschauungen von dem, „was überhaupt und stets sein soll". Also gehören hierher alle wissenschaftlichen Lehrmeinungen, alle Sitten- und Rechtslehren, alle Weltanschauungen im weitesten Sinne. Und zwar nicht nur, wenn sie in der Form gelehrter, gedanklich durchgebildeter Sätze auftreten, sondern auch, wenn sie, oft nur verhüllt, in der Begründung der Stellungnahme zu einzelnen Ereignissen oder Dingen zu erkennen sind. Auch solche Stellungnahmen grundsätzlicher Art können sinnbildlich erfolgen: Durch den Gebrauch von Fahnen, Farben, durch Gebärden: Sitzenbleiben beim Kaiserhoch, beim Deutschlandlied, bei der Arbeitermarseillaise.

Solche Stellungnahmen, die als allgemein gültig angesehen werden wollen, zeigen sich aber nicht nur im Bereiche der Wissenschaft, der Staats-, Gesellschafts- und Weltanschauung, sondern auch in der Kunst. Hinter der Leistung der darstellenden Kunst steckt das Gefühl für bestimmte Werte, die der Künstler unbewußt als die allein maßgebenden erachtet und solche rein gefühlsmäßig zu erfassende und auch durchaus im Empfindungsleben bleibende Wertungen stehen auch hinter der Musik und der Baukunst. (Freilich bedürfen diese rein künstlerischen Wertungen an sich heute kaum eines besonderen Schutzes — die Zeiten in denen man versuchte, den reinen Kunstgeschmack mit Mitteln des Rechts zu regulieren, wie dies etwa die Päpste hinsichtlich der Musik versucht haben, sind heute wohl vorüber. Dagegen können die durch die Kunst ausgedrückten geistigen Inhalte, man denke an die Karikatur, das Sittenbild, das religiöse Bild, die Darstellung des Nackten, unter den Begriff der Meinung über sittliche, politische, gesellschaftliche Dinge fallen.)

Für jenen weiteren Kreis von Äußerungen irgendwelchen geistigen oder empfindungsmäßigen Inhalts überhaupt gilt in unserer heutigen Rechtsordnung: Es besteht die Freiheit der Äußerung im Rahmen der Gesetze und gesetzmäßig erlassenen Verordnungen. Und zwar zugunsten aller Untertanen, nicht nur zugunsten der Deutschen. Es ergibt sich dies aus dem Rechtssatze der Gesetzmäßigkeit der Verwaltung.

Gesetze, die jenen Äußerungen Schranken ziehen, sind z. B. die Strafgesetze: Verbot der Verbreitung von objektiv wahren Nachrichten, die im Interesse des Staats geheim zu halten sind, Verbot der Verbreitung unwahrer Tatsachen über Andere, die diese herabzusetzen geeignet sind. Verbot, über Andere herabwürdigende Werturteile zu äußern usw. Sodann sind mit einem später zu erörternden, allerdings sehr wichtigen Vorbehalt (dem Verbote der Zensur) — Schranken gesetzt in jenen Gesetzen, die der Polizei das Recht verleihen, unter bestimmten Voraussetzungen beschränkend einzugreifen. Für die durch die Presse getanen Äußerungen ist das Preßgesetz maßgebend, in dem der Bereich der Verwaltung umschrieben und eingeengt ist.

Allein über diesen Rechtsschutz hinaus stellt nun Art. 118 Abs. 1 RV. einen Rechtssatz auf, der sich auf die Äußerung von Meinungen bezieht, wie sie als engerer Kreis innerhalb jenes weiteren Kreises von Äußerungen geistigen Inhalts bestehen.

Jedem Deutschen ist dieses Recht zugeschrieben. Ich möchte mich zunächst denen anschließen, die diesen Ausdruck wörtlich, also unter Beschränkung auf die deutschen Staatsangehörigen nehmen, zumal ja bei einem anderen Grundrechte, der Gewissensfreiheit „alle Bewohner des Reichs" als berechtigt bezeichnet werden. Allein ich stimme Anschütz zu, daß diese Unterscheidung, sobald man ihre praktischen Folgen prüft, zum mindesten für unseren Artikel in fast allen Fällen als tatsächlich bedeutungslos sich herausstellen wird.

Man hat das Recht, seine Meinung zu äußern, also wie dargelegt eine Stellungnahme grundsätzlicher Art, sei es im Bereiche der Welt-, Staats-, Gesellschafts- und Religionsanschauung, sei es im Bereiche der Kunst oder Technik oder sonst kund zu tun.

Das Recht besteht darin, seine Meinung auf jede Weise zu äußern. Dies kann auch dadurch geschehen, daß man durch einen Anderen spricht; daher ist das Recht des Dichters, Schriftstellers verletzt, wenn dem Rezitator der Vortrag, wenn die Theateraufführung verboten wird.

Das Recht besteht innerhalb der Schranken der allgemeinen Gesetze, nicht nur „innerhalb der Gesetze". Es ist also hier mehr festgesetzt als der Rechtssatz der Gesetzmäßigkeit der Verwaltung. Man hat versucht, das Wörtchen „allgemein" aus dem Verfassungstexte zu entfernen. Das preußische Oberverwaltungsgericht hat auf seine Anfrage von dem Bureau des Reichstags eine Mitteilung erhalten, wonach das Wörtchen „allgemein" nur durch ein Versehen der Redaktionskommission des Verfassungsausschusses in den Text gelangt sei, und das Oberverwaltungsgericht hat darauf erklärt, das Wörtchen „allgemein" habe für die Auslegung außer Betracht zu bleiben.

Demgegenüber hat schon Häntzschel (Archiv für öffentliches Recht, Neue Folge, Band X, 1926, S. 228ff., 231) mit Recht darauf hingewiesen, daß man sich an den Text zu halten habe, den das Plenum der Nationalversammlung beschlossen habe. Es erscheint aber auch trotz der Auskunft des Bureaus des Reichstags der Vorgang der Entstehung jener Fassung nicht völlig geklärt. Aus der Entstehungsgeschichte des Artikels ergibt sich folgendes Bild: Im ersten Entwurf der Grundrechte wurde das Recht der freien Meinungsäußerung festgesetzt „soweit keine straf echtlichen Vorschriften entgegenstehen". Also Einführung des sog. „Repressivsystems" für den gesamten Bereich der freien Meinungsäußerung, wie es schon für die Presse durch das Preßgesetz bestand. Dagegen kommt in der ersten Lesung des Verfassungsausschusses ein Entwurf, wonach das Recht bestehen solle „innerhalb der Schranken der guten Sitten und der allgemeinen Gesetze". Allein die überwiegende Meinung geht dahin, daß eine Verweisung auf die guten Sitten unmöglich sei. Der Abgeordnete Sinzheimer will zurück zu der Bestimmung, wonach die Strafgesetze die einzigen Schranken sein sollen. Dagegen will der Abgeordnete Koch das Recht gewähren „innerhalb der Gesetze", so daß, wie er meint, in Zukunft beschränkende Gesetze erlassen werden können. Bis dahin sollte also offenbar völlige Freiheit bestehen. Der Vorschlag Kochs wird nach dem Protokolle anscheinend angenommen. Die Redaktion der Beschlüsse des Verfassungsausschusses wird vorgenommen von den Herren Beyerle und Zweigert. In deren Fassung heißt es nun aber wiederum „innerhalb der Schranken der allgemeinen Gesetze". Beyerle hält, wie er mir schreibt, an der Annahme fest, daß Zweigert und er die Meinung des Verfassungsausschusses mit dieser Fassung richtig wiedergegeben hätten, und er glaubt, daß man damit Gesetze, die sich gegen eine Meinung als solche richteten, wie sie etwa in der Kulturkampfzeit erlassen worden seien, habe ausschließen wollen. Auf jeden Fall hat weder der Abgeordnete Koch noch ein anderes Mitglied des Verfassungsausschusses die dem Plenum vorgelegte Fassung gerügt oder einen Antrag auf Wiederherstellung des Textes im Sinne des Abgeordneten Koch gestellt.

Andere Schriftsteller, so am eingehendsten Kitzinger, (Preßgesetz, 1920, S. 203) sind der Meinung „es bleibe kaum etwas anderes übrig, als dem Ausdruck ‚allgemein' keine besondere Bedeutung beizulegen". Denn wie man ihn auch auslege, so komme man zu unerwünschten oder unmöglichen Ergebnissen.

Ich vermag mich dieser Anschauung nicht anzuschließen. Die Reichsverfassung sichert in einer Reihe von Bestimmungen Grundrechte zu nur „nach Maßgabe der Gesetze", in Art. 137/III „innerhalb der Schranken des für alle geltenden Gesetzes". Die Vereinsfreiheit wird gewährleistet „zu Zwecken, die den Strafgesetzen nicht zuwiderlaufen" (Art. 124). Dagegen wird in Artikel 135 und 118 auf die allgemeinen Gesetze verwiesen. Es besteht Gewissensfreiheit und Freiheit der Religionsübung, aber: „die allgemeinen Staatsgesetze bleiben hiervon unberührt". Das heißt: Man kann nicht unter Berufung auf die Gewissensfreiheit behaupten, daß Staatsgesetze, die zum Schutze bestimmter Rechtsgüter, der Gesundheit, Sicherheit, Ordnung usw. bestehen, deshalb nicht gelten, weil man dadurch behindert würde, seiner religiösen Überzeugung nachzuleben. Bekannte Beispiele: Wenn aus veterinärpolizeilichen Gründen bestimmte Arten des Tötens von Tieren verboten würden, so könnten nicht die Juden unter Berufung auf ihre religiöse Überzeugung behaupten, daß sie dieses Gesetz nicht zu beachten hätten. Oder Adventisten, deren religiöse Überzeugung die Heiligung des Samstags fordert, können nicht behaupten, daß die allgemeine Schulordnung, die die Schulpflicht auch auf den Unterricht am Samstag erstreckt, für sie nicht gelte. Männer, deren religiöse Überzeugung den Kriegsdienst verbietet, können nicht behaupten, das Gesetz über die Wehrpflicht gelte nicht für sie.

Derselbe Rechtsgedanke, wie in dem Artikel 135, ist aber auch in dem Artikel 118 enthalten. Es erklärt sich dies aus der Entstehung dieses Grundrechts. Es wurde erkämpft gegenüber denjenigen, die eine Meinung grundsätzlicher Art im Hinblick auf ihren Inhalt verboten. Solche Beschränkungen sollten unmöglich gemacht werden. Es sind sonach alle Gesetze und Verwaltungsmaßnahmen ausgeschlossen, die eine Meinung als solche verbieten und beschränken. Jedes Sondergesetz gegen eine bestimmte Meinung oder eine besondere Art der Verbreitung bestimmter Meinungen, wie die Rechtsordnung der früheren Zeit dies gekannt hat, wird durch die Verfassung verboten.

„Allgemeine Gesetze" sind also diejenigen, die dem Schutze eines schlechthin, ohne Rücksicht auf eine bestimmte Meinung zu schützenden Rechtsgutes dienen, sowie diejenigen, die eine bestimmte Lebensbetätigung — nicht lediglich eine besondere Art der Äußerung einer Meinung als solcher treffen. Meine Anschauung steht am nächsten der von Häntzschel vertretenen, der sagt „allgemeine Gesetze sind alle Gesetze, die nicht Sonderrecht gegen die Meinungsfreiheit enthalten". Er erachtet für maßgebend, ob die betreffenden Gesetze auch für die Ausübung anderer Rechte gelten und erklärt demnach für unzulässig ein Verbot der Meinungsäußerung über bestimmte Dinge und ein Verbot bestimmter Mittel der Verbreitung, das zu dem Zwecke erlassen würde, um dadurch die Ausübung der Meinungsfreiheit überhaupt zu unterdrücken.

Prüfen wir nun daraufhin unsere Rechtsordnung:

Nach dem Lichtspielgesetz darf ein Bildstreifen nur dann öffentlich vorgeführt oder in Verkehr gebracht werden, wenn eine Genehmigung erteilt worden ist. Nicht in jedem Falle wird es sich bei Bildstreifen um das Recht der Meinungsäußerung im Sinne des Artikel 118, Abs. 1 handeln. Sehr viele Bildstreifen drücken lediglich irgendwelche geistige oder Empfindungsinhalte aus, ohne daß eine „Meinung" in dem hier zu behandelnden Sinne dahinter stände, oder wenigstens erkennbar hervortreten würde. Wohl aber kann eine „Meinung" darin sich ausdrücken. Wir wissen ja, daß gerade der Film als ein hervorragendes Mittel erkannt worden ist, um den öffentlichen Geist im Sinne bestimmter politischer oder Weltanschauungen zu beeinflussen. Es muß also bei der Gestaltung des Filmrechts, für das nach Artikel 118 Abs. 2 unter Durchbrechung des Verbots der Zensur, Zensurmaßnahmen möglich sind, das nach Absatz 1 des Artikel 118 zu gewährleistende Recht auf freie Meinungsäußerung unter allen Umständen sichergestellt werden. Dies ist auch geschehen. Die Genehmigung ist zu versagen, wenn die Vorführung des Bildstreifens geeignet ist:

1. Die öffentliche Ordnung und Sicherheit zu gefährden,
2. Das religiöse Empfinden zu verletzen,
3. Verrohend oder entsittlichend zu wirken,

4. Das deutsche Ansehen oder die Beziehungen Deutschlands zu auswärtigen Staaten zu gefährden.

Diese Beschränkungsmöglichkeit ist sehr weit gegriffen. Unter jedem dieser Gesichtspunkte wäre es an sich möglich, eine bestimmte Meinung zu unterdrücken. Allein, der Gefahr die hierin liegt, soll vorgebeugt werden durch folgenden Satz des Gesetzes:

„Die Zulassung darf wegen einer politischen, sozialen, religiösen, ethischen oder Weltanschauungstendenz als solcher nicht versagt werden.“

Wir sehen also, das Recht auf Äußerung irgendwelcher geistiger oder Empfindungsinhalte wird durch das Lichtspielgesetz beschränkt. Allein das Grundrecht des Artikel 118 Abs. 1 wird und kann durch dieses einfache Reichsgesetz nicht aufgehoben werden. Daher stellt der Gesetzgeber fest, was übrigens auch ohne dies gelten würde, daß durch das Erfordernis der Genehmigung das Recht auf freie Äußerung einer Meinung nicht beschränkt werden darf.

Vielleicht wendet hier jemand ein: in der Anwendung werde dies Schwierigkeiten machen und man könne derartige Bestimmungen umgehen. Das mag sein, allein der Jurist darf sich dadurch nicht abhalten lassen, festzustellen, was rechtens ist. Denn er hat davon auszugehen, daß er es mit Leuten zu tun hat, die das Recht erkennen wollen, um eine Richtschnur ihres Verhaltens zu haben.

Ähnlich steht es bei dem Gesetz zur Bewahrung der Jugend vor Schund- und Schmutzschriften. Hier geht der Gesetzgeber in einem Punkte allerdings weiter als beim Lichtspielgesetz. Beim Lichtspielgesetze nämlich prüft der Staat lediglich die Gefährlichkeit einer Äußerung geistigen Inhalts („Eignung“). Dagegen nimmt er hier selbst wertend gegenüber bestimmten Äußerungen Stellung, die er als unsittlich (Schmutz) oder unkünstlerisch (Schund) bezeichnet. Diese Bestimmung wäre an sich mit dem Rechte zur Äußerung jeder Meinung, im besonderen mit dem in Artikel 142 RV. aufgestellten Rechtsgrundsatze der Freiheit der Kunst nicht vereinbar, wenn sie nicht in Artikel 118/II RV. ausdrücklich als sonderrechtliche Einengung vorbehalten wäre. Äußerungen der bezeichneten Art werden nicht überhaupt verboten, sondern es wird ihre Verbreitung beschränkt. Aber auch hier bleibt gegenüber diesem Gesetze das Grundrecht des Artikel 118 Abs. 1 bestehen. Ausdrücklich gesagt in § 1 Abs. 5 des Gesetzes: „Eine Schrift kann wegen ihrer politischen, sozialen, religiösen, ethischen oder Weltanschauungstendenz als solcher nicht auf die Liste gesetzt werden.“

(Ich erwähne im Vorbeigehen: Nach Zeitungsnachrichten ist vor kurzem in England ein Gesetz zustande gekommen, wonach „den Zeitungen die Veröffentlichung von detaillierten Beschreibungen intimer Momente aus den Skandalprozessen, insbesondere von Einzelheiten bei Ehescheidungsprozessen verboten wird". Eine derartige Bestimmung ist eine Beschränkung der Preßfreiheit, aber solange nicht die grundsätzliche Erörterung derartiger Fragen verboten wird, keine Beschränkung des Rechts auf freie Meinungsäußerung.)

Die uns beschäftigende Frage tritt selbstverständlich vor allem im Strafrechte auf.

Hier ist vorweg zu bemerken: Es gibt eine Anzahl von strafbaren Tatbeständen, in denen auch die Äußerung einer Meinung in dem hier vertretenen Sinne gegeben ist oder gegeben sein kann. Allein der Artikel 118, Abs. 1 RV. schützt lediglich die Äußerung einer Meinung, nicht etwa Handlungen, mit denen eine Meinungsäußerung vielleicht verbunden ist. Die Aufforderung zum Hochverrat, zum Ungehorsam gegen die Gesetze oder die rechtmäßigen Anordnungen der Obrigkeit, die Anreizung zum Klassenkampf usw. sind nicht deshalb rechtlich erlaubt, weil mit ihnen die Äußerung einer Meinung verbunden ist. Es ist rechtlich gestattet, darzulegen, daß Erlasse der Regierung gesetzwidrig seien, daß daher passiver Widerstand, Steuerverweigerung, Verweigerung des Gehorsams durch die Beamten berechtigt sei — insoweit liegt Äußerung einer Meinung vor. Es ist rechtlich gestattet, darzulegen, daß die Geschichte eine Geschichte von Klassenkämpfen sei, daß in der heutigen Gesellschaft eine Klasse über die andere herrsche, daß Klassenherrschaft ungerecht sei, daß sie, da sie mit Gewalt errichtet sei, nur mit Gewalt gebrochen werden könne — allein dieser Bereich der Meinungsäußerung wird verlassen, wenn eine Willenshandlung vollzogen und zum Ungehorsam gegen die Gesetze oder zu Gewalttätigkeiten aufgefordert wird. Verboten ist eine öffentliche Beschimpfung der Reichs- oder Landesfarben, eine öffentliche Beschimpfung oder Herabwürdigung der Staatsform (Republikschutzgesetz § 8, Z. 1), beschimpfender Unfug an Hoheitszeichen eines fremden oder des eigenen Staats usw. Auch hier wird über die Äußerung einer bloßen Meinung, die jenen Äußerungen oder Handlungen zugrunde liegt, hinausgegriffen, denn zu der Meinung, die jene Staatsform, Farben usw. ablehnt, tritt noch ein Willensmoment, die Absicht der Herabwürdigung. Das Recht, seine Meinung frei zu äußern, bedeutet nicht schlechthin das Recht, zu schimpfen oder zu beschimpfen.

Von diesem Gesichtspunkte aus ist auch die Gotteslästerung (§ 166 Strafgesetzbuch) zu beurteilen. Es ist erlaubt, eine Meinung, die das Dasein Gottes bestreitet, die die Meinungen anderer über das Dasein Gottes prüft und kritisiert, auszusprechen, allein es ist nicht erlaubt, dies in einer Form zu tun, die das religiöse Gefühl der anderen verletzt. Die Tatsache allein, daß jemand das Dasein Gottes leugnet, wird jedoch vom Rechte noch nicht als genügend erachtet, um eine Verletzung des Gefühls der anderen für gegeben anzusehen.

Ähnlich kann die Rechtslage sein bei der Verbreitung unzüchtiger Schriften. Nicht allen unzüchtigen Schriften und Abbildungen liegt notwendig eine „Meinung“ erkennbar zugrunde. Allein sie k a n n ihnen zugrunde liegen. Nach der Ansicht Franks (Strafgesetzbuch, 15. Auflage, 1924, S. 383) ist die Straftat nur dann gegeben, wenn der Urheber die Absicht verfolgt, einen geschlechtlichen Reiz zu erregen. Diese Ansicht ist mit der von mir vertretenen durchaus vereinbar. Solange eine lediglich künstlerische Stellungnahme vorliegt, ist ein strafbarer Tatbestand nicht gegeben. Bedenklich dagegen ist die Ansicht des Reichsgerichts, das schon dann bestraft, wenn die Schrift zur Verletzung des Schamgefühls „geeignet ist“ und der Täter sich dessen bewußt ist. Diese Rechtsauslegung mag aus praktischen Gründen vielleicht einleuchten — es wird sehr schwer sein, jeweils festzustellen, ob der Verfasser jene Absicht, geschlechtlichen Reiz zu erregen, verfolgt habe — allein die Rechtsauffassung des Reichsgerichts nötigt den Verfasser oder Künstler bei seiner Meinungsäußerung stets zu erwägen, ob er nicht vielleicht jene „Gefahr“ heraufbeschwöre. Dies ist mit Artikel 118 RV. nicht vereinbar.

Dagegen ist es bei zwei Strafbestimmungen zweifelhaft, ob sie mit Artikel 118 RV. vereinbar sind. Einmal beim Kanzelparagraphen (§ 130a Strafgesetzbuch). Es ist einem Geistlichen verboten, in Ausübung oder in Veranlassung der Ausübung seines Berufs öffentlich . . . Angelegenheiten des Staats in einer den öffentlichen Frieden gefährdenden Weise zum Gegenstand einer Verkündung oder Erörterung zu machen. Hier ist eine Meinungsäußerung verboten, sofern sie den öffentlichen Frieden gefährdet. Dieses Strafgesetz ist mit Artikel 118, Abs. 1 nur dann vereinbar, wenn man davon ausgeht: Eine Gefährdung des öffentlichen Friedens kann nicht in dem Inhalt der von dem Geistlichen geäußerten Meinung liegen, sondern nur in Umständen, die hinzutreten, Aufreizung, Aufforderung zum Widerstande usw.

Die andere Bestimmung ist § 7 Z. 3 des Republikschutzgesetzes, wonach derjenige unter Strafe gestellt ist, der öffentlich oder in einer Versammlung die Tötung eines Mitgliedes einer republikanischen Regierung verherrlicht oder ausdrücklich billigt. Hier ist also die bloße Äußerung einer Meinung verboten, ohne daß ein weiteres Tatbestandsmerkmal hinzutreten müßte.

Jene Norm wäre als mit Artikel 118 RV. in Widerspruch stehend, für ungültig zu erachten, wenn nicht das Republikschutzgesetz mit verfassungsändernder Mehrheit beschlossen worden wäre.

Die Bestimmungen des Preßgesetzes sind mit Artikel 118, Abs. 1 RV. durchaus vereinbar. Denn sie beschränken nicht das Recht, eine Meinung bestimmten Inhalts zu äußern, sondern stellen eine Ordnung für die Presse auf, die auch nicht als eine Beschränkung einer bestimmten Art der Verbreitung der Meinung zu betrachten ist. Es liegt hier ein zulässiges „allgemeines Gesetz" vor.

Ist aber nun ein „allgemeines Gesetz" die Generalklausel des Preußischen allgemeinen Landrechts, nach der die Polizei das Recht hat „die nötigen Anstalten zur Erhaltung der öffentlichen Ruhe, Sicherheit und Ordnung und zur Abwendung der dem Publiko oder einzelnen Mitgliedern desselben bevorstehenden Gefahr zu treffen"?

Die Polizei hat früher auf Grund der Generalklausel oder ähnlicher Rechtssätze die Veröffentlichung von Druckschriften verboten; dies ist ihr unmöglich gemacht worden durch die Einführung der Preßfreiheit im Preßgesetze. Auf Grund jenes Rechtssatzes hat die Polizei Theateraufführungen verboten, teils weil ein Theaterstück etwa bei den „sittlich Gefestigten" oder „normal empfindenden Zuschauern" oder bei dem „patriotisch denkenden Teil der Zuhörerschaft Ärgernis zu geben geeignet sei"; teils weil durch die Darstellung „im Innern der Zuschauer Anschauungen wachgerufen oder gefestigt würden, die zu einem die Sittlichkeit oder die Staatsordnung gefährdenden Verhalten zu führen geeignet seien". Es ergingen also im zweiten Falle Verbote, nicht weil eine unmittelbare Gefährdung der öffentlichen Ordnung gegeben war, sondern schon deshalb, weil die Anschauungen der Zuhörer in sittlicher oder politischer Hinsicht überhaupt ungünstig beeinflußt würden.

Dieses Recht der Polizei ist, wie ich an anderer Stelle darzutun versucht habe (Festgabe für Fleiner, Tübingen 1927, S. 225—232) durch den ausdrücklichen Rechtssatz des Artikel 118, Abs. 2 „Eine Zensur findet nicht statt", beseitigt. Ich verweise zur Begründung meiner Ansicht auf jenen Aufsatz und führe hier lediglich an: Zensur umfaßt nicht nur Vorzensur, sondern wie sich aus der geschichtlichen Entwicklung ergibt, vor allem das Verbietungsrecht der Polizei. Sodann: Der weitere Teil des Absatz 2 des Artikel 118 sagt ausdrücklich, wann eine Zensur, d. h. ein Verbietungsrecht zulässig ist.

Daher sind Maßnahmen der Polizei auf Grund der Generalklausel oder ähnlicher Gesetze gegenüber Äußerungen irgendwie geistigen oder Empfindungsinhalts, wie im besonderen gegenüber der Äußerung von Meinungen in dem hier vertretenen Sinne (worunter ja auch künstlerische Stellungnahmen fallen) nur zulässig zur Verhütung unmittelbar drohender strafbarer Handlungen. Solche strafbare Handlungen können in der Meinungsäußerung als solcher liegen; oder aber der Fall ist so gelagert: Es besteht begründeter Anlaß anzunehmen, daß die Meinungsäußerung den Anlaß zu strafbaren Handlungen Anderer geben werde und der Polizei steht kein anderes Mittel zur Verhinderung jener strafbaren Handlung zur Verfügung als das Verbot der Meinungsäußerung. Also z. B. es ist zu erwarten, daß die Meinungsäußerung unmittelbar die Zuhörer zu strafbaren Handlungen Gewalttätigkeiten, Störungen der öffentlichen Ordnung veranlassen werde, und die Machtmittel der Polizei reichen nicht aus, um diese Störung mit eigener Kraft zu verhindern.

Das Verbot der Zensur hätte meines Erachtens nicht ausdrücklich ausgesprochen werden müssen, soweit es sich um Äußerungen von Meinungen im eigentlichen Sinne handelt. Denn soweit Zensur oder ähnliche Polizeimaßnahmen sich darauf stützen würden, daß bestimmte Meinungen wegen ihres Inhalts als solchen oder wegen der in der Art ihrer Verbreitung liegenden Gefährlichkeit nicht geäußert werden dürften, wären sie schon durch Artikel 118 Abs. 1 ausgeschlossen, der jede gesetzliche oder verwaltungsmäßige Sondermaßnahme gegen eine Meinung als solche untersagt. Die Verfassung erklärt eben, — ob tatsächlich mit gutem Grunde, ist hier nicht zu untersuchen — daß in der Meinung als solcher eine Gefährdung der Ruhe und Ordnung usw. nicht erblickt werden könne.

Das Verbot der Zensur ist aber insofern von Bedeutung, als jene vorbeugenden Polizeimaßnahmen wie dies schon bisher gegenüber allen durch die Presse getanen Äußerungen der Fall war, nunmehr gegenüber allen Äußerungen irgendwie geistigen oder künstlerischen Inhalts aufgehoben sein sollen.

Dies entspricht auch dem Artikel 142, soweit er die Freiheit der Kunst gewährleistet. Damit sind rein künstlerische Wertungen ebenso frei wie etwa geistige Inhalte, religiöse, politische oder soziale Stellungnahmen, die in dem Kunstwerke enthalten sind.

Dagegen bleibt die Meinungsäußerung den allgemeinen Polizeigesetzen unterworfen, die nicht im Hinblick auf die Meinungsäußerung, sondern im Hinblick auf den Verkehr auf öffentlichen Straßen, auf Bau-, Feuer-, Gesundheitspolizei usw. ergehen. Die Theateraufführung kann aus Gründen der Feuerpolizei verboten werden. Das Halten von Vorträgen auf einem öffentlichen Platze kann aus Gründen der Verkehrspolizei untersagt werden.

Es braucht angesichts des Ausgeführten nicht nochmals ausdrücklich betont zu werden, daß die Bedeutung des Artikels 118 nicht nur darin besteht, der Verwaltung eine Grenze zu setzen, sondern vor allem dem Gesetzgeber, sei es Reichs- oder Landesgesetzgeber, eine Schranke zu errichten.

Von dem Boden dieser Rechtsauslegung aus wird auch klar die rechtliche Bedeutung des Artikels 118, Abs. 1, Satz 2. Man mag diese Bestimmung als nicht in die schöne Ordnung staatsrechtlicher Grundrechte passend erachten, da sie nicht den Schutz des Untertanen gegenüber der öffentlichen Gewalt, sondern gegenüber dem Nächsten im Auge hat. Allein für die Rechtsbildung kommt es nicht hierauf an. Es gibt nur eine Rechtsordnung. Machthaber sind ja nicht nur staatliche Obrigkeiten, sondern auch wirtschaftlich starke Private, besonders Verbände, auch wenn sie über kein Imperium verfügen.

Auch hier wird das Recht auf Äußerung einer „Meinung" in den von mir bezeichneten engeren Sinne geschützt. „An diesem Rechte darf den Deutschen kein Arbeits- oder Anstellungsverhältnis hindern." Daraus ergibt sich: Die Ordnung des Arbeitsverhältnisses darf nicht derart sein, daß der Arbeitnehmer von dem Rechte der freien Meinungsäußerung keinen Gebrauch machen könnte. Daher sind unzulässig Vertragsabreden, wonach der Arbeitnehmer sich verpflichten würde, außerhalb des Arbeitsverhältnisses seine Meinungen, also vornehmlich in politischer oder weltanschaulicher, aber auch in künstlerischer oder technischer Hinsicht nicht zu äußern. Unzulässig sind Abreden, die dem Arbeitgeber im Falle des Zuwiderhandelns bestimmte Rechte, Vertragsstrafe, fristlose Kündigung, einräumen würden. Dieser Satz gilt nicht ausnahmslos. Zulässig sind etwa Abreden, wonach ein Schriftsteller sich verpflichtet, für die Dauer des Arbeitsverhältnisses nicht in einer Konkurrenzzeitschrift oder in einer gegnerischen Zeitung Aufsätze zu veröffentlichen. Denn hier ergibt sich das Verbot aus dem Zwecke des Vertragsverhältnisses. Der Arbeitgeber will sich gerade die Arbeitskraft des Arbeitnehmers sichern, die in der Äußerung von Meinungen sich bekundet. Es handelt sich hier um die sog. „Tendenzbetriebe" des Betriebsrätegesetzes.

Noch weiter gefaßt ist der zweite Halbsatz des Satzes „Niemand darf den Deutschen benachteiligen, wenn er von dem Rechte der freien Meinungsäußerung Gebrauch macht". Hier soll dem Einzelnen noch über jenen Schutz der Freiheit, der in dem strafrechtlichen Verbot der Nötigung liegt, hinaus ein Schutz gewährt werden. Der Satz ist ein Schutzgesetz im Sinne des § 823 Abs. 2 BGB., indem er ein Verbot errichtet zum Schutze jedes Einzelnen, der von dem Rechte der freien Meinungsäußerung Gebrauch macht.

Es ist unzulässig, einen Arbeitsvertrag deshalb fristlos zu kündigen, weil der andere Teil von dem Rechte, seine Meinung zu äußern, Gebrauch gemacht hat. In dem Inhalt einer Meinung als solcher liegt noch kein „wichtiger Grund". Es ist gestattet, unter Einhaltung der gesetzlichen Frist zu kündigen. Sollte aber damit die Erwerbslosigkeit des betreffenden, wegen seiner Meinungsäußerung Entlassenen eintreten, so läge eine „Benachteiligung" vor, die den Arbeitgeber zum Schadensersatz verpflichten würde. Vielleicht wird hier eingewandt: Darf das Grundrecht der Vertragsfreiheit und der wirtschaftlichen Freiheit so weit eingeengt werden? Darauf ist zu erwidern: Es ist richtig, daß diese Rechtsauslegung vielleicht über den Schikaneparagraphen noch hinausgeht. Allein, in dem Widerstreit des Grundrechts der Artikel 151, 152, 153 RV. und des in Artikel 118, Abs. 1 verbürgten Grundrechtes geht dessen klare und ausdrückliche, sonderrechtliche Bestimmung vor.

Ähnliche Streitfälle können sich im Mietrechte ergeben, sofern man nicht das gegenwärtige Sonderrecht, sondern das gemeine Recht im Auge hat. Würde der Vermieter den Mietvertrag gesetzlich kündigen, weil er Leute bestimmter Meinungen nicht in seinem Hause dulden wolle, so würde er, sofern hieraus dem Mieter ein Schaden erwachsen würde, sich schadensersatzpflichtig machen.

Boykottierungen, die eine bestimmte Meinungsäußerung zum Anlaß nehmen, sind rechtswidrig und verpflichten zum Schadenersatz: Also z. B. eine Abrede von Arbeitgebern, einen Arbeitnehmer im Hinblick auf seine geäußerte Meinung nicht einzustellen, eine Abrede von Arbeitsgenossen, der Beschluß einer Gewerkschaft, die Zusammenarbeit mit Leuten, die sich zu bestimmten Meinungen bekennen, zu verweigern: die Abrede von Kunden eines Geschäftsmanns, im Hinblick auf dessen geäußerte Gesinnung oder Meinung bei ihm nicht mehr einzukaufen; die Abrede von Kreditinstituten, jemanden im Hinblick auf seine bekundete politische Gesinnung oder auf seine in sonstiger Hinsicht geäußerte grundsätzliche Meinung Kredit nicht zu gewähren. Solche Abreden sind, vor allem dort, wo eine Monopolstellung benutzt wird, rechtswidrig.

Die hier dargelegte Rechtsauffassung ist für das Arbeitsrecht anerkannt im Betriebsrätegesetz: § 81 Abs. 1 (Richtlinien für die Einstellung), § 84 (Einspruchsrecht im Falle der Kündigung), § 87. (Ist der Einspruch begründet, so hat der Arbeitgeber, wenn er die Weiterbeschäftigung ablehnt, Entschädigung zu leisten.)

Das Grundrecht des Artikels 118 zur Äußerung von Meinungen in dem hier vertretenen Sinne steht auch den Beamten zu. (Das Recht zu Äußerungen irgendwelcher anderer Art steht ihnen nach Maßgabe der Gesetze und gesetzmäßig erlassenen Verordnungen zu.) Es ergibt sich dies einmal aus Artikel 130, Abs. 2 RV., der allen Beamten „die Freiheit ihrer politischen Gesinnung" und damit die praktisch wichtigste Art der Meinungsäußerung ausdrücklich gewährleistet. (Entsprechend die bayerische Verfassung, § 67: „Den Beamten wird die Freiheit der religiösen und politischen Gesinnung gewährleistet.") Was für politische und religiöse Meinungen gilt, gilt für Meinungen schlechthin. Dieses Grundrecht kann auch nicht beliebig durch Beamtengesetze beschränkt werden. Es ergibt sich dies aus Artikel 133, Abs. 2 Satz 2 RV., der für eine bestimmte Gruppe beamteter Personen, für Angehörige der Wehrmacht, die Einschränkung einzelner Grundrechte durch ein einfaches Reichsgesetz vorsieht.

Welche Gesetze kommen aber als „allgemeine Gesetze" in Frage, die der Ausübung jenes Rechtes Schranken ziehen?

1. Für Meinungsäußerungen des Beamten innerhalb des Amtes gegenüber den Vorgesetzten oder anderen im inneren Amtsbereich stehenden Personen ergibt sich eine Schranke aus jenen Rechtssätzen, die das Interesse des Staats an einem ungehemmten Funktionieren der Behörde sichern wollen. Der Behördenapparat funktioniert nicht, wenn der Beamte bei jedem Amtsgeschäft das Recht hat, dem Vorgesetzten Vorträge über seine Meinung zu halten, oder jedem Gebote eine Meinungsäußerung gegenüber zu stellen. Wie weit der Beamte das Recht hat, Gegenvorstellungen zu machen, ergibt sich aus den die Regelung der Gehorsamspflicht regelnden Dienstvorschriften; der Gegenstand ist in der Rechtslehre eingehend erörtert, soweit es sich um das Recht des Beamten handelt, ungesetzlichen Anordnungen der Vorgesetzten gegenüber seine Meinung zu vertreten.

2. Für Meinungsäußerungen des Beamten, die er innerhalb des Amtes gegenüber dem Publikum tut, ergibt sich eine Schranke einmal aus denjenigen Rechtssätzen, die den Beamten überhaupt nur zu denjenigen Äußerungen gegenüber dem Dritten ermächtigen, die sich aus der Amtsführung ergeben.

Im besonderen Äußerungen politischer Natur finden eine Schranke daran, daß der Beamte die Stellung, die er kraft seines Amtes hat, nicht mißbrauchen darf. Der Untertan sieht in dem Beamten den Vertreter des Staats. Er ist nicht schlechthin in der Lage, zu unterscheiden, wie weit die Äußerung, die der Beamte im Amte macht, eine Äußerung des Amtsinhabers oder wie weit sie eine Äußerung des Privatmanns ist.

Von hier aus sind eine berechtigte Schranke jene Bestimmungen des Republikschutzgesetzes, die den Beamten in seinen Äußerungen innerhalb seines Amtes beschränken. Ferner jene Verbote, die den Beamten untersagen, Abzeichen politischer Parteien im Amte zu tragen. Diese letztere Schranke ergibt sich auch aus dem Rechtssatze der Verfassung, wonach der Beamte sich im Amte als Diener der Gesamtheit zu betrachten hat.

3. Wieweit aber hat der Beamte außerhalb des Amtes das Recht, als Staatsbürger eine Meinung zu äußern?

Hier ist vor allem nicht immer leicht festzustellen, wie weit der Bereich des Amtes reicht, also eine Äußerung außerhalb des Amtes vorliegt. Dies ist nicht für alle Beamte gleich zu beantworten. Für viele Beamte hört die amtliche Tätigkeit auf, wenn die Amtsstunden beendet sind. So für jene Beamte, die im wesentlichen nur mit Manipulationsdienst befaßt sind, für technische Beamte im weitesten Sinne, ja sogar wohl für Richter. Allein es gilt nicht für alle Beamte. Der Botschafter ist im Amt, wenn er ein Interview gibt, wenn er eine „Conférence" hält, einen Trinkspruch ausbringt. Ja es wird sehr schwer sein, solange er an seinem Amtssitze ist, überhaupt den privaten Bereich von dem amtlichen abzugrenzen. Ähnlich steht es mit dem sogenannten politischen Beamten der inneren Verwaltung, dem Regierungspräsidenten, Oberpräsidenten. Auch er ist nicht notwendig außer dem Amte, wenn er sein Amtszimmer verlassen hat. Auch er wird in einer Fülle von Beziehungen und bei vielen Gelegenheiten als im Amt befindlich anzusehen sein, die für einen anderen Beamten als durchaus außerdienstlich erscheinen. Daher sind der Meinungsäußerung dieser Beamten scheinbar engere Grenzen gezogen als anderen Beamten. Es reicht eben ihr Amtsbereich weiter. Daher kann in vielen Fällen jene Interpretation der Grenze zutreffen, auf der etwa der Erlaß Bismarcks beruht, der den Beamten des Auswärtigen Amtes jegliche Veröffentlichung, mit Ausnahme von Familienangelegenheiten ohne vorherige Genehmigung verboten hat, — wogegen dem Legationsrat v. Wildenbruch die Veröffentlichung von Dramen nicht verboten werden kann.

Soweit aber nun der Beamte außerhalb des Amtes ist, ist er frei in seinen Äußerungen. Dies gilt im besonderen hinsichtlich der politischen Meinung. Auch Äußerungen im Sinne einer die gegenwärtige Staatsform grundsätzlich bekämpfenden Partei sind frei. Es ist bekanntlich durch den Disziplinargerichtshof und das Oberverwaltungsgericht anerkannt, daß, solange der Beamte sich nicht an Handlungen beteiligt, die politische Parteiziele auf ungesetzlichem Wege zu verwirklichen suchen, seine Meinungsäußerung frei ist.

Ist die Pflicht zur Amtsverschwiegenheit ein allgemeines, die Meinungsäußerung des Beamten beschränkendes Gesetz? Es kommt für Äußerungen von Meinungen in dem hier vertretenen Sinne nur wenig in Frage. Denn die Amtsverschwiegenheit bezieht sich auf die Mitteilung von Tatsachen, nicht auf die Äußerung von Meinungen. Wohl aber kann sich aus der Pflicht zur Amtsverschwiegenheit eine Beschränkung der Meinungsäußerung mittelbar ergeben. Der Beamte darf nicht eine Meinung äußern über Dinge, hinsichtlich deren er zur Amtsverschwiegenheit verpflichtet ist. Daher ist es zulässig, wenn der Vorgesetzte ein Verbot erläßt, über Dinge sich zu äußern, deren Kenntnis der Beamte nur kraft des Amtes erlangt haben kann. Der Vorgesetzte erläßt eben in diesem Falle ein Gebot zur Geheimhaltung.

Ein solches Verbot mit Erlaubnisvorbehalt ist z. B. durch Verfügung des Reichswehrministers vom 19. Juli 1921 Nr. 680/84. 21 (Heeresverordnungsblatt Nr. 43 vom 25. Juli 1921) für sämtliche Angehörige der Reichswehr aufgestellt, „wenn amtliches unveröffentlichtes Material benutzt wird, oder wenn militärische oder dienstliche Angelegenheiten erörtert werden sollen, auf die sich die Pflicht zur amtlichen Verschwiegenheit erstreckt“. Ein derartiges Verbot kann auch für Beamte ergehen.

Als ein allgemeines Gesetz kommt ferner in Betracht die Pflicht des Beamten, auch „außer dem Amte der Achtung, die sein Beruf erfordert, sich würdig zu erweisen“.

Für die Achtung, die man vor einem Menschen hat, ist ein wesentliches Erfordernis, daß er bis zu einem gewissen Grade den Eindruck einer einheitlichen Haltung erweckt. Ein Ministerialbeamter, der in einer Zeitung das Gesetz bekämpfen würde, das er im Parlamente zu vertreten hat, würde diese Achtung verlieren. Ein Lehrer, der außerhalb der Schule das bekämpft, was er in der Schule den Schülern als richtig, billigenswert, als erhaben oder gar heilig vorstellt, läßt den Zweifel an der Aufrichtigkeit, Ehrlichkeit seiner Haltung entstehen und gefährdet damit die Achtung.

Es kann hier keine Kasuistik gegeben werden. So z. B. ob ein Polizeibeamter einen Kriminalroman veröffentlichen darf. An sich wird ein Kriminalroman dann unter den Begriff der Meinung fallen, wenn eine künstlerische, vielleicht auch soziale, grundsätzliche Stellungnahme sich darin ausdrückt. Allein es wird doch auf den einzelnen Fall ankommen. Ein Schlüsselroman wäre unzulässig; teils im Hinblick auf die Amtsverschwiegenheit, teils aber, weil bei den Beteiligten die Achtung vor dem Beamten gemindert würde, der eine solche für sie vielleicht sehr ernste und ihre innersten Dinge aufrührende Angelegenheit mehr oder minder verhüllt der Öffentlichkeit preis gibt.

Von hier aus ergibt sich auch, ob Vorgesetzte berechtigt sind, den Beamten irgendwelche Veröffentlichungen überhaupt für Angelegenheiten ihres Geschäftsbereichs zu verbieten und ob solche Verbote daher beachtet werden müssen. Wenn das Reichsbankdirektorium den Reichsbankbeamten auferlegt, daß sie vor Veröffentlichungen bankpolitischer, banktechnischer oder währungspolitischer Art oder über sonstige Fragen, die den Aufgaben- und Geschäftskreis oder das Interesse der Reichsbank berühren, die vorgängige Zustimmung des Reichsbankdirektoriums einholen, so ist in dieser Allgemeinheit eine derartige Dienstvorschrift wohl nicht zulässig.

Man kann fragen, ob § 10a des Reichsbeamtengesetzes, der, weil auf dem Wege der Verfassungsänderung zustande gekommen, für die Reichsbeamten sicher in Geltung ist, einen Rechtsgedanken enthält, der auch für die Landesbeamten als ein aus der Natur des Beamtenverhältnisses sich ergebendes allgemeines Gesetz gelten kann. Es ist danach den Beamten untersagt, „in der Öffentlichkeit gehässig oder aufreizend die Bestrebungen zu fördern, die auf die Wiederherstellung der Monarchie oder gegen die Republik gerichtet sind, oder solche Bestrebungen durch Verleumdung, Beschimpfung oder Verächtlichmachung der Republik oder von Mitgliedern der Regierungen des Reiches oder eines Landes zu unterstützen". Diese Bestimmung steht in ihren wesentlichen Teilen mit Artikel 118 RV. im Einklang. Der Beamte hat das Recht, seine Meinung dahin zu äußern, daß die Wiederherstellung der Monarchie anzustreben sei, ein Recht, das er im umgekehrten Sinne vor 1918 nicht besaß — und er hat auch das Recht, seine Meinung über das Verhalten der Mitglieder der Reichs- und Landesregierung zu äußern. Durch eine Meinungsäußerung kann der Beamte die Achtung, die sein Beruf erfordert, nicht gefährden. Denn zu allen Zeiten hat man einen Mann, der es gewagt hat, seine Meinung auszusprechen, gleichviel, ob man ihr zustimmt, geachtet. Wohl aber kann ein Beamter die ihm zukommende Achtung gefährden durch die Art und Weise seiner Äußerung, durch Verleumdung, Beschimpfung, gehässige, aufreizende Form. Zweifeln kann man, ob das „Verächtlichmachen" schon die Achtung, deren der Beamte bedarf, gefährdet. Sollte eine Verächtlichmachung schon dann angenommen werden, wenn eine an sich wahre Tatsache behauptet wird, die ihrer Natur nach **geeignet** ist, andere Personen verächtlich zu machen, so würde hierin doch **nicht** eine Überschreitung des Bereiches der Meinungsäußerung gegeben sein. (Vgl. Helfritz im Jahrbuch des öffentlichen Rechts 1926, S. 262.)

Piloty hat als ein allgemeines Gesetz erachtet, daß der Beamte „das Amt nicht schädigen dürfe". Man kann zugeben, daß ein Beamter, der das Amt vorsätzlich schädigen würde, die ihm zukommende Achtung gefährden würde. Allein es würde eben darauf ankommen, wann jener Tatbestand gegeben ist. Es darf nicht jeder Vorgesetzte glauben, daß eine Äußerung einer Meinung, die der seinigen entgegengesetzt ist oder sonst unerwünscht erscheint, bereits das Amt schädige.

Unter den Beamten nimmt aber nun wiederum eine besondere Stellung ein der Hochschullehrer. Er genießt eine besondere Stellung, einmal für die Meinungsäußerung im Lehramte, sodann für die Äußerung rein wissenschaftlicher Meinungen auch außerhalb des Lehramts. Im übrigen besitzt er für Meinungsäußerungen außerhalb des Amtes nicht ein weitergehendes Recht als jeder andere Beamte.

Ob und wie weit ein solches Recht, die sog. „akademische Lehrfreiheit" vor 1919 bestanden habe, ist in der Staatsrechtslehre nicht unbestritten.

In den Statuten oder Verwaltungsgesetzen ist, soviel ich sehe, jenes Recht nirgends scharf formuliert ausgesprochen; aber es ist seit der Gründung der Berliner Universität und der berühmten Denkschrift Wilhelm von Humboldts über die „Innere und äußere Organisation der höheren wissenschaftlichen Anstalten" (Sept. 1809—1810; A. Harnack, „Geschichte der Berliner Akademie, Berlin 1900, II. S. 361) von den Universitäten behauptet und im Laufe des 19. Jahrhunderts auch von den Regierungen und den sonst an der Rechtsbildung Beteiligten anerkannt worden.

1848 hat man diesen Rechtssatz der akademischen Lehrfreiheit zu sichern gesucht durch den Satz „Die Wissenschaft und ihre Lehre sind frei" (in dem Verfassungsentwurfe des Fünfzigerausschusses hieß es: „Lehr- und Lern freiheit"), der in die Verfassung der Paulskirche (§ 152) und in die preußische Verfassung von 1850 (Art. 20) aufgenommen wurde und dann später auch in das österreichische Staatsgrundgesetz von 1867 (Art. 17) übergegangen ist.

Anschütz hat geglaubt, schon für die preußische Verfassung dem Artikel 20 eine über das allgemeine Recht der Meinungsäußerung hinausgehende Bedeutung absprechen zu müssen; meines Erachtens zu Unrecht.

Geschichtliche Gründe scheinen mir gegen seine Auffassung zu sprechen. Die Bestimmung über die Freiheit der Wissenschaft taucht zuerst 1848 in den Verfassungen auf und findet sich, soviel ich sehe, nur in den deutschen Verfassungen. Woher kommt das?

Vor 1848 hatten wiederholt Verstöße gegen die akademische Lehrfreiheit stattgefunden. Hochangesehene Gelehrte und ausgezeichnete Vertreter des nationalen Gedankens waren wegen ihrer Lehrmeinungen gemaßregelt worden: Ernst Moritz Arndt in Bonn, der Theologe de Wette in Berlin, der Staatsrechtslehrer Karl Biedermann in Leipzig und Andere; die Karlsbader Beschlüsse hatten die Versendung von Akten an die Fakultäten, die Interpretation der Bundesbeschlüsse verboten und sogar die wissenschaftlichen Werke der Professoren der Zensur unterstellt. Ein großer Teil der öffentlichen Meinung hatte schon vor 1848 diese Maßnahmen als Rechtsbrüche empfunden. So erklärt es sich, daß in der Paulskirche, in der ja gerade die Professoren stark vertreten waren, Wert darauf gelegt wurde, neben dem allgemeinen Recht der freien Meinungsäußerung die Freiheit der Wissenschaft und ihrer Lehre zu sichern. Daß damit nicht etwa nur die Freiheit der Privatgelehrten gesichert werden wollte, ergibt sich aus der Deutschland eigentümlichen Verfassung jener Anstalten, die der Pflege der Wissenschaft dienen.

In Deutschland nämlich bestand damals, wie ja auch heute noch, die Pflege der Wissenschaft fast ausschließlich an den staatlichen Hochschulen. In anderen Ländern, so z. B. in England, bestanden staatliche Hochschulen überhaupt noch nicht. Dort waren die Hochschulen Stiftungsanstalten; daher in England keine Veranlassung bestand, die Freiheit der Wissenschaft gegenüber dem Staate festzulegen. In den romanischen Ländern aber, vor allem in Belgien und Italien, bestanden und bestehen zwar staatliche Hochschulen, aber daneben gilt dort das Recht der Unterrichtsfreiheit und auf Grund dessen gibt es freie Hochschulen. Wenn aber in einem Lande neben den staatlichen Hochschulen freie Hochschulen bestehen, so ist die Freiheit der Wissenschaft in erster Linie eben durch den Bestand dieser freien Hochschulen verbürgt. Daher auch in jenen Ländern viel weniger Veranlassung gegeben war, die Freiheit der Wissenschaft und ihrer Lehre gegenüber dem Staate rechtlich festzulegen. Anders in Deutschland mit tatsächlich rein staatlichen Hochschulen, die noch dazu allein das Recht zur Veranstaltung von Prüfungen haben, auf Grund deren ausschließlich der Zutritt zu den öffentlichen Ämtern erfolgt. Hier hat es seinen guten Grund, die Freiheit der Lehre der Wissenschaft verfassungsmäßig festzulegen; besonders, wenn man das eigentümliche Organisationsprinzip der deutschen Universitäten bedenkt. Während in anderen Ländern die

Hochschulen vielfach Erziehungsanstalten sind, der Lehrgang dort meistens gebunden ist, ja sogar das Textbuch die tatsächliche Lehrfreiheit einschränkt, beruhen die deutschen Universitäten seit Wilhelm von Humboldt auf dem Satze, daß an ihnen Forschung und Lehre vereint sein sollen, daß Lernfreiheit besteht, was bedeutet, daß die Hörer frei sind in der Auswahl des Lehrers, also selbständig sich eine Meinung bilden sollen, — eine Einrichtung, die noch verstärkt wird durch die Freizügigkeit der Hörer, die an den deutschen Hochschulen besteht. Aus all dem erklärt sich, daß die Aufstellung jenes Satzes im Jahre 1848 bedeutete: Der Universitätslehrer solle frei sein nicht nur als Schriftsteller, sondern auch auf dem Katheder, die Ergebnisse seiner Forschung vorzutragen.

Diese hier vertretene Anschauung über die Bedeutung des Artikels 20 der preußischen Verfassungsurkunde kann sich auch stützen auf Äußerungen des damaligen preußischen Kultusministers v. Ladenberg, in dessen amtlicher Denkschrift: „Erläuterungen, die Bestimmungen der Verfassungsurkunde Religionsgesellschaften unf Unterrichtswesen betreffend", Berlin 1848 (angeführt bei Rönne, 4. Aufl., Bd. 2, S. 452). Er betont, „der Umstand, daß die Vergangenheit Veranlassung darbot, daran zu zweifeln, daß Wissenschaft und Lehre frei sei, habe es wünschenswert gemacht, diesen Grundsatz in der Verfassungsurkunde auszusprechen". (Auch angeführt bei G. Anschütz, Kommentar S. 369.) Es ist Anschütz zuzugeben, daß aus den gesetzgebenden Verhandlungen auch Äußerungen angeführt werden können, die zum mindesten über die Grenzen der akademischen Lehrfreiheit unklar lauten. Allein im ganzen kann auch auf Grund der Verhandlungen meines Erachtens daran nicht gezweifelt werden, daß man mit dem Artikel 20 die Lehrfreiheit an den staatlichen Hochschulen sichern wollte.

Diese Rechtsauffassung ist für das preußische Recht auch von Rönne vertreten worden, aus dessen Werk sie erst in der fünften Auflage verschwand, als Zorn die Bearbeitung übernahm. Sie ist, wenn auch nicht in scharfer Fassung, in dem Kommentar zur preußischen Verfassungsurkunde von E. Schwartz unter deutlichem Hinweis auf die Unzulässigkeit des Verbots oder Gebots hinsichtlich bestimmter Lehrsätze oder Lehrbücher vertreten worden und ebenso von C. Bornhack (Die Rechtsverhältnisse der Hochschullehrer in Preußen, Berlin 1901, S. 41 und in Stengel-Fleischmanns Wörterbuch des Verwaltungsrechts, 2. Aufl. S. 637) sowie ähnlich von A. Arndt.

Aber auch in jenen deutschen Ländern, in denen das Recht der akademischen Lehrfreiheit nicht verfassungsmäßig festgelegt worden ist, ist doch auf dem Wege der gewohnheitsrechtlichen Bildung dieses Recht zur Geltung gelangt. Dies zeigte sich dann, wenn Verstöße zurückgewiesen wurden, z. B. 1853 in Bayern, als dem Professor der Philosophie an der Münchener Universität, Prantl, im Hinblick auf die von ihm vertretenen Lehrmeinungen verboten wurde, Vorlesungen über Philosophie zu halten. Die Anerkennung jenes Rechtes zeigte sich aber weiterhin bei der Behandlung jener Fälle, in denen katholische Theologen von ihrer kirchlichen Oberbehörde wegen ihrer Lehre diszipliniert wurden. Bis zum Jahre 1924, wo in Bayern anläßlich des Konkordats diese Rechtsauffassung aufgegeben wurde, haben die staatlichen Unterrichtsbehörden stets daran festgehalten, daß derartige Disziplinierungen im Hinblick auf die an den Universitäten allgemein bestehende akademische Lehrfreiheit staatsrechtlich keine Folgen haben können. (Vgl. hierüber meinen Aufsatz „Die bayerischen Konkordate und die Universitäten" in den Mitteilungen des Verbandes der deutschen Hochschulen. V. Jahrg. 1925. Heft 1 S. 2.)

Lediglich über den Umfang der akademischen Lehrfreiheit ist es zu einer abgeschlossenen Rechtsauffassung nicht gekommen. Für Preußen genügt es, daran zu erinnern, daß die preußische Unterrichtsverwaltung anläßlich des Falles Arons es für unzulässig erklärte, daß ein Sozialdemokrat Lehrer an einer preußischen Hochschule sei, womit sie, wenn dies auch im Falle des Chemiker Arons nicht praktisch war, zu erkennen gab, daß die Vertretung von Lehren wie sie der politischen oder Weltanschauung der Sozialdemokratie entsprechen, an den preußischen Hochschulen unzulässig sei. Der preußische Unterrichtsminister hat dies damit begründet, die Universitäten seien nicht nur Lehranstalten für die freie wissenschaftliche Forschung, sondern sie hätten auch die Aufgabe,, „die Jugend mit der Liebe für König und Vaterland, mit dem Respekt vor der Monarchie und der Verfassung und mit der Achtung vor unseren staatlichen Einrichtungen zu erfüllen." (Angeführt bei Paulsen: Die akademische Lehrfreiheit und ihre Grenzen" Preuß. Jahrbücher Bd. 91 [1898] S. 527.)

Diese Meinung ist auch in der Theorie vertreten worden. Viele Schriftsteller machen den Vorbehalt, daß der Staat nicht dulden dürfe, daß der Lehrer Lehrmeinungen vortrage, die den Bau des Staats und der Gesellschaft gefährden oder die „mit den Sittengesetzen unvereinbar" sind. So z. B. Rob. v. Mohl, Politik, Bd. 2, 1869, S. 144; Max Müller, Lehr- und Lernfreiheit, Aarau 1911; Paulsen, Die akademische Lehrfreiheit und ihre Grenzen Preußische Jahrbücher Bd. 91, S. 515, der von dem Lehrer der Staatswissenschaften „ein positives Verhältnis zum Staate fordert".

Dagegen hat F. C. Dahlmann (Politik, Bd. 1, 2. Aufl., S. 321) die Meinung vertreten: Die Lehrfreiheit bedeute für den Lehrer das Recht, innerhalb der Grenzen seines Lehrberufes zu lehren, was ihm wahr und gut dünke; denn die wissenschaftlichen Wahrheiten seien keine Gegenstände der Gesetzgebung. Gegen die Gefahren des Mißbrauchs der Lehrfreiheit habe die Regierung dreierlei Mittel. Erstens die hinlängliche Kenntnis der Lehrer von dem Bildungsstadium her und ihrer Privatdozentenzeit. Zweitens die Bekämpfung jeder Irrlehre auf ihrem eigenen Felde durch das Aufbieten der Kraft gegen die Kraft. Drittens gegen Lehrer, die das Gesetz verletzen, wende sie die Kraft der Strafgesetze an.

Eine ähnliche Auffassung hat vor ihm K. Welcker (Rotteck-Welckers Staatslexikon, 2. Aufl. 8. Bd. 1847, Art. Lehrfreiheit), nach ihm G. Beseler (Erlebtes und Erstrebtes 1884 S. 192), G. Kaufmann (Die Lehrfreiheit, Leipzig 1898) vertreten. Weniger scharf hat sich Bluntschli für die akademische Lehrfreiheit ausgesprochen. (Staatswörterbuch, 2. Aufl., Leipzig 1876, Art. Lehr- und Lernfreiheit)[1]).

Anhänger einer unbeschränkten akademischen Lehrfreiheit ist auch Max Weber, der diesen Gedanken in mehreren Aufsätzen, am eingehendsten in der Abhandlung über „Den Sinn der Werftreiheit der soziologischen und ökonomischen Wissenschaften" (Logos 1917, S. 451ff.) dargelegt hat. Es handelt sich bei ihm bekanntlich um den Gedanken, wie sich der akademische Lehrer verhalten solle, ob es ihm im besondern möglich sei, die Darstellung rein logisch erschließbarer und rein empirischer Sachverhalte von den praktischen, ethischen oder weltanschauungsmäßigen Wertungen zu trennen. Weber meint zwar, daß der akademische Lehrer überhaupt darauf verzichten sollte, seine Wertungen zu bekennen, wolle er dies aber nicht, so habe er doch die Pflicht, reinlich zu scheiden, also stets unerbittlich klar zu machen, was Wissenschaft und was praktische Wertung sei. Aus diesem Anlaß stellt er aber mit Schärfe fest, daß, wenn einmal an der Hochschule überhaupt Wertungen zugelassen seien, daß dann alle Wertungen zugelassen werden müßten.

Auf Grund der Reichsverfassung ist die Frage nach dem Rechte der Hochschullehrer folgendermaßen zu beantworten.

[1]) Nach dem Vortrage war Herr Kulisch so freundlich, mich darauf hinzuweisen, daß bei J. v. Sonnenfels, einem durchaus in der Aufklärung wurzelnden Schriftsteller, in dessen Handbuch der inneren Staatsverwaltung (Wien 1798) I. Bd. S. 387 und 389 sich eine Anschauung findet, die — wenigstens für einen Teil der Hochschulen — ein sehr weitgehendes Maß von Lehrfreiheit fordert.

Ebenso wie der Staat im Bereiche der Religion und Weltanschauung überhaupt die Meinungsbildung durchaus freigegeben hat, ebenso gibt er die Meinungsbildung im Gebiete der Wissenschaft frei. Dies gilt für die Wissenschaft der Privatgelehrten im wesentlichen schon auf Grund des Art. 118, Abs. 1 RV. Es gilt aber auch, und hierin liegt die verfassungsrechtliche Bedeutung des Art. 142, auch für den Lehrer an den staatlichen Hochschulen. Die Tatsache, daß es sich hier um beamtete oder den Beamten gleichgestellte Personen handelt, gibt der staatlichen Verwaltung oder dem staatlichen Gesetzgeber — ebensowenig natürlich den Amtsgenossen oder den Studierenden — kein Recht, in die Äußerung wissenschaftlicher Lehrmeinungen beschränkend einzugreifen.

Die Reichsverfassung hat diesen Satz allerdings nur als Rechtsgrundsatz aufgestellt, aus dem auf dem Wege der Auslegung die eigentlichen Rechtssätze abzuleiten sind. Es ist hier ähnlich wie bei der Gewissensfreiheit. Auch hier ergeben sich notwendig, wenn der verfassungsmäßige Grundsatz der Gewissensfreiheit in der Rechtsordnung durchgeführt werden soll, eine Reihe von Rechtssätzen, die erst der Verwirklichung jenes Grundsatzes dienen sollen. Ebenso folgt aus Artikel 142 eine Reihe von Rechtssätzen, deren Geltung erst den Bestand jenes Grundrechtes verbürgt. Hier sind nur diejenigen Rechtsätze darzulegen, die das Recht der beamteten oder nichtbeamteten Hochschullehrer auf Äußerung einer Meinung betreffen:

1. Der Hochschullehrer ist hinsichtlich der Veröffentlichung seiner wissenschaftlichen Forschungen frei. Aus seiner beamtenrechtlichen Stellung können sich in dieser Hinsicht keine Beschränkungen ergeben.

Daß er sich bei seiner Forschung an die allgemeinen Gesetze zu halten hat, ist selbstverständlich, also etwa an das Gesetz über den Verkehr mit Krankheitserregern — denn dieses ist nicht gegen die Forschung oder eine bestimmte Lehrmeinung, sondern zum Schutze der öffentlichen Gesundheit erlassen — oder an die Anstaltsordnung der von ihm benutzten wissenschaftlichen Anstalten.

2. Der Satz: „Der Beamte hat den Dienstbefehlen seiner Vorgesetzten zu gehorchen", gilt für den Hochschullehrer nicht, soweit solche Befehle ergehen hinsichtlich der einzuschlagenden Lehrmethode oder hinsichtlich des Inhalts der von ihm bei der Behandlung des Lehrgegenstandes vorzutragenden Meinung.

3. Der Hochschullehrer kann wegen des Inhalts seiner auf dem Lehrstuhl vorgetragenen Lehre als solchen nicht dienststrafrechtlich verfolgt werden. Der Hochschullehrer ist in-

sofern „nur seinem Gewissen unterworfen". Dieser Satz hat bei ihm eine andere Bedeutung als bei dem Abgeordneten. Denn die Tätigkeit des Hochschullehrers ist auf die Erkenntnis eines Objektiven gerichtet; ähnlich der Tätigkeit des Richters innerhalb des engeren Bereichs des Rechts. Es kommt daher dem Hochschullehrer hinsichtlich seiner Lehre eine ähnliche sachliche Unabhängigkeit zu wie dem Richter. (Der Sicherung dieser sachlichen Unabhängigkeit sollen jene Bestimmungen des Beamtenrechtes dienen, die dem Hochschullehrer eine, anderen Staatsbeamten außer den Richtern nicht verbürgte persönliche Unabhängigkeit gewährleisten: Recht der Emeritierung, also tatsächlich Recht, ohne Veränderung des Gehalts bis zum Lebensende Vorlesungen zu halten.)

Diese Rechtssätze beziehen sich auf den Vortrag oder eine sonstige Äußerung einer wissenschaftlichen Lehrmeinung. Hierunter fallen nicht nur Meinungen, wie sie oben formuliert sind, d. h. irgendwie grundsätzliche Stellungnahmen, sondern — entsprechend der Idee der Wissenschaft — auch Ansichten über einmalige Ereignisse oder Tatsachen, also die Erkenntnisse der Geschichtswissenschaft. Es fallen hierunter auch Wertungen. Denn wenn ich es auch mit Weber für erwünscht halte, daß der Hochschullehrer, um seine Hörer zu „intellektueller Rechtschaffenheit" zu erziehen, die Darstellung der Sachverhalte von der Darlegung seiner Wertungen möglichst zu trennen sich bemühe, so ist doch zweifellos in der heutigen Rechtsordnung für die Hochschulen nicht der Satz anerkannt, daß Wertungen überhaupt ausgeschlossen seien. Wohin sollten die Theologie, die Philosophie, die Geschichtswissenschaft und im Bereiche der Rechtswissenschaft die sogenannte „Interessenjurisprudenz" kommen?

Allein der Schutz kommt nicht dem zu, was über die Lehrmeinung hinausgeht. Nicht gedeckt durch die akademische Lehrfreiheit ist der beleidigende Angriff auf Personen, nicht gedeckt jene Art der Formulierung, bei der aus der Form oder den Umständen die Absicht zu verletzen hervorgeht. Dabei muß betont werden: ein Recht darauf, uns verletzt zu fühlen, weil eine Meinung geäußert wird, sei es auch in staatlichen und religiösen Dingen, die der unseren entgegengesetzt ist, besteht nicht. Ein Schutz gegen Verletzung unserer Gefühle besteht lediglich hinsichtlich der Form, in der die abweichende Meinung geäußert wird. Nicht gedeckt durch die Lehrfreiheit ist die Aufforderung zu einem bestimmten Verhalten. Nicht gedeckt sind vor allem alle Äußerungen auf dem Katheder über Dinge, die nicht zum Lehrgegenstand gehören, also in der Regel — wenn nicht durch den Gegenstand, z. B. Volkswirtschaftslehre, Staatsrecht unmittelbar veranlaßt — alle

Äußerungen zur Tagespolitik. Hinsichtlich dieser sämtlichen Äußerungen steht der Hochschullehrer nicht anders als jeder andere Beamte.

Soweit aber nun der so umschriebene Bereich der akademischen Lehrfreiheit geht, bestehen keine weiteren Schranken. Es besteht nicht ein allgemeines Gesetz, das die Vertretung bestimmter Lehrmeinungen auf den staatlichen Hochschulen verbieten würde. Aus der Aufgabe der staatlichen Hochschulen als solcher ergibt sich kein Ausschluß einer bestimmten Lehrmeinung. Denn — hier folge ich ebenso Wilhelm von Humboldt, wie Dahlmann und den sonst angeführten Vertretern einer unbeschränkten Lehrfreiheit — die Aufgabe der Universitäten ist nicht, wie der preußische Unterrichtsminister im Falle Arons gesagt hat, zu einer bestimmten Gesinnung zu erziehen, sondern ihre Aufgabe ist vielmehr zu wissenschaftlichen Denken zu erziehen. Dies ist aber nur dann möglich, wenn alle Meinungen vorgetragen werden können und der Hörer alle frei prüfen kann.

Es darf eine Lehre nicht deshalb verboten werden, in dem Vortrag einer Lehre nicht deshalb ein Dienstvergehen erblickt werden, weil sie etwa der christlichen Offenbarung, bestimmten philosophischen Grundanschauungen oder den von den jeweils Regierenden vertretenen Anschauungen über den Aufbau des Staates und der Gesellschaft widerspreche, „staatsgefährlich" sei. Vielleicht erhebt hier jemand den im Grunde theoretischen Einwand, der dem Zuhörer Schauder einflößen soll, ob selbst ein Anarchist, also ein Mann, der die Geltung des Rechts als solches leugne, etwa als Rechtslehrer im Amte gelassen werden dürfe. Ich will mich demgegenüber nicht darauf zurückziehen, daß ja unzweifelhaft auch jene Rechtslehre zuzulassen ist, die die Souveränität des Staates und seiner Gesetzgebung leugnet. Ich scheue mich vielmehr nicht, jene Frage zu bejahen. Max Weber hat schon gesagt: „Der Anarchist könne sicherlich ein guter Rechtskundiger sein." Darüber hinaus aber könnte man noch daran erinnern: Der Umstand, daß jemand **kein** Anarchist ist, bürgt noch lange nicht dafür, daß er seine Zuhörer zur unbedingten Achtung vor der Heiligkeit des Rechts erzieht. Es hat Rechtslehrer gegeben, die stets den Schein einer loyalen, staatstreuen Gesinnung und den Glanz eines guten Juristen um sich zu verbreiten gewußt haben, und doch gleichgültig und, ohne einen Laut von sich zu geben, zugesehen haben, wenn das Recht mißachtet wurde.

Diese von mir vertretene Auffassung deckt sich im allgemeinen mit verschiedenen grundsätzlichen Äußerungen amtlicher Stellen, die aus Anlaß einzelner Vorstöße oder Verstöße gegen das Recht der akademischen Lehrfreiheit seit der Geltung der neuen Reichsverfassung ergangen sind. (Es scheiden für die hier zu behandelnde Frage jene Fälle aus, in denen eine außerhalb der amtlichen Lehrtätigkeit liegende Betätigung von Hochschullehrern den Anlaß zu Vorstößen oder Maßnahmen gab, die ihre Lehrtätigkeit an der Hochschule betrafen; die Fälle Nikolai, Vahlen, Lessing, Gumbel, Mayer-Mannheim.)

Am klarsten ist die Scheidung zwischen dem Inhalt der Lehre, der durch die Lehrfreiheit gedeckt ist und der Form der Lehre oder einem unzulässigen Gebrauch des Katheders gemacht worden in der Antwort, die der preußische Unterrichtsminister am 3. Oktober 1922 auf eine kleine Anfrage betreffend den Professor von Freytagh-Loringhoven gegeben hat. (Drucksachen des Landtags, I. Wahlperiode, 1. Tagung 1921/22 M 3662.) Er erklärte:

„Die von F.-L. in seiner Vorlesung behandelte Frage der Rechtskontinuität im Falle gewaltsamer Veränderung der Staatsverfassung ist eine wissenschaftliche Streitfrage. Die Untersuchung hat ergeben, daß F.-L. jede praktische Folgerung aus seiner Anschauung, insbesondere die Bekämpfung der Weimarer Verfassung, ausdrücklich ablehnt. Die Wissenschaft und ihre Lehre sind nach der Verfassung frei. Daß F.-L. die ihm verfassungsmäßig gewährleistete Freiheit in seiner Stellung als akademischer Lehrer mißbraucht habe, ist nicht erwiesen. Gleichwohl erachte ich es als Pflicht, auch der unter dem Schutz der Lehrfreiheit stehenden Professoren, in ihrer Lehrtätigkeit ihre Darlegungen in eine Form zu fassen, daß die Staatsautorität in keiner Weise geschädigt wird."

Auch im Falle des Kollegen Freiherrn v. Marschall ist ähnlich geschieden worden: Hier hat der Senat (laut der in der Karlsruher Zeitung vom 23. Juli 1925 veröffentlichten Entscheidung des badischen Kultusministeriums vom 30. Mai 1925) erklärt, „daß er auch nicht unter Berufung auf die Freiheit der Lehre für solche Einzelheiten des Vortrags, die Andersdenkende zu verletzen geeignet waren, eintreten könne". Das Ministerium selbst vertrat nach der grundsätzlichen Seite die Anschauung, daß der Professor „berechtigt war, im Rahmen sachlicher Ausführungen seine Lehrmeinung frei vorzutragen" und daß es sich nur darum handeln könne, „ob die Ausführungen der Rede, aus dem Rahmen sachlicher wissenschaftlicher Ausführungen heraustretend, gegen eine dem Beamten obliegende Pflicht verstoßen". Das Ministerium glaubte einen solchen Verstoß des Professors in bestimmten Äußerungen deshalb erblicken zu müssen, weil „der Beamte verpflichtet sei, dem Staate und dem verfassungsmäßigen Träger der Staatsgewalt mit Achtung zu begegnen".

Weniger scharf gefaßt, aber doch ungefähr im Sinne der dargelegten Grundgedanken sind die Äußerungen des preußischen Unterrichtsministers Boelitz in der Sitzung des preußischen Landtags vom 13. Dezember 1921 (erste Wahlperiode 1921, Berichte Bd. 4, Spalte 5779ff.): „Im Grunde genommen ist es nicht die Art der deutschen Professoren gewesen, zu politischen Tagesfragen innerhalb der Hörsäle Stellung zu nehmen. Wo sie es getan haben, da setzen sie sich außerhalb der Gepflogenheiten ihres Amtes ... Wir lehnen es von Staats wegen ab, daß die Professoren die Politik des Staates betreiben; dann wollen wir auch von Staats wegen ablehnen, daß die Staatspolitik die Meinung der Professoren dirigiert. Aber auf eines möchte ich ernst hinweisen: Für persönliche Verunglimpfungen und für Bildungsdünkel ist auf den Kathedern unserer Hochschulen kein Platz." Danach lehnt es der Unterrichtsminister im Gegensatz zu der vor 1918 von der preußischen Unterrichtsverwaltung vertretenen Auffassung ab, daß ein Hochschullehrer in seiner Lehrtätigkeit auf die politischen Anschauungen der Regierung irgendwie Rücksicht zu nehmen habe. Er erklärte ferner: „Als Staatsbürger hat selbstverständlich der Professor wie jeder andere Staatsbürger das Recht, sich politisch zu betätigen, wie er will, und ich nehme Veranlassung, zu erklären, daß ich aus dem Bekenntnis zum Kommunismus keinen Grund herleiten würde, irgendeinen Professor, der Tüchtiges leistet, von der akademischen Wirksamkeit auszuschließen oder zu ihr nicht zuzulassen. Er hat nur auf dem Lehrstuhl sich jeder Politik zu enthalten." Ob der Unterrichtsminister darnach den Vortrag einer durch die Gedanken des Kommunismus bestimmten Rechts- oder Gesellschaftslehre dulden würde, geht aus dieser Äußerung nicht völlig klar hervor[1].

Es könnte nun noch die Frage aufgeworfen werden, ob und wieweit jene Professoren, die der Erforschung und Darstellung des Inhalts einer Glaubenslehre sich widmen, die Professoren der theologischen Fakultäten an der Lehrfreiheit in dem dargelegten Umfange teilhaben, ob also z. B. im besonderen Artikel 3 § 2 des bayerischen Konkordats verfassungsmäßig zulässig ist. Allein die Erörterung dieser Frage ist innerhalb des Rahmens der zur Verfügung stehenden Zeit nicht mehr möglich. Sicher hat jene Bestimmung mit dem

[1]) Nach dem Vortrage wurde ich von Herrn Koellreutter darauf aufmerksam gemacht, daß eine grundsätzliche Entscheidung über die Grenzen der akademischen Lehrfreiheit auch ergangen ist in dem Falle des ord. Professors der Zoologie in Jena, Plate.

bis dahin in Bayern und bis heute auch noch in Preußen geltendem Rechte der staatlichen Lehrfreiheit der Theologen gebrochen.

1a. Leitsätze des ersten Berichterstatters.

1. *Nach deutschem Staatsrechte stehen Äußerungen irgendwelchen geistigen oder Empfindungsinhalts unter dem Schutze des Rechtsatzes der Gesetzmäßigkeit der Verwaltung.*
2. *Einen besonderen Schutz genießen nach Art. 118, Abs. 1 RV. Äußerungen, die ausdrücklich oder auch in verhüllter Form eine Meinung enthalten, d. h. eine grundsätzliche Stellungnahme irgendwelcher Art. Eine solche Stellungnahme kann auch auf künstlerische Wertungen sich beziehen.*

   Dieser Schutz erstreckt sich auf den Inhalt der Meinung wie auf jede Art ihrer Kundgabe.
3. *Das Recht auf Äußerung einer solchen Meinung besteht innerhalb der Schranken der allgemeinen Gesetze. Das heißt: Durch Art. 118 Abs. 1 Satz 1 sind Gesetze und Verwaltungsmaßnahmen für unzulässig erklärt, die eine Meinung als solche wegen ihres Inhalts oder wegen der Art ihrer Verbreitung verbieten oder irgendwie beschränken.*

   Wer von dem Rechte der freien Meinungsäußerung Gebrauch macht, hat alle Gesetze zu beachten, die zum Schutze irgendwelchen, gegenüber jeder Lebensbetätigung, nicht nur gegenüber Meinungsäußerungen geschützten, rechtlichen Interesses bestehen.
4. *Hinsichtlich aller Äußerungen geistigen Inhalts (Ziffer 1), im besonderen hinsichtlich aller grundsätzlichen geistigen oder künstlerischen Stellungnahmen (Ziffer 2) besteht das Verbot der Zensur.*

   Zensur umfaßt das Recht der Polizei, eine Meinungsäußerung aus ordnungs-, sicherheits- und sittenpolizeilichen Gründen auch dann verbieten zu dürfen, wenn es sich nicht um die Verhütung einer unmittelbar drohenden strafbaren Handlung handelt, ferner das Recht, zu diesem Zwecke die Vorlage der Meinungsäußerung vor deren Kundgabe fordern zu dürfen.

   Ausnahmen von dem Verbot der Zensur enthält lediglich Art. 118, Abs. 2 RV.

5. *RV.-Art. 118 Abs. 1 Satz 2, erster Halbsatz, ist ein Verbotsgesetz. Entgegenstehende Vertragsabreden sind nichtig.*

RV.-Art. 118 Abs. 1 Satz 2, zweiter Halbsatz, ist ein Schutzgesetz im Sinne des § 823, Abs. 2 BGB.

6. *Das Recht der freien Meinungsäußerung im Sinne des Art. 118 Abs. I RV. steht auch den Beamten zu. Ein dieses Recht beschränkendes allgemeines Gesetz ist u. a. der Rechtsatz, daß der Beamte auch außerhalb des Amts sich der Achtung würdig zu erweisen hat, die sein Beruf erfordert.*

7. *Aus dem Rechtsgrundsatz des Art. 142 RV. ergibt sich für den beamteten und nichtbeamteten Hochschullehrer ein besonderes, den anderen Beamten nicht eingeräumtes Recht zur Äußerung von wissenschaftlichen Meinungen innerhalb des Amts, die „akademische Lehrfreiheit".*
   a) *Auf Grund ihrer gilt der Satz „Der Beamte hat den Dienstbefehlen seiner Vorgesetzen zu gehorchen" für Hochschullehrer nicht, soweit solche Befehle ergehen hinsichtlich der einzuschlagenden Lehrmethode oder hinsichtlich des Inhalts der von dem Hochschullehrer bei der Behandlung des Lehrgegenstandes vorzutragenden Meinung.*
   b) *Der Hochschullehrer kann, so lange er sich darauf beschränkt, wissenschaftliche Meinungen zu äußern, wegen des Inhalts seiner in Ausübung der Lehrtätigkeit vorgetragenen Lehren als solchen nicht dienststrafrechtlich verfolgt werden.*

2. Das Recht der freien Meinungsäußerung.

Mitbericht von Professor **Dr. Rudolf Smend** in Berlin.

Ich möchte von dem Vorrecht des zweiten Berichterstatters Gebrauch machen und mich auf Anmerkungen zu dem ersten Bericht beschränken.

Diese Anmerkungen beziehen sich, wie Sie aus den Ihnen leider verspätet vorgelegten Thesen sehen, zunächst auf die Frage der Bedeutung der Weimarer Grundrechte überhaupt. Es ist innerlich begründet, daß jede Erörterung unseres Kreises über ein Grundrecht, nicht nur über das des Art. 109, alsbald über ihren nächsten Gegenstand hinaus und in letzte grundsätzliche Erwägungen hineinführt. Denn die Meinungsverschiedenheiten, die hier im einzelnen bestehen, beruhen nicht auf verschiedener Einzelexegese von Verfassungsartikeln, sondern auf tiefer liegenden Gegensätzen in den verfassungstheoretischen Grundanschauungen. Ich möchte versuchen, zunächst den Inhalt dieser Gegensätze zu entwickeln und dann ihre Tragweite für die Auslegung der einzelnen Grundrechte anschaulich zu machen.

Diese Einzelerörterung soll sich bei dem Hauptgegenstande des heutigen Tages, dem Art. 118, auf einige Bemerkungen beschränken, denn hier ist die Hauptarbeit schon getan, früher, und heute von Herrn Rothenbücher. Grundsätzlicher möchte ich mich zu Art. 142 aussprechen, dessen Bedeutung bisher literarisch lediglich von Grund aus in Frage gestellt, aber vor dem heutigen ersten Bericht noch nicht näher untersucht worden ist.

1. Die Notwendigkeit immer neuer Inangriffnahme des Problems der Bedeutung der Grundrechte überhaupt wird deutlich an den beiden Verlegenheiten, in denen sich die herrschende Auslegung der Grundrechte befindet. Die eine besteht in dem Mißverhältnis zwischen dem offenkundigen großen Bedeutungsanspruch, mit dem die Grundrechte jeder Verfassungsurkunde und insbesondere der Weimarer auftreten, und der anscheinend sehr geringen wirklichen Bedeutung, die sorgfältige juristische Einzeluntersuchung für sie in Anspruch nehmen kann: so findet die herrschende Meinung in zahlreichen

Grundrechten, besonders auch in Art. 118 und 142, in der Hauptsache nur Anwendungsfälle des ohnehin geltenden Grundsatzes der Gesetzmäßigkeit der Verwaltung. Die andere Schwierigkeit liegt im Verhältnis vieler Grundrechte zu den sogenannten besonderen Gewaltverhältnissen — in der Frage, wie sich gegenüber dem apodiktischen Allgemeingeltungsanspruch vieler Grundrechte (Art. 109ff.: „Alle Deutschen", „Jeder Deutsche" usw.) die notwendige Wahrung der „besonderen Pflichtverhältnisse"[1]) begründen lasse.

Diese scheinbaren inneren Widersprüche in den Grundrechten sucht ihre herrschende Auslegung dadurch aufzuheben, daß sie den rechtlichen Gehalt herausarbeitet, den die Grundrechte als Modifikationen des bestehenden spezialgesetzlichen Rechtszustandes haben. Sie behandelt die Grundrechte als eine Summe von Novellen zu zahlreichen Reichs- und Landesgesetzen, scheidet alles das aus, was nur „Programm" oder „Bekenntnis" ist, und sucht als positiven Gehalt das herauszustellen, was auf den einzelnen Rechtsgebieten durch die Grundrechtssätze anders geworden ist. Nach dieser Auffassung hätte der Verfassungsgesetzgeber, jedenfalls vom gesetzestechnischen Standpunkt gesehen, besser getan, sich selbst über diese seine Änderungsabsichten unzweideutig auszusprechen, etwa in der Weise des 2. Abschnitts des Einführungsgesetzes zum Bürgerlichen Gesetzbuch („Verhältnis des Bürgerlichen Gesetzbuchs zu den Reichsgesetzen") und vieler anderer Gesetze, die die durch sie bedingten Änderungen des bisherigen Rechtszustandes selbst genau normieren. In der Nachholung solcher in Weimar versäumten Gesetzestechnik sieht die herrschende Grundrechtsinterpretation ihre eigentliche Aufgabe.

Der hierin liegende stillschweigende Vorwurf gegen den Verfassungsgesetzgeber ist aber nicht begründet. Die Verfassung hat gar nicht in erster Linie spezialgesetzliche Normen in den Grundrechten setzen wollen. Die Grundrechte normieren privatrechtliche, verwaltungsrechtliche, strafrechtliche Verhältnisse nicht des Privatrechts, des Verwaltungsrechts, des Strafrechts, sondern der Verfassung wegen. Sie verfolgen nicht die technischen Sonderzwecke jener einzelnen Rechtsgebiete, sondern den konstituierenden Gesamtzweck des Verfassungsrechts. Martin Wolff hat das so ausgedrückt, daß die Reichsverfassung es selbst da, wo sie eine Rechtsnorm des Privatrechts abschreibe, nicht technisch meine[2]); der abgeschriebene Satz rückt in eine andere Ebene und in einen ganz

---

[1]) H. Preuß im Verfassungsausschuß, Bericht und Protokolle S. 504.

[2]) Festgabe für Wilhelm Kahl IV 6 Anm. 2.

neuen, ihm bisher fremden Bedeutungszusammenhang und tritt infolgedessen zugleich in ein Verhältnis eigentümlicher Inkommensurabilität zu seiner Vorlage und der technisch gemeinten Umgebung, aus der sein Wortlaut stammt.

Dieses im Vergleich mit den einzelnen technischen Rechtsgebieten spezifisch Andere, das den Gegenstand des Verfassungsrechts bildet, ist der Lebensvorgang des Staates im ganzen. Diesen Vorgang, d. h. die dauernde Erneuerung und Weiterbildung des staatlichen Willensverbandes als wirklicher Lebenseinheit, regelt die Verfassung. Die Weimarer gibt ihm in ihrem ersten Hauptteil vor allem seine Formen, in ihrem zweiten vor allem einen bestimmten sachlichen Gehalt. Die Verfassung wird mißverstanden und unterschätzt, wenn man sie dahin auslegt, daß sie den Staat als eine unbegreifliche feste Wirklichkeit voraussetze und ihm nun bestimmte rechtsgeschäftliche Willensorgane gebe und bestimmte grundrechtliche Schranken ziehe. Vielmehr regelt sie seine eigentliche Substanz selbst, die nicht ein ruhender Bestand oder eine bestehende Beziehung, sondern lediglich fließendes, sich immerfort erneuerndes Leben ist; die Verfassung gibt diesem Leben Formen, in deren Aktualisierung es seine alleinige Wirklichkeit hat, in denen es sich erneuert, alle Staatsangehörigen immerfort von neuem in wirkliche Beziehung zu sich setzt (erster Hauptteil der Weimarer Verfassung) — und sie gibt ihm sachliche Inhalte, in deren sachlicher Verwirklichung der deutsche Staat seine Einheit finden soll (nicht zuletzt die Grundrechte). Im Spiel der im ersten Hauptteil geordneten Funktionen und in der Realisierung der im zweiten Hauptteil normierten Sachgehalte soll das deutsche Volk seine staatliche Einheit haben: so könnte man den Inhalt der Weimarer Verfassung zusammenfassend bezeichnen.

Ich kann diese Anschauungen, die ich an anderer Stelle literarisch näher zu begründen versuche, hier nur andeuten, um aus ihnen die Folgerungen für die Auslegung der Grundrechte zu ziehen.

Ein jedes von ihnen will, dem Sinn dieses Teiles der Verfassungsordnung entsprechend, ein einzelnes politisches Gut aufstellen, in dessen Zeichen das deutsche Volk von Verfassungs wegen einig sein will. Das Reich der Weimarer Verfassung ist z. B. nach den Art. 152, 153, 119, 154 ein Staat, der von Verfassungs wegen auf die Kerninstitute der bisherigen bürgerlichen Rechtsordnung festgelegt, durch sie in seinem Wesen bestimmt ist; und es ist erst eine zweite Frage, ob und wie weit diese Bestimmungen abgesehen von ihrer verfassungsrechtlichen, konstituierenden, integrierenden Bedeutung auch noch von Bedeutung für das besondere privatrechtliche Rechtsgebiet sind, ob sie sich auch noch irgendwie in die technischen Normen dieses einzelnen Rechtsgebiets einordnen. So ist der Staat der Weimarer Grundrechte der Staat eines bestimmten Kultursystems, sofern eine Anzahl grundlegender Elemente dieses Kultursystems als oberstes Gesetz des Landes normativ anerkannt sind[1]) — darunter bezeichnender Weise auch Minderheitswerte und Kompromisse. Und die angemessene theoretische Bearbeitungsweise dieses Kultursystems würde eine geisteswissenschaftliche Entwicklung dieses Systems als eines geschichtlich begründeten und bedingten geistigen Ganzen sein — eine Arbeitsweise, die der Staatstheorie des Auslandes noch heute ebenso selbstverständlich ist, wie sie es der deutschen Staatstheorie der ersten Hälfte des 19. Jahrhunderts war. Als auf ein Beispiel solcher Arbeitsweise möchte ich hinweisen auf Günther Holsteins Untersuchung zu Art. 120 der Reichsverfassung[2]).

Die Notwendigkeit und die Schwierigkeit solcher Arbeitsweise nimmt zu, wenn mit dem geschichtlichen Zeitablauf und der zunehmenden geistigen und sozialen Inhomogenität des Volksganzen die ursprüngliche überzeugende Eindeutigkeit gerade der obersten und grundlegenden Grundrechtsprinzipien, z. B. der Freiheit und Gleichheit, verloren geht. Erich Kaufmann hat darauf schon früher angesichts der amerikanischen Grundrechtsjurisdiktion hingewiesen[3]). Beides, Wichtigkeit und Schwierigkeit, wird gesteigert beim Übergang von der Monarchie zur Republik durch die damit vermehrte Bedeutung der Grundrechte. Dieser Bedeutungszuwachs liegt nicht, wie eine liberalisierende Verfassungsauslegung meint, in ihrer Rolle als gesteigerter Minderheitsschutz gegenüber der Gefahr des Parlamentsabsolutismus, sondern darin, daß die Grundrechte mindestens ihrer Intention nach einen Teil der Funktionen des monarchischen Verfassungselements übernommen haben. Wo dieses Element noch vorhanden ist und seinerseits den sachlichen Gehalt des Staatsganzen dadurch bestimmt, daß es den geschichtlichen Charakter der Staatsindividualität in seiner irrationalen Fülle symbolisiert und repräsentiert, da hat die liberale Grundrechtsinterpretation ein gewisses Recht, die in den Grundrechten wesentlich Beschränkungen von Staat und

---

[1]) Diese Aufgabe hat — bei aller technischen Unzulänglichkeit der Durchführung — der Naumannsche Grundrechtsentwurf der Weimarer Versammlung mit voller Klarheit gestellt, und der Abstand der endgültigen Grundrechte von denen des ersten Entwurfs ist der Ausdruck des Bekenntnisses der Versammlung zu dieser Aufgabe.

[2]) Archiv des öffentl. Rechts N. F. 12, 187ff.

[3]) Auswärtige Gewalt und Kolonialgewalt in den Vereinigten Staaten von Amerika S. 187ff., 241f.

Staatsgewalt sieht. Wo aber diese Rolle der Monarchie frei geworden ist, da erfahren die übrigen Verfassungselemente, die für dieselbe Aufgabe in Betracht kommen, einen entsprechenden Funktionszuwachs. Ich brauche dafür nur an die (auch abgesehen von den Schwierigkeiten des Farbenwechsels) gesteigerte Bedeutung der Reichsfarben als verfassungsmäßiger Symbolisierung des Sachgehalts, in dem das deutsche Volk von Verfassungs wegen einig sein soll, zu erinnern. An diesem Zuwachs haben vor allem die Grundrechte ihren vollen Anteil — denn auch Demokratie lebt nicht vom Relativismus (jedenfalls außerhalb von Wien), sondern von einer von Rechts wegen bestehenden Einigkeit in sachlichen Werten der Volksgemeinschaft. Für die heutigen Grundrechte gilt mit neuem Recht, und stärker als für die des monarchischen Staats der Satz der Menschenrechte, daß diese Rechte nicht Schranken, sondern Verstärkungen des Staats und der Staatsgewalt sein sollen, deren Akte, weil im Namen dieser Rechte vollzogen, darum um so wirksamer sein sollen, en soient plus respectés.

Die herrschende Auffassung bestreitet diese Denkweise, die ich hier nur andeuten, nicht näher begründen kann. Es ist in erster Linie der Gesetzes- und Rechtsbegriff der herrschenden Meinung, der im Rechtssatz, auch im Grundrechtssatz, individualistisch die Abgrenzung von Willenssphären, zwischen Gläubiger und Schuldner, zwischen Staat und Einzelnem sucht und infolgedessen die Grundrechte von vornherein spezialrechtlich, vor allem verwaltungsrechtlich, oder privatrechtlich, und nicht in erster Linie staatsrechtlich auslegt. Ich begrüße die morgige Erörterung des Gesetzesbegriffs namentlich deshalb, weil ich glaube, daß dem herrschenden materiellen Gesetzesbegriff eine gewisse Elastizität fehlt, deren er für die von ihm zu verlangende volle Leistungsfähigkeit bedarf.

Ich möchte den Gegensatz nur noch in aller Kürze an einem Beispiel deutlich machen, nämlich an der Behandlung des Art. 3 der Weimarer Verfassung (von den Reichsfarben). Die führenden Kommentare wissen seine Bedeutung nicht recht anzugeben: nach Anschütz verpflichtet er die Regierung zu Verwaltungsverordnungen, nur der Handelsmarine gegenüber zu Rechtsverordnungen; oder wie sich Giese deutlicher ausdrückt[1]), „die Farben haben nicht bloß dekorativ-zeremonielle, sondern auch eine gewisse rechtliche Bedeutung", die Handelsflagge aber ist „von erhöhter rechtlicher Bedeutung". Also die Handelsflagge von Verfassungs wegen wichtiger als die Nationalflagge! Das ist vom Standpunkt individualistisch-rechtsstaatlichen

[1]) In den älteren Auflagen seiner Ausgabe der Reichsverfassung und noch in der zweiten der Ausgabe der Preußischen Verfassung (1926) zu Art. 1.

Verwaltungsrechtsdenkens ganz richtig. Aber es ist kein Zweifel, daß Art. 3 nicht wegen dieser verwaltungsrechtlichen Auswirkungen am Anfang der Reichsverfassung steht, und daß die Reichs- und Landesfarben ihre heutige rechtliche Bedeutung auch nicht erst nachträglich durch ihren erhöhten Strafschutz im Republikschutzgesetz gewonnen haben. Diese Bedeutung war vielmehr schon durch die Verfassung normiert und ist durch das Republikschutzgesetz nur noch unter Strafsanktion gestellt. Die Norm zu dieser Strafsanktion muß in der Verfassung enthalten sein, aber man sucht sie in den Kommentaren vergebens. Ihr Inhalt ist der, daß das deutsche Staatsvolk als solches in diesem Symbol und in den durch dieses Symbol repräsentierten Werten von Verfassungs- und Rechts wegen eins sein soll — also eine Norm parallel den Grundrechten, und ebenso wie diese eine Normierung einheitsbegründenden sachlichen Gehalts, nur daß dieser Gehalt hier symbolisiert, in den Grundrechten dagegen formuliert wird. Der staatsrechtliche Inhalt dieser Normen liegt in dieser, das Staatsganze konstituierenden, integrierenden Funktion; die verwaltungsrechtlichen Einzelfolgen sind eine sekundäre und untergeordnete, im Verhältnis zu jenem staatsrechtlichen Inhalt technische Frage.

Wie beim Reichsfarben-Artikel, so habe ich bei den Grundrechten gegen die herrschende Behandlungsweise zweierlei einzuwenden.

Einmal, daß sie den primären, den eigentlichen staatsrechtlichen Inhalt dieser Normen nicht rein für sich und als die Hauptsache herausarbeitet, sondern daß sie sie als technisches Recht sofort in die einzelnen Spezialgebiete der Rechtsordnung, insbesondere in das Verwaltungsrecht, einordnet, als ob sie lediglich eine technisch mangelhafte Novellengesetzgebung zu diesen Spezialgebieten wären.

Sodann, daß auch die Lösung der zweiten und untergeordneten Aufgabe, die Ermittlung der Auswirkung dieser Normen auf die beteiligten Einzelrechtsgebiete, darunter leidet, daß ihr primärer Gehalt an sich nicht genügend erarbeitet wird.

Ich möchte versuchen, die gefährlichen Folgen dieses Mangels weniger an Art. 118 als an Art. 142 aufzuzeigen.

2. Aus der Fülle der Auslegungsschwierigkeiten des Art. 118 greife ich nur einige wenige heraus: die Fragen des durch das Grundrecht geschützten Guts, die Frage der Bedeutung der hier vorbehaltenen „allgemeinen Gesetze", insbesondere die Frage von Meinungsäußerungsfreiheit und Beamtenrecht.

a) Der Gegenstand des grundrechtlichen Schutzes des Art. 118 ist dadurch mißverständlich bezeichnet, daß der Satz noch im ersten Abschnitt der Grundrechte untergebracht, also mit unter die Überschrift „Die Einzelperson“ gestellt ist. Allerdings ist die Freiheit der Meinungsäußerung von jeher in engsten Zusammenhang mit Gewissens- und Denkfreiheit gebracht und als eine Folgerung aus diesen die individuellen Persönlichkeitswerte schützenden Grundrechten gerechtfertigt. Und nicht mit Unrecht: es ist zunächst ein Stück sittlich notwendiger Lebensluft für den Einzelnen, die Wahrheit sagen zu dürfen. Aber damit ist der Sinn des Grundrechts nicht erschöpft. Schon die Aufklärung sah in der Freiheit und Öffentlichkeit der Meinungen die automatisch wirksame Organisation der richtigen Meinung und der politischen Sittlichkeit[1]) — weniger rationalistisches Denken wenigstens ein besonders wichtiges Mittel zur Anregung des Gemeingeistes jeder Art — heutige Auffassung eine der wichtigsten Voraussetzungen und Formen des politischen Gemeinschaftslebens überhaupt. In diesen Zusammenhang gehören die institutionellen Auffassungen vom Wesen der Meinungsäußerung, insbesondere der Presse, als einer öffentlichen Einrichtung, in der Rechtsprechung[2]) und in der preßpolitischen Literatur[3]). Auch verwaltungsrechtlich ist dieser soziale Charakter des Grundrechts längst erkannt, insbesondere an seinem engen Zusammenhang mit dem Vereins- und Versammlungsrecht. Wenn die Weimarer Verfassung auch die demonstrative Meinungsäußerung durch Symbole, Abzeichen, Fahnen und dergleichen in das Grundrecht einbezogen hat, so hat sie damit diesen Charakter des Grundrechts verstärkt, denn es handelt sich hier besonders unzweideutig um Äußerungen des Gruppenlebens, das sich in diesen Formen ausdrückt und durch sie wirbt.

Diese soziale, gruppenbildende Funktion der Meinungsäußerung ist nicht nur Motiv und Sinn des Grundrechts, sondern gehört zu dem von ihm geschützten Tatbestande. Verschiedenartigste Auswirkungsformen des Gruppenwillens und des Gruppenlebens, insbesondere Werbung, Agitation, Demonstration im Namen der Gruppe, fallen unter den Grundrechtsschutz, trotz seiner insoweit irreführenden Einordnung unter die Grundrechte der Einzelperson.

---

[1]) Statt vieler Einzelzitate die prägnante Zusammenfassung bei Carl Schmitt, Die geistesgeschichtliche Lage des heutigen Parlamentarismus 2. A. S. 46ff.

[2]) Urteile des schweizerischen Bundesgerichts bei Fleiner, Schweizerisches Bundesstaatsrecht S. 373 Anm. 4.

[3]) Z. B. E. Posse, Über Wesen und Aufgabe der Presse, 1917. Daselbst Literatur zur Geschichte des im Text angedeuteten Problems; vgl. auch z. B. O. Wettstein, Über das Verhältnis zwischen Staat und Presse, 1904, S. 9f., 13ff.; Guizot, Quelques idées sur la liberté de la presse, 1814, p. 16ss.

b) Der grundrechtliche Schutz besteht „innerhalb der Schranken der **allgemeinen Gesetze**". In diesen Worten liegt die größte von den vielen Schwierigkeiten, die der Artikel der Auslegung bietet.

Die drei bisherigen Erklärungsversuche halte ich für mißlungen. Daß die „Allgemeinheit" der hier vorbehaltenen Gesetze nicht die personelle Allgemeinheit aller Deutschen meinen kann, ist sofort von der Disziplinarrechtsprechung erkannt, die das persönliche Sonderrecht der Beamtenschaft mit Recht auch gegenüber dem Grundrecht des Art. 118 als fortgeltend in Anspruch genommen hat. Aber auch die heute überwiegende Annahme, daß die Worte im Sinne sachlicher Allgemeinheit, also im Sinne des Ausschlusses spezialgesetzlicher Beschränkungen gerade der Meinungsäußerungen, gemeint seien, ist nicht durchzuführen. Sie ist unvereinbar mit dem zweifellosen Fortgelten der strafgesetzlichen Schranken der Meinungsäußerung und bringt überdies den Satz, wie vor allem seine gründliche Untersuchung durch Thoma lehrt, geradezu um alle Bedeutung. Und der dritte Ausweg, die Meinungsäußerung durch alle Gesetze beschränken zu lassen, das Erfordernis der Allgemeinheit dieser Gesetze also als Redaktionsfehler zu streichen, ist so lange abzulehnen, als es noch eine andere Möglichkeit sinnvoller Auslegung gibt. Und diese Möglichkeit, vielmehr Notwendigkeit, scheint mir allerdings zu bestehen.

Der Fehler aller bisherigen Versuche liegt darin, daß sie die in Frage stehenden Worte formallogisch aus sich heraus auszulegen suchen, indem sie fragen, worin die Besonderheit liege, die durch das Erfordernis der Allgemeinheit der grundrechtsbeschränkenden Gesetze ausgeschlossen werden soll. Wenn es richtig ist, daß die Grundrechte zu bestimmten sachlichen Kulturgütern in einer bestimmten geschichtlich bedingten Wertkonstellation von Verfassungs wegen Stellung nehmen, so sind sie dementsprechend geisteswissenschaftlich, insbesondere geistesgeschichtlich zu verstehen und auszulegen. Das muß aber auch von einzelnen modifizierenden Bestandteilen einer Grundrechtsfassung gelten: auch sie sind nur aus dem Gesamtzusammenhang der Grundrechte heraus zu verstehen, d. h. nicht formalistisch-technisch im Sinne unserer heutigen technisierten Spezialgesetzgebung, die allerdings dazu neigt, die Worte „allgemein" und „besonders" nur formalistisch, als gegenseitige leere Negationen zu verwenden. Hier aber handelt es sich um die Aufnahme und abgekürzte Inbezugnahme eines alten sachlichen Gedankens aus dem überlieferten Gedankenkreise der Grundrechte. Seit den Menschenrechten ist eine derartige „allgemeine" Schranke der Grundrechtsausübung stets anerkannt und nur immer von neuem anders formuliert;

die „Allgemeinheit", um die es sich dabei handelt, ist aber selbstverständlich die materiale Allgemeinheit der Aufklärung: die Werte der Gesellschaft, die öffentliche Ordnung und Sicherheit, die konkurrierenden Rechte und Freiheiten der Anderen[1], — Sittlichkeit, öffentliche Ordnung, Staatssicherheit[2] — an ihnen haben die Grundrechte ihre Schranke, deren Ziehung im einzelnen die Aufgabe ausführender Gesetze ist. Das ist auch die Allgemeinheit des Art. 118: die Allgemeinheit derjenigen Gemeinschaftswerte, die als solche den ursprünglich individualistisch gedachten Grundrechtsbetätigungen gegenüber den Vorrang haben, so daß ihre Verletzung eine Überschreitung, ein Mißbrauch des Grundrechts ist. Mit Recht hält Thoma die Kriminalstrafgesetze dem Art. 118 gegenüber aufrecht, und zwar im Grundsatz, ohne den sorgfältigen Einzelnachweis des ersten Berichts zu verlangen, daß in den einzelnen Bestimmungen keine Meinungsäußerung als solche getroffen werden solle[3]. Das entspricht auch der Geschichte des Grundrechts — es hat von jeher die Geltung der Strafgesetze vorbehalten, und die „allgemeinen" Gesetze sind nur eine Erweiterung dieses Vorbehalts. Denn eine wahre kriminalstrafrechtliche Norm ist — ich zitiere Thomas Ausführungen[4] — dann echtes Kriminalrecht, wenn sie im Grunde schon im sittlichen Bewußtsein lebendig ist und ihre Strafsanktion dem Schutze der Daseinsbedingungen der Gesellschaft überhaupt dient: d. h. es ist eine bestimmte materiale Überwertigkeit des Strafrechtsgutes gegenüber dem Grundrechtsgut, die dem Strafrecht den Vorzug gibt: darin liegt seine „Allgemeinheit", daß an ihm das höhere Allgemeininteresse hängt. „Allgemeine" Gesetze im Sinne des Art. 118 sind also Gesetze, die deshalb den Vorrang vor Art. 118 haben, weil das von ihnen geschützte gesellschaftliche Gut wichtiger ist als die Meinungsfreiheit.

Eine für unsere formalistische Denkgewöhnung fremdartige Auslegung, die dadurch noch bedenklicher werden mag, daß sie das Wort „allgemein" hier als einen Fall jenes Typus juristischer Begriffsbestimmungen versteht, die den Tatbestand einer Rechtsfolge lediglich dahin bezeichnen, daß es ein die Rechtsfolge rechtfertigender Tatbestand sein müsse[5] — ein

[1] Art. 4, 5, 10, 11 der Menschenrechte, Tit. 1 Art. 5 der französischen Verfassung von 1791.

[2] Schweizerische Bundesverfassung 1874 Art. 50, 56.

[3] Verwaltungsrechtliche Abhandlungen, Festgabe zur Feier des fünfzigjährigen Bestehens des Preußischen Oberverwaltungsgerichts, 1925, S. 214.

[4] A. a. O. S. 202. — Für unsere Frage wohl richtig Giese, Anm. 2 zu Art. 118.

[5] M. Wolff a. a. O. S. 5 Anm., Triepel, Archiv d. öff. Rechts N. F. 1, 365, E. Kaufmann, Deutsche Hypothekenforderungen in Polen S. 39ff.

die Meinungsäußerung einschränkendes Gesetz ist jedes Gesetz, das diesen Vorrang vor der Äußerungsfreiheit verdient. Aber dieser Typus ist keine Seltenheit — ein besonders ausgeprägtes Beispiel in nächster Nähe in der Reichsverfassung sind ja die „wohlerworbenen" Rechte des Art. 129. Und allein diese Auslegung führt zu befriedigenden Ergebnissen.

Ich nehme den Fall eines Reichsgesetzes an, das die Kritik der Reichsregierung unter Strafe stellt. Ein Gesetz überhaupt, also nach der Anschützschen Lehre trotz Art. 118 gültig; ein Strafgesetz, also auch nach der Thomaschen Auslegung zu rechtfertigen. Und trotzdem werden wir alle es für verfassungswidrig halten: die Unkritisiertheit der Regierung ist kein Gut, das den Vorzug vor der freien Meinungsäuerung in einem Lande verdiente, in dem das Verfassungsleben gerade die Bildung von Parteien und öffentlicher Meinung im Wege der freien Meinungsäußerung voraussetzt. Derartige Abwägungsverhältnisse können schwanken: heute würde ein Strafgesetz etwa gegen kritische Berichterstattung über Gerichtsverhandlungen und Gerichtsurteile durch nicht genügend vorgebildete Journalisten verfassungswidrig sein, weil das Getragensein der Justiz von bewußtem, in Kritik und in Bildung öffentlicher Meinung entstehendem vertrauensvollem Gemeinwillen zunehmend gefordert erscheint. In früheren Zeiten — ich erinnere an die Praxis verhältnismäßig harter Bestrafung ungerechtfertigter Kritik an der Justiz — wäre diese Frage mindestens nicht mit derselben Gewißheit in diesem Sinne zu beantworten gewesen.

Zu solchen das öffentliche Leben betreffenden Wertkonstellationsfragen nehmen die Grundrechte Stellung, und es ist die Aufgabe der Grundrechtsauslegung, diese Fragen und ihre in den Grundrechten gegebene oder (wie in Art. 118 und 129) durch die Grundrechte dem sittlichen und kulturellen Werturteil der Zeit zugeschobene Beantwortung herauszustellen. Hier liegen auch die Schwierigkeiten und die Lösungen für Art. 118, nicht in leerer begrifflicher Formaljurisprudenz. Hier liegt das, was diese Grundrechte über selbstverständliche und bedeutungslose Einzelbestätigungen des Prinzips der gesetzmäßigen Verwaltung hinaushebt und zu wahren Verfassungsgrundsätzen macht — was insbesondere ihre sorgfältige Abgrenzung im Sinne des ersten Berichts nach Tatbestand und Beteiligten (der Beschränkung auf Reichsangehörige) wichtiger macht, als die herrschende Lehre annimmt.

c) Das Verhältnis des Art. 118 zum Beamtenrecht endlich ist ein mindestens analoger Anwendungsfall des Abs. 1 Satz 2 („An diesem Rechte darf ihn kein Arbeits- oder Anstellungsverhältnis hindern" usw.). Denn im Gegensatz zu Thoma[1]) kann ich die sedes materiae nicht in Art. 130 Abs. 2 finden: mit der hier allen Beamten gewährleisteten „Freiheit ihrer politischen Gesinnung" ist gemeint, daß im Wortsinn die Gesinnung frei, insbesondere kein Hindernis der Anstellung. und daß nur die Äußerung und Betätigung dieser Gesinnung möglicher Gegenstand der Dienstgewalt und Dienstpflicht ist.

Art. 118 Abs. 1 Satz 2 ist eine Spezialisierung des Satz 1 für den besonderen Fall der privatrechtlichen und öffentlichrechtlichen Dienstverhältnisse. Sein verfassungsrechtliches Prinzip geht dahin, daß redefreiheitsberechtigte Reichsbürger auch alle Dienstverpflichteten sein sollen; allerdings, entsprechend der Einschränkung aller Reichsbürger durch solche Gesetze, die sinngemäß dem Grundrecht des Art. 118 vorgehen, hier mit der Einschränkung durch das Dienstverhältnis, soweit es sinngemäß der Ausübung des Grundrechts vorgehen muß. Die besondere Gewährleistung der Redefreiheit für die Dienstverpflichteten schließt nicht aus, daß das Dienstverhältnis seinem eigenen rechtlichen Sinne nach der Meinungsäußerung vielfach im Wege ist; aber sie schließt aus, daß durch Geltendmachung des Dienstverhältnisses die Äußerungsfreiheit behindert wird lediglich, um sie zu hindern, ohne Rechtfertigung aus dem rechtmäßigen eigenen Rechtszweck des Dienstverhältnisses heraus.

Die Schwierigkeiten des Abs. 1 Satz 2 liegen nicht in seinem grundsätzlichen Inhalt, sondern in seiner Anwendung auf die Frage, welche Meinungsäußerungen dem Beamten gestattet sind, wie weit seine literarische Tätigkeit unter eine dienstliche Vorzensur gestellt werden kann, welche sachlichen Gesichtspunkte, welche öffentlichen Interessen als triftige Begründung von Äußerungsbeschränkungen in Betracht kommen und welche nicht. Für diese Anwendung sind, soviel ich sehe, vor allem zwei Gesichtspunkte stärker in Betracht zu ziehen, als Literatur und Rechtsprechung das bisher getan haben.

Einmal die Tatsache, daß nunmehr die reichs- und staatsbürgerliche Gleichstellung des Beamten in seiner außeramtlichen Sphäre mit der Gesamtheit der Bürger reichsverfassungsrechtlich sanktioniert ist[2]), so daß die sich hier ergebenden

[1]) A. a. O. S. 208. Ebenso wie Thoma der Reichsdisziplinarhof (Schulze-Simons, Rechtsprechung des Reichsdisziplinarhofs S. 203).

[2]) Vgl. insbes. Vervier, Archiv d. öff. Rechts N. F. 6, 16ff. Mindestens mißverständlich C. Falck in Der Polizeioffizier IV, 1926, S. 345: „Der Beamte ist . . . außerhalb des Dienstes niemals lediglich Mensch und Staatsbürger, sondern stets auch in einem aus seiner amtlichen Stellung und seinen besonderen Pflichten sich ergebenden Ausmaße Beamter." Das widerspricht dem den

Fragen nicht lediglich Fragen des Beamtenrechts sind[1]), sondern zugleich Fragen der Einschränkung dieses Beamtenrechts durch die Reichsverfassung.

Sodann das Erfordernis, das aus Art. 118 Abs. 1 Satz 2 zu entnehmen ist, daß die dienstrechtliche Behinderung im Staatsbürgerrecht nicht mißbräuchlich sein darf; also die Frage, wie weit der Dienstherr von dem Beamten den Verzicht auf das freie Wort fordern darf. Hier liegen die eigentlichen Schwierigkeiten und Meinungsverschiedenheiten, abgesehen von der Abgrenzung, wie weit beim Beamten der Bereich des amtlichen Verhaltens reicht — ich bin hier mit dem ersten Bericht einverstanden. Ich erinnere einmal an Pilotys Standpunkt, wonach die allgemeine Pflicht des Beamten zu achtungswürdigem Verhalten mehr nur „eine Art Anstandsregel" ist, die vor allem für die Form der Meinungsäußerung in Betracht kommt[2]), während die besondere Amtspflicht die freie Meinungsäußerung nur so weit gestattet, „daß dadurch das innegehabte Amt weder unmittelbar noch mittelbar zu Schaden kommt"[3]) — wobei allerdings zur Begründung aller mit Rücksicht auf die Dienstpflicht notwendigen Beschränkungen der Beamtenfreiheit nur solche dienstlichen Interessen in Betracht kommen, „welche für den einzelnen Beamten einen Inhalt seiner Dienstpflicht bilden"[4]). Im Gegensatz zu dieser Beschränkung der Beamtenpflicht auf die Beziehungen des konkreten Amts und daneben auf eine allgemeine Anstandsregel steht der Reichsdisziplinarhof, wenn er jedem Minister wegen seiner Verantwortlichkeit für seinen Geschäftszweig das Recht zuerkennt, „den ihm unterstellten Beamten die im Interesse seines (d. h. des ministeriellen) Geschäftsbereichs gebotene Zurückhaltung bei der politischen Betätigung aufzuerlegen"[5]). Noch weitergehend wird auch heute noch von autoritativer Seite aus der allgemeinen Treupflicht des Beamten die Pflicht gefolgert, „im Dienst wie auch außerhalb des Dienstes alles zu unterlassen, was die Stellung des Staates und die Erreichung

---

Art. 118, 130 der Reichsverfassung zugrundeliegenden Gedanken. Außerhalb des Amtes soll der Beamte staatsbürgerlich gleichgestellt sein — nur negativ zieht ihm das Beamtenrecht gewisse Schranken, insbesondere durch die Verpflichtung zu achtungswürdigem Verhalten.

[1]) So zu Unrecht Falck a. a. O. S. 341.

[2]) Archiv d. öff. Rechts 33, 41.

[3]) A. a. O. S. 19.

[4]) S. 38.

[5]) A. a. O. S. 205. Gegen den dort in Frage stehenden Ministerialerlaß selbst ist nichts einzuwenden, denn er macht eine selbstverständliche Pflicht des konkreten Amts geltend, um so mehr gegen seine Rechtfertigung durch den Disziplinarhof.

seiner Ziele und Aufgaben zu erschweren oder gar zu vereiteln geeignet ist"[1]) — also offenbar z. B. das Recht eines jeden Ministers, zu verlangen, daß die Beamten anderer Geschäftszweige die Kritik von Maßnahmen seines Geschäftszweiges unterlassen. Der Standpunkt des Reichsdisziplinarhofs und vollends der Falcksche bedeuten aber die Rechtfertigung einer „Hinderung an diesem Rechte" im Sinne des Art. 118, denn sie beschränken diese Freiheit im Dienst von Interessen, die für den Beamten nicht Gegenstand seiner konkreten Amtspflicht und ebensowenig seiner allgemeinen Beamtenpflicht zu achtungswürdigem Verhalten sind, sondern die nach dem Willen der Reichsverfassung für ihn Gegenstand freier staatsbürgerlicher Betätigung sein sollen.

Es ist kein Zweifel, daß diese Auffassung in der Praxis zu bedenklichen Folgen führen kann. Aber allein sie entspricht dem, was die Reichsverfassung gewollt hat.

3. Das Grundrecht der Freiheit der Wissenschaft und ihrer Lehre ist innerhalb einer Verfassung des 20. Jahrhunderts nicht mehr der nächste Nachbar des Grundrechts der freien Meinungsäußerung. Aber es hat zu ihm geschichtliche und innere Beziehungen, deren Klarstellung für den eigenen Sinn der Lehrfreiheit von Bedeutung ist.

Der Stand der Frage ist bekannt. Der Anschützsche Kommentar erläutert den Art. 142 der Reichsverfassung, in Verschärfung des schon früher zum Lehrfreiheitsartikel der preußischen Verfassung vertretenen Standpunkts[2]), dahin, daß diese Freiheit nicht mehr und nichts anderes bedeute, als andere Freiheitsgrundrechte, nämlich den selbstverständlichen Grundsatz der gesetzmäßigen Verwaltung. Dem Gesetzgeber dagegen sind Eingriffe in die Freiheit der Wissenschaft und ihrer Lehre nicht verboten. Vor allem aber räumt das Grundrecht den Hochschullehrern keine Vorzugsstellung im Vergleich mit der Rechtsstellung anderer Beamten ein[3]). Ihm hat sich Thoma[4]) angeschlossen, und im übrigen schwanken die Äußerungen, jedenfalls ist der akademischen Lehrfreiheit kein ernsthafter Verteidiger erstanden, nicht einmal im Hochschulverband, in dessen Verhandlungen über das Disziplinarrecht der Hochschullehrer mit Resignation festgestellt ist, ein Rechtsstandpunkt, der von der Anschützschen Autorität

---

[1]) Falck a. a. O. S. 345.

[2]) Die Verfassungsurkunde für den Preußischen Staat vom 31. Januar 1850 I 372ff.

[3]) Die Verfassung des Deutschen Reichs vom 11. August 1919, Anm. 1 zu Art. 142.

[4]) A. a. O. S. 216f.

mißbilligt werde, könne nur eine sehr unsichere Grundlage für Reformbestrebungen liefern[1]).

Das ist um so erstaunlicher, als diese Entwertung des Lehrfreiheitsgrundrechts dem Rechtsgefühl der deutschen Hochschullehrer und der Praxis der deutschen Unterrichtsverwaltungen, aber auch der Vorgeschichte dieses Grundrechts und dem Sinne, in dem es in die Weimarer Verfassung aufgenommen wurde, schnurstracks zuwiderläuft. Ich versuche, das geschichtlich und inhaltlich des Näheren zu begründen.

Der Sinn des Art. 142 ist noch weniger als der der meisten übrigen Grundrechte durch eine bloße Wortinterpretation zu gewinnen. Ich brauche nur darauf hinzuweisen, daß seine Fassung in der Paulskirche entstanden und dort durch Art. 17 der belgischen Verfassung beeinflußt ist. Dort bedeuten aber die Worte: „l'enseignement est libre" die Freiheit zu unterrichten und Unterrichtsanstalten zu gründen, und das bedeuten sie in Deutschland unzweifelhaft gerade nicht.

Auch die Entstehungsgeschichte in Weimar führt nicht weiter. Sie macht den Sinn des ganzen Artikels nur insofern deutlicher, als dort in der ersten Lesung des Verfassungsausschusses eine weitere Fassung beschlossen wurde[2]):

„Die Kunst, die Wissenschaft und ihre Lehre dürfen keinem äußeren Zwang unterworfen werden, sie sind frei. Der Staat gewährt ihnen Schutz und nimmt an ihrer Pflege teil."

Hier ist der Zusammenhang der beiden Sätze enger als in der jetzigen Fassung: der Staat hat keinen Zwang zu üben, sondern nur Schutz und Pflege zu gewähren. Da der Artikel auch heute Freiheit vom Staat gewährleisten will, mag man diesen Zusammenhang auch für die jetzige Fassung wiederherstellen, indem man in Satz 2 ein „nur" hinzudenkt: „Der Staat gewährt ihnen nur Schutz" usw. Aber damit ist die Hauptfrage nicht beantwortet, worin denn die im ersten Satz normierte Freiheit vom Staat des Näheren bestehen soll.

a) Diese Freiheit ist einmal sachlich die Freiheit der akademischen Wissenschaft und Lehre. Es handelt sich dabei, wie Fr. Paulsen es ausdrückt, um das „Grundrecht der deutschen Universität"[3]). Für den außerhalb der Hochschulen stehenden

---

[1]) Mitteilungen des Verbandes der deutschen Hochschulen VI (1926) 7. — Auch die allgemeine geisteswissenschaftliche Literatur der letzten siebzig Jahre ist dem Problem der Lehrfreiheit nicht voll gerecht geworden — in schwer verständlichem Mißverhältnis zum Übermaß der in Erman-Horns Bibliographie verzeichneten Literatur zum deutschen Universitätswesen.

[2]) Bericht und Protokolle S. 230.

[3]) Gesammelte pädagogische Abhandlungen S. 199.

Forscher und Lehrer ist das Grundrecht nur insofern von Bedeutung, als es der Freiheit widersprechende Gesetze ausschließt.

Der Artikel stammt aus der Frankfurter Reichsverfassung und geht hier zurück auf Dahlmann und Albrecht, die die Freiheit der Wissenschaft in den Siebzehner-Entwurf hineinbrachten, und zwar im Sinne der Reaktion gegen die Karlsbader Beschlüsse, also im Sinne der akademischen Freiheit[1]). Der Satz wurde dann in der Paulskirche in verwickelten Verhandlungen um das Wort „Lehrfreiheit" bereichert, das hier zugleich im Sinne der Hecker-Struveschen Forderungen der Freiheit der Lehrerschaft von der Kirche gemeint war[2]) — also jedenfalls im Sinne der Emanzipation der Wissenschaft und Lehre in den öffentlichen Unterrichtsanstalten. Nur auf diese oder jedenfalls vor allem auf diese bezieht sich der Satz in der preußischen Verfassung von 1848 und 1850, wo er ausdrücklich in die die Universitäten mitumfassenden „Bestimmungen über das Unterrichtswesen" eingerückt ist[3]). Innerhalb dieser Anstalten kann er aber schon damals nur auf die Universitäten bezogen sein, denn nur für Universitätslehrer kann der berühmte Satz des Ministers gelten, daß die Wissenschaft und ihre Ausübung fernerhin keine anderen Schranken kennen sollen, als ihre eigene Wahrheit und, insofern sie dieselbe verkannten und überschritten, die Heiligkeit des Strafgesetzes[4]) — bei den Lehrern der übrigen Unterrichtsanstalten ist von Wissenschaft und ihrer Ausübung in diesem Sinne ebensowenig die Rede wie von Schrankenfreiheit gegenüber der Schulverwaltung oder Schulaufsicht. Vielmehr ist ebenso wie in der Paulskirche[5]) auch hier nach unmißverständlicher Erklärung des Ministers[6]) die Reaktion gegen die Karlsbader Beschlüsse und deren Ausführung gemeint. Seitdem ist Lehrfreiheit in dem uns allen überkommenen und selbstverständlichen Sprach-

---

[1]) Aktenstücke und Aufzeichnungen zur Geschichte der Frankfurter Nationalversammlung aus dem Nachlaß von Johann Gustav Droysen, hrsg. von R. Hübner, S. 76, 105. — Schlünz, Die Entstehung des Artikels IV der Grundrechte der Deutschen Verfassung von 1849 (Freiburger phil. Diss. Masch. Schr.) S. 232, 130f.

[2]) Hierzu die sorgfältigen Untersuchungen von Schlünz S. 130f., 226, 228, 230—239.

[3]) Vgl. Erläuterungen, die Bestimmungen der Verfassungsurkunde vom 5. Dezember 1848 über Religion, Religionsgesellschaften und Unterrichtswesen betreffend, 1848 (amtliche Interpretation des Kultusministers v. Ladenberg) S. 16f., 32.

[4]) S. 17 a. a. O.

[5]) Schlünz S. 130f.

[6]) Bei Anschütz zu Art. 20 der Preußischen Verfassung, S. 369.

gebrauch die akademische Lehrfreiheit[1]). Sie ist, soviel ich sehe, stets gemeint, wenn neuerdings von Lehrfreiheit die Rede ist, z. B. in den Erörterungen über die lex Arons und ihre Beseitigung[2]). Und so war es dem Berichterstatter in der Weimarer Nationalversammlung ganz selbstverständlich, daß der Art. 142 den Universitäten gelten solle[3]).

Diese Selbstverständlichkeit bestand aber auch schon für die Paulskirche, und zwar als eine Erbschaft des deutschen Idealismus — trotz der Unklarheit, die in das Grundrecht hier nachträglich aus besonderen Gründen hineingetragen ist[4]). Um seinen geschichtlichen Sinn zu gewinnen, muß ich nochmals zurückgreifen. Die Ausgangspunkte der eigentlichen Geschichte der akademischen Lehrfreiheit sind bekanntlich Jena und Fichte. Während die Ansätze in Halle und Göttingen noch durchaus im Zeichen des Rationalismus stehen[5]), geht der neue Universitätstypus von Jena aus; während Kant erst spät zur Forderung einer sehr beschränkten Lehrfreiheit fortschreitet[6]), ist sie von Fichte leidenschaftlich verlangt und im Atheismusstreit zur Voraussetzung seines Bleibens in Jena gemacht[7]), bei dieser Gelegenheit allerdings nach Fichtes Auffassung auch durch die Entscheidung des Herzogs insofern erfüllt, als darin abgelehnt wird, philosophische Spekulationen zum Gegenstande einer rechtlichen Entscheidung zu machen. Seitdem ist die Lehrfreiheit ein selbstverständliches Stück der idealistischen Universitätsreform. Sie wird rechtlich freilich noch immer in den Formen des 18. Jahrhunderts anerkannt, z. B. in den Berliner Universitätsstatuten von 1816 durch ein Zensurprivileg der Professoren — die erste mir bekannte grundsätzliche gesetzliche Festlegung finde ich im bernischen Gesetz über das höhere Gymnasium und die Hoch-

---

[1]) So z. B. im Munde eines sehr sachkundigen Hochschulverwaltungsbeamten bei Hoseus, Die Kaiser-Wilhelms-Universität zu Straßburg (1897) S. 121.

[2]) Z. B. Sitzungsberichte des Preußischen Landtags 1. Wahlper. 1. Tagung Bd. 8 S. 11674, 11681. — Vgl. auch Hellmut Volkmann, Die deutsche Studentenschaft in ihrer Entwicklung seit 1919 (1925) S. 249, 291.

[3]) Verhandlungen der verfassunggebenden Nationalversammlung S. 1673f. Vgl. aus den Verhandlungen des Verfassungsausschusses Bericht und Protokolle S. 76, 213, 216, 217, 223, 230.

[4]) Vgl. oben S. 58 Anm. 2.

[5]) Ich verweise hierfür und für das Folgende auf die bekannte geistes- und universitätsgeschichtliche Literatur, für den im Text bezeichneten Gegensatz noch auf E. Troeltsch Gesammelte Schriften IV 586, 808.

[6]) Vgl. Beantwortung der Frage: Was ist Aufklärung? (1784), Großherzog Wilhelm Ernst - Ausg. I 166f., und dagegen Streit der Fakultäten (1798) das. S. 563f., 579f.

[7]) Fichtes Leben und literarischer Briefwechsel II² 92, 96f.

schule von 1834[1]). Aber diese Privilegien sind nicht mehr geschichtliche Sonderrechte einer eximierten Korporation, sondern die sittlich notwendige Gestalt des neuen geistigen Lebens, der höchsten Form des geistigen Lebens überhaupt, wie der Idealismus meinte: Das ist die neue Sinngebung für die besondere Rechtsstellung der akademischen Welt, deren großartigster und abschließender Ausdruck Fichtes Rektoratsrede über die akademische Freiheit ist.

Diese Tatsache müssen selbst die Karlsbader Beschlüsse in gewissem Grade anerkennen, wenn sie als Aufgabe der einzuführenden Kontrolle der Universitäten vorsehen, „den Geist, in welchem die akademischen Lehrer bei ihren öffentlichen und Privatvorträgen verfahren, sorgfältig zu beobachten und demselben, jedoch ohne unmittelbare Einmischung in das Wissenschaftliche und die Lehrmethoden, eine heilsame ... Richtung zu geben"[2]), und im Grundsatz ist die Wahrung der akademischen Freiheit z. B. von der preußischen Verwaltung in der ersten Hälfte des 19. Jahrhunderts nicht verleugnet[3]). Dabei ist zugleich stets selbstverständlich die Beschränkung dieser Anerkennung auf die Universitäten, innerlich begründet dadurch, daß die ältere rationalistische Einheit der wesentlich technisch verstandenen Unterrichtsanstalten jetzt zerspalten war durch das Auseinandergehen der regulativen Norm für Universität und Schule: der idealistischen Idee der Wissenschaft dort, der Bildung hier[4]). Die Professoren der Paulskirche wußten wohl, weshalb sie die Wissenschaft und ihre akademische Lehre als unlösliche Einheit grundrechtlich sichern wollten — diese Einheit bestand

---

[1]) Gesetze, Dekrete und Verordnungen der Republik Bern IV, 1834, S. 50, § 23: „An der Hochschule herrscht akademische Lehr- und Lernfreiheit". Nachgebildet im Züricher Unterrichtsgesetz von 1859, Offizielle Sammlung der Gesetze, Beschlüsse und Verordnungen des Eidgenössischen Standes Zürich XII 243 § 126: „An der Hochschule gilt akademische Lehr- und Lernfreiheit. Vorbehalten bleiben die näheren Bestimmungen über die Organisation der Kurse" (gemeint sind die Bestimmungen über den allgemeinen Vorlesungsplan, §§ 154f.).

[2]) Ph. A. G. v. Meyer, Corpus Juris Confoederationis Germanicae II 96, vgl. 92, 251 und Klüber-Welcker, Wichtige Urkunden für den Rechtszustand der deutschen Nation S. 163, auch L. K. Aegidi, Aus dem Jahr 1819, S. 16, Treitschke, Deutsche Geschichte II[5] 535.

[3]) Vgl. z. B. Varrentrapp, Johannes Schulze S. 329, Böckh, Gesammelte kl. Schriften II 4f., Georg Kaufmann, Die Lehrfreiheit an den deutschen Universitäten, 1898, S. 21 und passim, auch Paulsen a. a. O. S. 200f. — Aus der zeitgenössischen Literatur z. B. Fr. Thiersch, Über gelehrte Schulen II 303ff.

[4]) Vgl. z. B. Troeltsch a. a. O. IV 808, 586, E. Spranger, W. v. Humboldt und die Reform des Bildungswesens S. 12f., 200ff.

und besteht lediglich auf dem Boden des deutschen Idealismus, hier aber mit Notwendigkeit. Und in diesem Sinne, ohne Erörterung und selbstverständlich, ist das Grundrecht in Weimar übernommen.

Nun die Fragen nach dem Sinn des Grundrechts als Grundrecht und nach seinen einzelnen rechtstechnischen Wirkungen.

b) Der Kerngedanke des Grundrechts ist natürlich die Anerkennung der Eigengesetzlichkeit des wissenschaftlichen Lebens, das vermöge dieser Eigengesetzlichkeit der rechtlichen Normierung und Nachprüfung entzogen ist. Mit gutem Grunde hat E. Kaufmann hier von „ewigen Grenzen des Rechts" gesprochen[1]). Aber der Sinn, in dem eine positive Rechtsordnung diese Grenzen jeweilig konkretisiert, wechselt, und deshalb ist auch der Sinn der akademischen Freiheit nicht eindeutig. Und zwar in erster Linie nicht deshalb, wie die heute Mode gewordene „Soziologie des Wissens" meint, weil sich die soziologischen Interessenten der Freiheit einer- und der Beschränkung des Geistes anderseits verändern. Sondern deshalb, weil sich die Wertkonstellationen, der Sinn der freiheitfordernden Geistigkeit einer-, der ihr gegenüberstehenden Werte anderseits und damit auch der Sinn der zwischen ihnen bestehenden Wertrelation dauernd verschieben.

Man pflegt mit Recht für die Freiheit der Forschung geltend zu machen, daß sie das Lebenselement der wissenschaftlichen Produktivität ist, daß, wie K. Jaspers es ausdrückt, „die Freiheit des einzelnen Gelehrten bis zur Willkür Bedingung seiner produktiven Geistigkeit ist"[2]). Sie ist erfordert durch den sinngemäßen, aber nicht zu überblickenden wissenschaftlichen Fortschritt im ganzen[3]) und durch die Irrationalität und Unkontrollierbarkeit des produktiven Vorgangs beim einzelnen Forscher, durch die Tatsache, die C. H. Becker dahin formuliert hat, daß alle großen Erkenntnisse in der Regel nachträglich bewiesene Intuitionen sind[4]), die Tatsache des „Hazards des fruchtbaren Einfalls", von dem Max Weber spricht[5]). Sie ist die Voraussetzung jener wissenschaftlichen Haltung, die Jaspers vortrefflich geschildert hat: „daß man

---

[1]) Untersuchungsausschuß und Staatsgerichtshof S. 80; vgl. daselbst passim.

[2]) Die Idee der Universität S. 67.

[3]) Max Weber, Gesammelte Aufsätze zur Wissenschaftslehre S. 534f.

[4]) Vom Wesen der deutschen Universität S. 40. Ebenso in phänomenologischer Durchführung Th. Litt, Individuum und Gemeinschaft 3. A. S. 349ff.

[5]) A. a. O. S. 532f.

Wahrheit will, d. h. daß man zu Begründungen bereit ist und zu Diskussionen, daß man auf Gründe hören will und kann, daß man sich einer objektiven Evidenz unterwirft und allen Arten von Evidenz zugänglich ist, bereit, ihre Grenzen und ihre Art sich bewußt werden zu lassen; daß man gewillt ist, seine Wünsche und Interessen zurückzustellen — daß man in Selbstreflexion diese Kräfte, welche die Objektivität stören und vielleicht fast nie ganz restlos aufkommen lassen, kennt"[1]) . . . also die Voraussetzung auch der uns aufgegebenen sittlichen Haltung.

Dazu tritt die uns allen selbstverständliche Rechtfertigung der freien Lehre aus unserer täglichen Erfahrung, daß unsere wahrhaft akademische Lehrerleistung nicht darauf beruht, daß wir den objektiv gegebenen Lehrstoff, so wie er uns aufgegeben oder wenigstens erlaubt ist, weitergeben, sondern darauf, daß wir den Hörer an dem von uns Gesagten als an persönlich erworbener Wahrheit teilnehmen lassen[2]).

Diese persönliche Berufserfahrung ist aber natürlich nicht der tragende Sinngehalt des Grundrechts. Es liegt näher, in ihm ein liberales Grundrecht im Sinne der übrigen Freiheitsrechte zu sehen, die dem Einzelnen wie dem Gemeinschaftsleben Freiheiten vom Staat gewährleisten in der Annahme, diese Freiheit werde auf allen diesen ihr eingeräumten Betätigungsgebieten das Optimum an kultureller Nutzleistung hervorbringen. Diese Einordnung ist aber geschichtlich in doppeltem Sinne unrichtig, für die Entstehungszeit der akademischen Freiheit wie für die Gegenwart.

Einmal für die Entstehungszeit. Allerdings spielt hier der liberale Gedanke des Unwerts des Staats, seiner Beziehungslosigkeit als äußerer Veranstaltung zum schöpferischen geistigen Leben eine Rolle, aber nur als die eine, die negative Seite des neuen Universitätsprogramms[3]). Die positive aber hat mit Liberalismus nichts zu tun: es ist der von der spekulativen Philosophie begründete Glaube an die produktive Kraft der Wissenschaft im Fichteschen, der Idee im Schellingschen Sinne, d. h. Überzeugungen, deren positive Kraft nur aus ihrer Herkunft als säkularisierte religiöse Energien zu erklären ist und die als solche den Idealismus und sein institutionelles Produkt, die deutsche Universität des 19. Jahrhunderts, beherrscht haben.

---

[1]) A. a. O. S. 14f.

[2]) Statt vieler Paulsen a. a. O. S. 214.

[3]) Das gilt übrigens nicht für alle Reformer, z. B. nicht für Steffens, und für die übrigen zumeist nicht rein. Vgl. statt vieler Spranger, Wandlungen im Wesen der Universität seit 100 Jahren, S. 9ff.; derselbe, Fichte, Schleiermacher, Steffens über das Wesen der Universität (Philos. Bibl. 120) Einl. S. XIXff.

Ähnliches gilt für die Gegenwart. Einmal denken wir skeptischer als das bürgerliche 19. Jahrhundert von der Möglichkeit freier, insbesondere voraussetzungsfreier Wissenschaft. Sodann müssen wir entschiedener als das 19. Jahrhundert die Rechtfertigung der wissenschaftlichen Freiheit mit dem größeren Nutzerfolge freier Wissenschaft ablehnen. Zwar kehrt diese Begründung auch heute noch immer wieder, und ihre treuesten Anhänger hat sie im Sozialismus, der mit tief bewegender Gläubigkeit von einer wahrhaft freien Wissenschaft Wunder erwartet, die keine Wissenschaft tun kann[1]). Aber gerade an diesem Beispiel wird die Gefährlichkeit und Unrichtigkeit der liberalen Konstruktion des Grundrechts deutlich: begründet man es auf den dadurch gewährleisteten Erfolg, so ist es widerlegt, wenn dieser Erfolg ausbleibt, und dann muß dieser geforderte Erfolg unmittelbarer, mit besseren Mitteln erreicht werden, insbesondere indem an Stelle der Voraussetzungslosigkeit der Wissenschaft von Staats- und Rechtswegen die richtigen Voraussetzungen gesetzt werden, d. h. praktisch z. B. die des Marxismus. Liberale Deutung des akademischen Grundrechts bedeutet heute den geraden Weg zu den Forderungen des Bolschewismus, wie sie auch von seinen deutschen Vertretern längst angemeldet sind[2]). Und nicht mit Unrecht haben Liberale wie Troeltsch und Becker die Tragfähigkeit der liberalen Grundlage der akademischen Freiheit bestritten und statt dessen ihre unmittelbar oder mittelbar religiöse Grundlage beobachtet und gefordert[3]), jedenfalls einen Glauben an ihr Recht in einem ähnlichen Sinne wie dem, in dem der deutsche Idealismus sie spekulativ begründet hat[4]).

---

[1]) Z. B. gegenüber Wittfogel, Die Wissenschaft der bürgerlichen Gesellschaft (kl. revolut. Bibliothek 8) S. 67f. die besonnene sozialistische Selbstkritik von Wolfgang Schumann, Die Wissenschaft (Kunstwart-Bücherei 5) S. 71.

[2]) Vgl. Wittfogel, bes. S. 64f.

[3]) Troeltsch a. a. O. II 190, Becker a. a. O. S. 10.

[4]) Die herkömmliche universitätsgeschichtliche Darstellung läßt die Lehrfreiheit auf den protestantischen Universitäten entstehen, als ob die Lehrfreiheit eine Folgerung aus der Gewissensfreiheit und als ob der Protestantismus identisch mit Aufklärung wäre, und begründet sie mit der dadurch gegebenen Chance der Entdeckung von Wahrheiten, die sonst nicht entdeckt würden — als ob sich nicht heute weithin die wissenschaftliche Planwirtschaft besser bewährte als die Anarchie des Forschens. Daß demgegenüber der tiefere, im Text nur angedeutete Sinn des Instituts so sehr zurückgetreten ist, ist bezeichnend für den geistigen Abfall der zweiten Hälfte des 19. Jahrhunderts gegenüber der ersten. Die formalistische Skepsis der heutigen Staatsrechtslehre gegenüber der Lehrfreiheit ist das folgerichtige Ergebnis daraus.

Die akademische Freiheit im deutschen Sinne ist keine Selbstverständlichkeit auch nur der heutigen europäischen Kultur. Sie ist ein geschichtlich bedingtes Institut, das es vielleicht in absehbarer Zeit nicht mehr geben wird. Als ein Institut der fünf Vierteljahrhunderte, während deren sie bestanden hat, ist sie gebunden an den geschichtlichen Sinn, in dem diese geschichtliche Periode sie in Jena und Berlin begründet, in Frankfurt zum Grundrecht erhoben und in Weimar lediglich und ausschließlich in ihrem geschichtlichen Bestande, gewissermaßen cum omni jure, rezipiert hat. Es ist das Grundrecht W. v. Humboldts und der Göttinger Sieben, das nach Art. 142 auch ein konstituierendes Element des Reichs der Weimarer Verfassung sein soll.

Das Grundrecht bedeutet vor allem die angemessene Rechtsstellung einer großen öffentlichen Institution. Es ist daher mit Recht in der Weimarer Verfassung von den individuellen und sozialen Freiheitsrechten getrennt, mit denen es ideengeschichtlich vielfach zusammenhängt[1]), und an die erste Stelle in der Reihe der öffentlichen Institutionen des vierten Abschnitts gestellt. Daher liegt auch juristisch das Vergleichsmaterial nicht auf dem Gebiet anderer grundrechtlicher Freiheiten[2]), sondern auf dem Gebiet geistiger Produktion, die als zentrale Institution angeordnet und zugleich frei gestellt wird, d. h., wie K. Rieker mit Recht hervorgehoben hat[3]), im Recht des evangelischen Pfarramts und seiner Unabhängigkeit in den geistlichen Funktionen, wie sie neuerdings gegenüber stiefmütterlicher Behandlung in der kirchenrechtlichen Literatur von der Praxis wieder stärker zur Geltung gebracht ist[4]). Auf die Frage hierbei zugrundeliegender ge-

---

[1]) Hedemann im Politischen Handwörterbuch hrsg. von Herre II 38. — Die Untersuchungen über das Verhältnis der Lehrfreiheit zu anderen Grundrechten bei Max Müller, Die Lehr- und Lernfreiheit, Züricher Beiträge zur Rechtswissenschaft 38 S. 18ff. bieten nur Material, aber keinen Einblick in die geschichtlichen Zusammenhänge, für die z. B. ein Blick in Arnold Ruge, Gesammelte Schriften X 375, 397 viel lehrreicher ist, vor allem für die damals gleichmäßig institutionelle Betrachtung der Preß- und Lehrfreiheit, unter entschiedenem Überwiegen der ersteren. — Besonders viel unausgeschöpftes Material bei K. H. Scheidler, Staatswissenschaftliche Abhandlungen I 1838 (Über die Idee der Universität und ihre Stellung zur Staatsgewalt) passim, bes. S. 384ff.

[2]) So zu Unrecht Anschütz, Preußische Verfassungsurkunde I 373.

[3]) Die rechtliche Natur des evangelischen Pfarramts S. 64 Anm. 1.

[4]) Bericht über die Verhandlungen der außerordentlichen Kirchenversammlung zur Feststellung der Verfassung für die evangelische Landeskirche der älteren Provinzen Preußens II 174, I 561, 568, 572f. — Literarische Würdigung dieses grundlegenden Elements

schichtlicher Zusammenhänge kann ich an dieser Stelle nur aufmerksam machen[1]).

c) Als die wesentlichen rechtlichen Auswirkungen des Grundrechts hebe ich drei hervor.

1. Der Ausschluß von grundrechtswidrigen Gesetzen. Die herrschende Lehre weiß davon nichts, und ich sehe nicht ab, was sie gegen den Erlaß von Ländergesetzen einwenden sollte, die im Sinne des Anti-Evolution Statute von Tennessee von 1925, das dem berühmten sogenannten Affenprozeß zugrunde lag, jede dem biblischen Schöpfungsbericht widersprechende Lehre in den Universitäten verbieten würden. In Amerika hat jedenfalls auch von den Gegnern des Gesetzes niemand seine Verbindlichkeit für alle staatlich angestellten Lehrer

---

des evangelischen Kirchenbegriffs und Kirchenrechts ist demnächst von G. Holstein zu erwarten.

[1]) Eine erste Aufgabe der uns fehlenden Geschichte der Lehrfreiheit müßte die Klärung der Frage sein, ob und wie weit diese Lehrfreiheit geschichtlich die säkularisierte Form der Stellung des evangelischen Pfarramts ist. In diesem, nicht in dem oben (S. 63, Anm. 4) abgelehnten Sinne ist sie eine spezifisch protestantische Errungenschaft. Die Frage ist wesentlich für Fichte zu stellen. Hier bieten sich bequeme Gleichungen dar: Die Wissenschaftslehre ist „nichts als Theologie" (E. Hirsch, Fichtes Religionsphilosophie, 1914, S. 116), und für Fichte selbst ist gelegentlich die Spekulation „der wahre Paraklet, auf den das Christentum . . . vertröstet hat" (an Jacobi 3. 5. 1810, Briefwechsel, hrsg. v. H. Schulz II 548). So steht Fichtes Beruf (der Vertretung der idealistischen Philosophie) „in naher Beziehung zu der Bestimmung eines Predigers" (Brief an die Braut, bei Schulz I 127; vgl. auch etwa den Brief an Nicolovius April 1813, bei Schulz II 600), und der Fichtesche Gelehrtenstand ist, worauf mich E. Hirsch aufmerksam macht, deutlich der Ersatz des geistlichen Standes der bisherigen Ordnung. Vor allem ist es der Gedanke des Worts als Leben in der lutherischen Theologie und der lebendigen Idee im Fichteschen System, die zueinander in Beziehung zu setzen sind — woraus sich insbesondere für die herrliche neunte der Erlanger Vorlesungen über das Wesen des Gelehrten, „Vom mündlichen Gelehrten-Lehrer" (Werke 6, 428ff.) der gesuchte geschichtliche Zusammenhang ergeben würde. Der zwingende Nachweis kann jedenfalls nur auf dem Wege tiefsten Eindringens in die kristallharte Geschlossenheit des Fichteschen Systems geliefert werden — dann allerdings unter berechtigter Beiseitestellung ihrer nach Form oder gar Inhalt rationalistischen Elemente.

Nur solch religiöser Auftrieb, nicht liberal-rationalistische Ideologie, erklärt meines Erachtens die Kraft, mit der die veralteten Korporationsprivilegien der Universitäten zur spekulativ notwendigen akademischen Freiheit umgeschmolzen wurden, und die Unwiderstehlichkeit, mit der die Lehrfreiheit selbst für die Karlsbader Verschwörung gegen Geist, Leben und Freiheit eine grundsätzlich nicht mehr in Frage zu stellende Tatsache war. — Für förderliche Aussprache zu diesem Gegenstande bin ich Emanuel Hirsch verpflichtet.

einschließlich der Hochschullehrer bestritten[1]). Uns liegt vielleicht der Gedanke an marxistische oder fascistische Einschränkungen der Lehrfreiheit näher als an biblizistische. Jedenfalls aber rückt der antiliberale Zug der Zeit auch uns solche Möglichkeiten näher[2]), und ihnen gegenüber auf die Schutzmauer der Verfassung zu verzichten scheint mir unverantwortlich.

Wenn diese Schutzmauer nicht im Art. 142 gegeben ist, dann hat Nawiasky recht[3]), daß die Wissenschaft in Bayern besser geschützt ist, wo § 20 der Verfassungsurkunde ihre Beschränkung nur durch Gesetz und nur zur Wahrung der öffentlichen Ordnung, Sicherheit, Gesundheit oder Sittlichkeit zuläßt. Wahre akademische Freiheit erträgt aber auch diese Vorbehalte nicht, und wenn man den Art. 142 ernst nimmt, so schließt er ebensowohl wie das Affengesetz von Tennessee auch diese harmloser klingenden bayerischen Einschränkungsmöglichkeiten restlos aus.

Auch die von Anschütz herangezogenen Delegationen der Reichsseuchengesetze zum Erlaß von Verordnungen über Vorsichtsmaßregeln bei wissenschaftlichen Arbeiten mit Krankheitserregern[4]) beweisen nicht das Gegenteil. Denn diese Delegationen und die dazu ergangenen Verordnungen richten sich nicht gegen die geistigen Tätigkeiten des Forschens und Lehrens und gegen die geistigen Inhalte dieser Tätigkeiten, sondern ausschließlich gegen die Gefahren, die von bestimmten körperlichen Gegenständen ausgehen und die daher überall da bekämpft werden müssen, wo diese Gegenstände als Träger gesteigerter Seuchengefahr auftreten und gesundheitspolizeilich erfaßt werden können.

2[5]). Die Freiheit von Wissenschaft und Lehre gegenüber dem Gesetzgeber ist nicht auf den akademischen Bereich beschränkt. Das eigentliche Problem der akademischen Freiheit besteht

---

[1]) Das Material (aus Oregon Law Review, vol. 6, February 1927) ist mir freundlichst zugänglich gemacht durch Frau Prof. M. Wolff, Referentin im Berliner Institut für ausländisches öffentliches Recht und Völkerrecht.

[2]) In dieser Hinsicht immerhin bemerkenswert Scheler, Versuche zu einer Soziologie des Wissens, 1924, z. B. S. 71, 38, 66, 131—138.

[3]) Bayerisches Verfassungsrecht S. 249.

[4]) Ges. betr. die Bekämpfung gemeingefährlicher Krankheiten v. 30. 6. 1900, § 27, Viehseuchengesetz v. 26. 6. 1909, § 17 Ziff. 16. Dazu Anschütz, Preußische Verfassungsurkunde I 373, Verfassung des Deutschen Reichs, Anm. 1 zu Art. 142.

[5]) Herr Ministerialdirektor Prof. Dr. W. Richter hat mich durch freundliche Äußerung zu den im folgenden behandelten Fragen lebhaft verpflichtet.

aber im Verhältnis des Hochschullehrers zur Hochschulverwaltung, nicht gegenüber Dritten, etwa der Kirche.

Der Gegenstand dieser Freiheit ist die Forschungs- und Lehrtätigkeit, also nicht die amtliche Tätigkeit in Selbstverwaltungs- und Auftragsangelegenheiten und nicht das außeramtliche Verhalten, das nicht Forschung und Lehre ist.

In den Verhandlungen des Hochschulverbandes[1]) haben unsere Fachgenossen Stier-Somlo und Laun eine genauere Festlegung der Grenzen dieses immunen Bereichs gefordert. Ich halte dies Verlangen für verfassungswidrig. Denn der Charakter einer Tätigkeit als Forschung oder Lehre ist nicht an irgendeine bestimmte äußere Form geknüpft. Ein Gutachten, eine akademische Festrede, eine Glückwunschadresse, eine Tischrede können inhaltlich in den geschützten Bereich fallen, und ein wissenschaftliches Buch oder eine Vorlesung kann diese Grenze überschreiten. So kann der Gegenstand des Art. 142 auch nur inhaltlich durch das Kriterium der Intention der wissenschaftlichen Arbeit bestimmt werden. Was sich als ernsthafter Versuch zur Ermittelung oder zur Lehre der wissenschaftlichen Wahrheit darstellt, ist Forschung und Lehre im Sinne des Art. 142. Diese Abgrenzung ist maßgebend für den Grundrechtsschutz gegenüber dem Gesetzgeber, vor allem aber gegenüber der Verwaltung, insbesondere der Hochschulverwaltung.

Welche Schranken bestehen hier, trotz und neben Art. 142, für den akademischen Lehrer?

Ich versuche, sie unter drei Gesichtspunkten zusammenzufassen.

I. Der preußische Kultusminister hat das Grundrecht im Jahre 1848 dahin ausgelegt[2]), daß die Wissenschaft und ihre Auswirkung fernerhin keine anderen Schranken kennen sollen, „als ihre eigene Wahrheit und, insofern sie dieselben verkannten und überschritten, die Heiligkeit des Strafgesetzes". Was hier ausgeschlossen wird, liegt aber ohnehin außerhalb des immunen Bereichs: was sich als ein ernsthafter Versuch zur wissenschaftlichen Wahrheit darstellt, wird auch abgesehen von § 193 des Strafgesetzbuches nicht leicht strafbar sein.

II. Der eigentliche Kernpunkt der Schwierigkeit liegt in einer weitergehenden inhaltlichen Bindung von Forschung und Lehre, die zu Lasten des Hochschullehrers in Anspruch genommen wird. Ich ziehe statt vieler anderer eine verhältnismäßig weitgehende Formulierung Fr. Paulsens heran[3]). „Wie

[1]) A. a. O. (oben S. 57 Anm. 1, S. 8f.).
[2]) A. a. O. (oben S. 58 Anm. 3, S. 17)
[3]) A. a. O. (oben S. 57 Anm. 3, S. 209). Vgl. noch S. 109, 112, 199ff., Die deutschen Universitäten und das Universitätsstudium

von dem akademischen Lehrer der Theologie ein positives Verhältnis zum Christentum und zur Kirche, so muß bei dem Lehrer der Staatswissenschaften ein positives Verhältnis zum Staat, zur Staats- und Rechtsverfassung des Landes vorausgesetzt werden. Wer der Überzeugung wäre, daß Staat und Recht, wie sie sind, nichts als eine Masse von Unsinn und Gewalt sind, der wäre allerdings als Lehrer der Staats- und Rechtswissenschaft an einer Universität nicht am Ort. . . Von dem Universitätslehrer werden wir fordern müssen, daß er vor allem und zuerst den vernünftigen Sinn in den Lebensformen der Gegenwart und der Vergangenheit zu sehen und zu deuten wisse.“ Wobei eine nicht ängstlich zu begrenzende Kritik ausdrücklich vorbehalten ist.

Die Rechtsfrage, um die es sich hier handelt, ist offenbar die der besonderen fachlichen Bindung des einzelnen Lehrers, d. h. die Frage der Bindung durch Lehrauftrag und venia legendi. Ich möchte die Antwort gewinnen von der Tatsache her, daß die Lehrfreiheit nicht die Freiheit bedeutet, nicht zu lehren[1]), sondern nur die Freiheit, bei Erfüllung der positiven Lehraufgabe keinen Anweisungen in bezug auf den Inhalt der wissenschaftlichen Wahrheit und die Form ihrer Darstellung und Übermittelung zu unterliegen. Der Hochschullehrer bleibt verpflichtet, sein Fach angemessen zu vertreten. Der evangelische Theologe, der dazu kommt, katholische Dogmen als notwendigen Inhalt auch der evangelischen Theologie darzutun, verletzt damit seinen staatlichen Lehrauftrag wohl noch nicht — er verletzt ihn sicher, wenn er grundsätzlich katholische Kirche und Lehre vorzuziehen erklärt und dementsprechend grundsätzlich als Lehrer vertritt. Der juristische Lehrer, der die positive Ordnung seines Rechtsgebietes für unsinnig und unsittlich erklärt, statt — bei aller Kritik — wenigstens ihren immanenten Sinn gewissenhaft darzulegen, erfüllt seinen Lehrauftrag in ähnlicher Weise nicht, wie der, der überhaupt keine Vorlesungen hält. Aber diese Bindungen sind gegenüber dem Grundrecht des Art. 142 eng auszulegen, und in ihren Grenzen ist die pflichtmäßige Intention auf gewissenhafte Forschung und Übermittlung wiederum die einzige mögliche positive Orientierung, die Nichtverletzung der

---

(902) S. 286ff., 313, Max Müller S. 191ff., R. v. Mohl, Staatsrecht, Völkerrecht und Politik III 124, 144. Bezeichnenderweise nennt Max Müller für die Schweiz auch die öffentliche Meinung als Schranke der Lehrfreiheit (S. 194f.). — Zum positiven Recht noch C. Bornhak, Rechtsverhältnisse der Hochschullehrer in Preußen S. 41ff., verfehlt in der Sonderbehandlung der technischen Hochschulen S. 90.

[1]) Bluntschli in Bluntschli-Braters Staatswörterbuch, hrsg. von Loening, II 543.

Pflicht gegen Staat und Volk und pflichtmäßige Schonung der Empfindungen wehrloser andersdenkender Hörer sicherstellt.

In dieser Bedeutung des Lehrauftrags liegt begründet, was Bluntschli[1]) richtig erkannt hat, daß die Forschungsfreiheit absolut, die Lehrfreiheit nur relativ ist. Aber er hat mit Recht hinzugefügt, daß die Schwierigkeit (und der Weg zur Lösung der Schwierigkeit) weniger in der Ermittlung des richtigen sachlichen Prinzips, als in der Anordnung und Handhabung des richtigen Verfahrens liege.

III. Wie die Begrenzung der Lehrfreiheit durch den Lehrauftrag eine **inhaltlich** notwendige Begrenzung durch die Beziehung auf die Lehranstalt und ihren Anstaltszweck ist, so sind andere Regelungen der äußeren Ordnung des Unterrichts nach Ort, Zeit usw. technisch notwendig. Ein eigentliches Problem unter dem Gesichtspunkte der akademischen Freiheit sind sie nicht[2]).

---

[1]) A. a. O., Allg. Staatsrecht[4] II 377.

[2]) Einer von H. Nawiasky in der Erörterung gegebenen Anregung folgend, nenne ich als ein praktisches Musterbeispiel der hier in Betracht kommenden Fragen den Vivisektionserlaß des preußischen Kultusministers vom 2. 2. 1885 an die medizinischen Fakultäten (Central-Blatt für die gesamte Unterrichtsverwaltung in Preußen, 1885, S. 314).

Der Minister stellt auf Grund einer Rundfrage bei den medizinischen Fakultäten (Fragepunkte und eingehende Beantwortung a. a. O S. 315ff.) fest, „daß dabei neben den Interessen der wissenschaftlichen Forschung und des akademischen Lehramts auch die Anforderungen der Humanität gebührende Beachtung gefunden haben. Um in dieser Richtung auch für die Zukunft allen Zweifeln vorzubeugen, erachte ich es für sachdienlich, die der bisherigen Praxis zugrunde liegenden Gesichtspunkte durch eine allgemeine Anordnung gegen die Möglichkeit von individuellen Abweichungen sicher zu stellen. Zu diesen Zwecken bestimme ich hierdurch, was folgt:

1. Versuche an lebenden Tieren dürfen nur zu ernsten Forschungs- oder wichtigen Unterrichtszwecken vorgenommen werden.
2. In den Vorlesungen sind Tierversuche nur in dem Maße statthaft, als dies zum vollen Verständnisse des Vorgetragenen notwendig ist.
3. Die operativen Vorbereitungen zu den Vorlesungsversuchen sind in der Regel noch vor Beginn der eigentlichen Demonstration und in Abwesenheit der Zuhörer zu bewerkstelligen
4. Tierversuche dürfen nur von den Professoren und Dozenten oder unter deren Verantwortlichkeit ausgeführt werden.
5. Versuche, welche ohne wesentliche Beeinträchtigung des Resultats an niederen Tieren gemacht werden können, dürfen nur an diesen und nicht an höheren Tieren vollzogen werden.
6. In allen Fällen, in welchen es mit den Zwecken des Versuches nicht schlechterdings unvereinbar ist, müssen die Tiere vor dem Versuche durch Anästhetika vollständig und in nachhaltiger Weise betäubt werden."

Der Erlaß trifft insofern das Richtige, als er den Tierversuch für zulässig erklärt, soweit er durch das Bedürfnis von Forschung

Aus vielen Gründen sind diese inhaltlichen und technischen Bindungen heute stärker entwickelt als vor hundert Jahren[1]). Aber es ist bezeichnend, daß die Staatsverwaltung sie in der Hauptsache auf mittelbarem Wege herbeiführt, nämlich durch die Gestaltung der staatlichen Prüfungen, und daß sie unmittelbare Regelungen des akademischen Betriebes vermeidet. Noch heute besteht der Zustand, den Savigny dahin bezeichnet, daß den Universitätslehrern „die Wahl der einzelnen Lehrgegenstände, sowie die Einrichtung ihrer Vorlesungen, mit fast unbeschränkter Freiheit überlassen ist"[2]), von Rechts wegen in vollem Umfange. Und der Gedanke der Nichteinmischung der Verwaltung in Dinge, die der Selbstregulierung des geistigen Lebens überlassen bleiben müssen[3]), ist im Begriff, sich in Auswirkung des Art. 142 ein neues Anwendungsgebiet zu erobern, wenn der preußische Kultusminister Eingriffe in die künstlerische Tätigkeit der Leiter der Staatsbühnen ablehnt[4]).

---

und Lehre gerechtfertigt ist. Bedenklich ist, daß hier eine kraft der Verfassung bestehende Freiheit noch einmal durch den Minister anerkannt wird. Vielleicht drückt sich in der Fassung des Erlasses, die lediglich die bisherige Praxis festzulegen beansprucht, ein Gefühl für die Unzulässigkeit eigener Normierung des Gegenstandes aus. Die Akten des Ministeriums ergeben darüber nichts. Nicht unbedenklich ist, daß die Ziffern 1, 2, 5, 6 leichte quantitative Einschränkungen der verfassungsmäßigen Ermessensfreiheit des Hochschullehrers in der Abgrenzung des Forschungs- und Unterrichtsbedürfnisses enthalten (Ziff. 1: „wichtig", Ziff. 2: „voll" [hier auch die Beschränkung auf die ergänzende Unterstützung des „Vortrags"], Ziff. 5: „wesentlich", Ziff. 6: „schlechterdings"). Ziffer 3 und 4 sind wohl durch die Anstaltsgewalt gerechtfertigt.

Dieselben Gesichtspunkte würden für ein vivisektionsgegnerisches Gesetz gelten; als Inhalt eines solchen würden von dem Erlaß nur Ziffer 3 und 4 zu rechtfertigen sein.

Nach dem Gesagten ist eine für den Forschungs- oder Lehrzweck notwendige Tätigkeit in abstracto nicht rechtswidrig. Die Polizei oder der Dienstherr dürfen Vivisektion, soweit sie durch Art. 142 gedeckt ist, nicht deshalb bekämpfen, weil sie unmenschlich oder ordnungswidrig sei. Natürlich rechtfertigt die Forschungs- und Lehrfreiheit keine Rechtsverletzungen in concreto, wie Sachbeschädigung eines fremden Tiers, Eingriffe in die körperliche Integrität eines Patienten ohne dessen Zustimmung, Störungen des Nachbarn oder der Öffentlichkeit, Überschreitung von Etatsmitteln, Gefährdung der Gesundheit von Hilfspersonen und Studierenden, Verletzung der Anstaltsordnung, soweit diese nach dem im Text Gesagten gültig ist.

[1]) Vgl. hierfür besonders Spranger, Wandlungen im Wesen der deutschen Universität seit hundert Jahren S. 14ff.

[2]) Historisch-politische Zeitschrift, hrsg. von Ranke, I, 578.

[3]) So besonders Paulsen, Abhandlungen S. 202, Die deutschen Universitäten und das Universitätsstudium S. 99.

[4]) Im Haushaltsausschuß des Landtags 11. Febr. 1926, Voss. Ztg. 12. Febr. 1926.

3. Die Freiheit der Meinungsäußerung ist ein echtes Freiheitsgrundrecht; sie besteht ohne Rücksicht darauf, ob von ihr ein guter oder ein schlechter Gebrauch gemacht wird. Die Freiheit der Wissenschaft, insbesondere als akademische Freiheit, ist die Sicherung eines als wichtig anerkannten und privilegierten Stücks des geistigen Lebens; sie besteht wegen des mindestens intendierten Werts der privilegierten Äußerung; sie hat institutionellen Charakter.

Daraus folgt für die verfahrensmäßige Geltendmachung der beiden Freiheiten, insbesondere im Dienststrafverfahren, ein doppelter Unterschied.

Einmal in der Feststellung des Tatbestandes. Ob eine Meinungsäußerung im Sinne des Art. 118 vorliegt, wird — abgesehen von den im ersten Bericht behandelten besonderen Fällen — selten streitig sein. Dagegen ob ein ernsthafter Versuch der Findung oder Weitergabe wissenschaftlicher Wahrheit vorliegt, ob eine Äußerung eine so hohe intentionelle Wertung verdient, wie sie erforderlich ist, um die Subsumtion unter Art. 142 zu rechtfertigen — das wird oft gerade die entscheidende Schwierigkeit eines Disziplinarverfahrens sein.

Vor allem aber besteht der Unterschied in der Wirkung des Grundrechts. Art. 118 schützt nur in den Schranken der allgemeinen, d. h. der dem Grundrecht vorgehenden Gesetze. Art. 142 schützt zwar nicht formell gegen die Strafrechtsnorm, aber seine Anwendbarkeit wird wohl stets die Strafbarkeit ausschließen, und jedenfalls geht er (im Gegensatz zu Art. 118) unbedingt den Normen des Beamtenrechts vor.

Eine lehrreiche Analogie bietet die Geschichte der Preßrechtsfrage. Als die Presse noch rationalistisch als Institution, nicht lediglich als freie Meinungsäußerung schutzwürdig erschien, war ihre Lage ähnlich der heutigen Lage von Wissenschaft und Lehre. Damals hat der dank Heinrich Heines wiederholten Invektiven zu Unrecht unterschätzte alte Heidelberger Paulus die sich daraus ergebende Gestaltung der Preßverantwortlichkeit mit großer Klarheit dargelegt. Ich zitiere wörtlich:

„Der Zweck der Preßfreiheit und der Gedanken-Mitteilung überhaupt ist — Wahrheitsfreiheit. Nach dieser Einsicht wird als Prinzip oder Norm der Preßgesetzgebung einleuchtend, daß, was entweder in dem Inhalt oder in der Form der Darstellung offenbar nicht nach Wahrheit strebt, was nicht zum Wahren führen will und kann, auf gesetzlichen Schutz keine Hoffnung, vielmehr bestimmte Aussicht auf gerechte Nichtachtung oder Bestrafung haben soll. Alles hingegen, wo weder die Form noch der Inhalt dem Unparteiischen einen Beweis gibt, daß es dem Bekanntmacher nicht um Wahrheit zu tun war, darf durch kein Gesetz zurückgedrängt oder verfolgt werden, wenn Wahrheitsliebe unser höchstes Ziel und Gesetz sein soll[1]).“

„Nicht nur Wahres, sondern auch Wahrscheinliches, insofern die Menschen ohne das Gegeneinanderhalten der Wahrscheinlichkeiten nicht leicht zum Wahren kommen würden, muß auf alle Fälle ungestraft bekannt gemacht werden dürfen, wenn es nur den Beweis, daß es dem Bekanntmacher Wahrheit oder Wahrscheinlichkeit gewesen ist, vor billigen Menschenkennern als Schwurgericht führen kann.“

„Ganz anders sind die Fälle, wenn ein Behaupter etwas als ihm wahr, oder ihm wahrscheinlich, in einer Form veröffentlicht, durch welche er überwiesen werden kann, daß es ihm nicht um dem gesetzlich geheiligten Zweck der Mitteilungsfreiheit, nämlich um Wahrheitsverbreitung, zu tun war[2]).“

Als Wegweiser für die Behandlung von Preßdelikten ist das hoffnungslos veraltet. Als Fragestellung für Verfahren, in denen es um die Freiheit der Wissenschaft und ihrer Lehre geht, treffen diese rationalistischen Formeln noch heute den Nagel auf den Kopf[3]).

Die Beantwortung der entsprechenden Frage bei wissenschaftlichen Äußerungen kann nicht lediglich die Sache von Richtern und Verwaltungsbeamten sein[4]). Die Forderung nach dem richtigen Recht in Sachen der Lehrfreiheit muß daher die seit vielen Jahrzehnten zumal vom Liberalismus immer wieder erhobene[5]) der Beteiligung von Hochschullehrern an der Dienststrafgerichtsbarkeit gegen Hochschullehrer

---

[1]) Paulus, Über die Principien der Preßfreiheits-Gesetzgebung, 1831, Vorrede S. IIIf.

[2]) A. a. O. S. 35, 48f.

[3]) Insofern richtig die Entscheidung des Senats der Handelshochschule Mannheim in dem (mir im übrigen nicht näher bekannten) Falle Mayr (September 1926): „daß es dem Senat zusteht, darüber zu wachen, daß die Gutachtertätigkeit nicht offenkundig den Rahmen verläßt, der durch das Erfordernis der Wissenschaftlichkeit gezogen ist“ (nach Voss. Ztg. 25. 9. 1926).

[4]) Wie stumpf und verständnislos der Verwaltungsbeamte dem hier vorliegenden Problem der Intentioniertheit geistigen Lebens gegenübersteht, zeigen die Ausführungen des hochverdienten langjährigen Leiters der preußischen Hochschulverwaltung V. Naumann über die Verbindung von Forschung und Lehre, die nicht der Lebensnerv der deutschen Universität sein könne, da sie praktisch nicht in jedem Professor jederzeit Wirklichkeit sei (Die deutschen Universitäten, 1909, S. 18ff., gegen Fr. Paulsen).

[5]) Statt Vieler Welcker in Rotteck-Welckers Staatslexikon s. v. Lehrfreiheit (1. Aufl. IX 667), Böckh a. a. O. (oben S. 60 Anm. 3) II 59, v. Mohl a. a. O. (oben S. 68) II 172, Bluntschli Staatswörterbuch a. a. O., Allg. Staatsrecht a. a. O., Cosack Universitätsreform S. 27.

bleiben, wie sie als hoffnungsvoller Anfang in der Verfassung der Jenaer Universität von 1924 durchgeführt ist.

In diesem Sinne ist die Lehrfreiheit kein Anwendungsfall des Prinzips der gesetzmäßigen Verwaltung, sondern eine öffentliche Institution zum Schutz einer der höchsten Formen des deutschen geistigen Lebens. Eine Schranke für den Gesetzgeber, ein tief verpflichtendes Privileg unseres Standes, das Grundrecht der deutschen Universität.

2a. Leitsätze des Mitberichterstatters.

1. *Die in erster Linie verfassungsrechtliche, in der Republik gesteigerte Bedeutung der Grundrechte besteht darin, daß sie einen Bestand von Kulturwerten festlegen, in denen das deutsche Volk von Verfassungswegen eins sein soll. Erst in zweiter Linie steht ihre technische Einzelauswirkung als Novellengesetzgebung auf den von ihnen betroffenen einzelnen Rechtsgebieten.*

2. a) *Das Grundrecht der freien Meinungsäußerung ist ein Grundrecht vor allem des „Gemeinschaftslebens" (im Sinne der Überschrift des zweiten Abschnitts des zweiten Hauptteils der Weimarer Verfassung) - nicht so sehr der „Einzelperson" (im Sinne der Überschrift des ersten Abschnitts).*

   b) *Die „allgemeinen" Gesetze des Art. 118 sind nicht die Gesetze mit formal allgemeinerem persönlichem oder sachlichem Geltungsbereich gegenüber Art. 118, sondern die Gesetze mit sachlichem Vorrang.*

   c) *Die Beamten stellt Art. 118 Abs. 1 Satz 2 den nichtbeamteten Staatsbürgern gleich, soweit ihnen nicht das gegenüber der Reichsverfassung strikt auszulegende Beamtenrecht Schranken zieht.*

3. a) *In Art. 142 ist Freiheit der Wissenschaft und ihrer Lehre vor allem im Sinne der akademischen Freiheit zu verstehen.*

   b) *Das grundrechtlich geschützte Gut ist die Forschungs- und Lehrfreiheit im Sinne des deutschen Idealismus.*

   c) *Im einzeln schützt das Grundrecht gegen einschränkende Gesetze (daher Ungültigkeit des § 20 der bayrischen Verfassung) und gegen Dienstbefehle und disziplinarische Verantwortlichkeit in bezug auf wissenschaftlichen Inhalt und Form der Forschung und Lehre.*

Zu widerraten ist der Versuch, den grundrechtlich geschützten sachlichen Bereich nach irgendwelchen formalen Kriterien abzugrenzen. „Wissenschaft und ihre Lehre" ist alles, was sich nach Inhalt und Form als ernsthafter Versuch zur Ermittlung oder zur Lehre der wissenschaftlichen Wahrheit darstellt. Eine sachgemäße Prüfung der Einhaltung dieser Grenzen im Dienststrafverfahren ist nur bei Beteiligung von Standesgenossen gewährleistet.

---

3. Aussprache über die Berichte zum ersten Beratungsgegenstand.

Anschütz-Heidelberg: Ich danke den beiden Herrn Referenten für die mannigfachen Anregungen die mir durch ihr Referat zuteil geworden sind Diese Dankgefühle schließen nicht aus, daß ich mich verwahre. Mein Name stand heute vormittag stark im Vordergrund. Ich wurde vielfach angegriffen. Es handelt sich aber in all den Angriffspunkten nicht um subjektive Ansichten und Eigenbrödeleien meinerseits, vielmehr bin ich nur der Wortführer der herrschenden Ansicht. Ich fühle mich als Konservator einer Anschauung, die lange Zeit für richtig galt und nie angefochten wurde. Insbesondere möchte ich sagen, daß meine Auslegung des Art. 142 RV. schon der des Art. 20 der preußischen Verfassung von 1850 entsprach. Nun soll plötzlich das Meiste davon falsch sein. Ich bin nicht Korreferent und kann daher nicht auf alle Punkte eingehen, sondern möchte nur einige Anmerkungen geben.

Ich glaube, die beiden Art. 118 und 142 RV. sind getrennt zu behandeln.

Vorwegnehmend einiges zu Art. 3 RV.: Smend machte den Vorwurf gegen die in meinem Kommentar befindliche Anmerkung, daß sie nicht erkennen ließe, welche Art von Rechtsnorm in Art. 3 enthalten sei. Es läßt sich eben nur so viel sagen: da die Reichsfarben schwarz-rot-gold sind, so sind die Reichsbehörden verpflichtet, in diesen Farben zu flaggen, wenn sie überhaupt flaggen. Das ist der ganze juristische Inhalt des Art. 3. Der politische Inhalt freilich ist ein großer. Es scheint mir hier eine Verwechslung von Recht und Politik zugrunde zu liegen.

Zu Art. 118: Zum ersten Male wurde von dem ersten Referenten herausgearbeitet, was die Freiheit der Meinungsäußerung eigentlich ist. Ich bin mit den Ausführungen Rothenbüchers einverstanden. Was Rothenbücher sagte, ist zwar nicht ganz neu, aber es ist scharf konzipiert. Die Formulierung mindestens ist neu.

Die Hauptfrage bei Art. 118 ist: Was bedeutet der Ausdruck „allgemeine Gesetze"? Es wäre mißlich, dieses Wort bei der Auslegung ganz unter den Tisch fallen zu lassen. Man könnte sagen, „allgemeine Gesetze" sind solche, welche nicht eine Meinung als solche verbieten, die sich nicht gegen die Äußerung der Meinung als solche richten.

Die Thesen des ersten Referenten bezüglich des Beamtenrechts gefallen mir gut. Sehr erheblich weiche ich in der Auslegung des Wortes „Zensur" ab, die meines Erachtens nur eine Vorzensur ist. Das Preßgesetz regelt erschöpfend die Preßfreiheit; da greift § 10 II 17 Allgemeines Landrecht nicht Platz.

Zu Art. 142: Liberale Reden hier zu halten, ist dankbar. Ich muß aber — ich hätte es mir früher nicht träumen lassen — in dieser Beziehung illiberal sein. Daß das sog. „Affengesetz" von Tenessee bei uns möglich wäre, halte ich schon deswegen für ausgeschlossen, weil es die Religionsfreiheit beschränkt. Dafür bürgen in Deutschland schon die Art. 135, 136 RV. Eine Überschätzung der Grundrechte ist jetzt wieder erstanden in Verbindung mit einer Renaissance des Naturrechts. Der Schutz der Freiheit geht doch nicht nur soweit, wie es in den Grundrechten festgelegt ist. — In der Frage der akademischen Lehrfreiheit entsprach meine Auslegung des Art. 20 der alten preußischen Verfassung dem Standpunkt der herrschenden Lehre. Sie stellt keine Bedrohung der akademischen Lehrfreiheit dar. Die Hauptfrage ist, ob Beschränkungen nur durch verfassungsänderndes Gesetz möglich sind. Das Problem der Beeinflussung des beamteten Professors durch die Staatsregierung habe ich in meinem Kommentar nicht erschöpfend behandelt; Übereinstimmung herrscht jedenfalls insoweit, daß der Professor Beamtenpflichten hat und disziplinarisch gegen ihn eingeschritten werden kann, wenn er gegen die Pflichten oder die Würde seines Amtes verstößt. Es fragt sich nur, ob der Hochschullehrer nicht ähnlich wie der Richter oder das Mitglied einer Prüfungskommission ein gewisses Maß von amtlicher Selbständigkeit besitzt und sich insoweit nicht von den Vorgesetzten beeinflussen zu lassen braucht. Der Staatsrechtslehrer kann jedenfalls z. B. ein abfälliges Werturteil über den Staat etwa im Sinne von Nietzsche vortragen. Er darf diese

Ansicht aber nicht in einer Weise äußern, die den allgemeinen Beamtenpflichten widersprechen würde. Eine absolute Redefreiheit ähnlich der des Abgeordneten hat der Professor nicht.

Koellreutter-Jena: Ich stimme Smend darin zu, daß die Meinungsfreiheit ein politisches Gut ist, das nur durch allgemeine Gesetze eingeschränkt werden kann, und daß allgemeine Gesetze nur die sind, die ein Rechtsgut schützen, das wichtiger ist als die Meinungsfreiheit. Es handelt sich also um die Findung der richtigen Wertrelation. Wer hat nun diese zu finden? Smend behauptete: Der Verwaltungsbeamte eignet sich nicht dazu, ebensowenig der Verwaltungsrichter. Doch kommt diese Findung in der Praxis in stärkstem Maße in Frage. Ein Fall, der in Thüringen praktisch, aber nicht vom Oberverwaltungsgericht entschieden wurde, mag das beweisen. Er zeigt, wie die Ansichten des ersten und zweiten Referenten auseinandergehen. Als 1923 Reichswehr in Thüringen einrückte, wurden in einem thüringischen Orte anläßlich von Unruhen zwei Kommunisten erschossen. Die kommunistische Partei errichtete auf dem Friedhof einen Grabstein mit dem Sowjetstern und den Namen der Verstorbenen und der Inschrift: „Erschossen von der Reichswehr". Die Polizei verlangte Verdeckung der Inschrift, das Ministerium sogar ihre Beseitigung. Liegt hier eine Meinungsäußerung vor, die berechtigt ist oder nicht? Nach Ansicht des ersten Referenten: ja. Denn nur die Verhütung einer unmittelbar drohenden strafbaren Handlung rechtfertigt nach ihm hier das Eingreifen der Polizei. Eine solche Handlung lag aber nicht vor. Der zweite Referent würde das Vorliegen einer berechtigten Meinungsäußerung wohl verneinen. Das scheint mir auch das richtige, da der Wert des geschützten Guts der öffentlichen Sicherheit der höhere ist.

Gleich schwer ist die Findung der Wertrelation für die akademische Lehrfreiheit. Ich bin Untersuchungsführer an unserer Universität und habe als solcher eine Reihe von Fällen der hier in Betracht kommenden Art zu bearbeiten gehabt; dabei ist unsere Thüringer Disziplinarordnung relativ mustergültig. Auch hier stehe ich immer wieder vor der großen Frage nach der Wertrelation. Wie steht es z. B., wenn ein Hochschullehrer bei Äußerungen im Kolleg äußerlich aus seinem fachlichen Lehrgebiet heraustritt? Ich bin grundsätzlich der Meinung, daß wir in allen derartigen Fällen den Begriff der wissenschaftlichen Lehrmeinung gar nicht weit genug fassen können. Die Grenze liegt hier nur in dem Umschlagen der sachlichen Erwägungen in rein persönlich gefärbte Äußerungen. Aber wenn ein Gelehrter aus seiner wissenschaftlichen Überzeugung heraus das herrschende System angreift, so muß der Schutz der freien Meinungsäußerung Platz greifen. Wir brauchen auch ein Dienstverfahren, das dem Dozenten in dieser Hinsicht alle Garantien bietet. Das fehlt in Preußen, Baden und anderen Ländern; anders in Thüringen. Bedauerlich ist, daß der Hochschulverband sich nicht stärker für eine Disziplinarordnung der Professoren im Sinne der Rechtsprechung durch Standesgenossen einsetzt. Der Vergleich der Stellung von Richter und Hochschullehrer paßt bis zum gewissen Grade. Die politische Betätigung muß sich in den Grenzen halten, die das Amt gibt. Bei der politischen Betätigung kommt alles auf den persönlichen Takt an, der für den Hochschullehrer — wie den Richter — besonders wichtig ist. So bin ich wie der zweite Referent der Ansicht, daß der Versuch, eine Grenzscheidung zu finden, sehr schwer ist.

Kaufmann-Bonn: Bei dem tiefen Eindruck, den die Vorträge des heutigen Vormittags bei uns hinterlassen haben, ist es für den Diskussionsredner schwer, an sie eine Diskussion im üblichen Sinne des Wortes anzuknüpfen. Ich werde mich daher darauf beschränken, auf gewisse grundsätzliche Fragen, zu denen insbesondere der Vortrag von Smend Veranlassung gibt, einzugehen.

1. Das Problem der Grundrechte. Die Ausführungen Smends verdienen vollste Zustimmung. Die Feinheit der Formulierungen und die Art, in der er seine Auffassung der Grundrechte als wirklicher Institute des Verfassungsrechtes und nicht bloß eines Komplexes von technischen Rechtssätzen wesentlich verwaltungsrechtlichen Inhalts zu Ende gedacht hat, dürften ein wichtiges Ereignis in der Geschichte unserer Wissenschaft bedeuten. In der Tat kommt in ihnen das für die Struktur der einzelnen Staaten wesentliche institutionelle Verhältnis von Staat und Gesellschaft auf den einzelnen Lebensgebieten zum verfassungsrechtlichen Ausdruck. Zur Illustrierung des verfassungsrechtlichen Charakters der Grundrechte darf ich eigener Erfahrungen aus der Tätigkeit in der belgischen Verwaltung zur Zeit der Besetzung gedenken. Dort lag die Versuchung nahe, mit unseren Grundanschauungen in einen andersartigen Staats- und Volkskörper rauh hereinzugreifen und so Unheil anzurichten. Nur wenn man sich stets im Bewußtsein hielt, daß die Grundrechte der belgischen Verfassung zum wesentlichsten Bestandteile des Verfassungsrechts gehören und von vielleicht noch größerer Bedeutung sind als die eigentlichen organisatorischen Verfassungsbestimmungen, konnte man dieser Gefahr entgehen. Insbesondere bei der Behandlung der Sprachenfrage in der Schule mußte unbedingt vermieden werden, ein Heiligtum des belgischen Volkes, die Unterrichtsfreiheit, anzutasten. Denn als solches wird der Artikel 17 der belgischen Verfassungsurkunde über die Freiheit

empfunden. In voller Einsicht in die Bedeutung dieser Bestimmung hat sich die deutsche Besatzungsmacht wohlweislich bei der von ihr erstrebten Reform des Schulrechts enthalten, an diesem Grunsgedanken zu rütteln. Die Erinnerung an die Dissertation von Smend über die preußische und die belgische Verfassungsurkunde, aus deren Erörterungen er die Grundrechte als bedeutungslos ausschaltete, mag als charakteristisches Symptom dafür angeführt haben, wie unsere Wissenschaft sich seit der Vorkriegszeit geändert hat. Selbst, wo es keine geschriebene Verfassungsurkunde gibt, wie in Großbritannien, besitzen gewisse letzte Rechtssätze, wie die der Habeas-corpus-Akte und der Bill of rights, für das Empfinden jedes Engländers nicht bloß einen verwaltungsrechtlichen Sinn, sondern sie werden als zu dem wichtigsten Bestandteile des englischen Verfassungsrechtes und Verfassungslebens gehörig empfunden. Solche Institutionen sind eben wirklich konstituierende Realitäten für jeden individuellen Staat und das Verfassungsleben jedes individuellen Volkes. Dies beleuchtet zu haben, ist eins der großen Verdienste des Referats von Smend.

2. Von methodisch grundlegender Bedeutung ist sodann, daß Smend bei seinen Betrachtungen auf die institutionelle Seite und Bedeutung der Grundrechte so nachdrücklich hingewiesen hat. Solche institutionelle Betrachtungsweise auf dem Gebiete des öffentlichen Rechts ist dem Auslande geläufig und war es auch bei uns in der Zeit vor 1848. Sie war uns verloren gegangen, und man hat meiner Generation noch auf der Universität als Symptom für die Unfähigkeit der Männer der Paulskirche gelehrt, daß sie mit der Formulierung der Grundrechte für die deutsche Verfassung angefangen haben. Wir würden das heute durchaus anders beurteilen. Es darf demgegenüber daran erinnert werden, daß solche institutionelle Auffassung des Rechtes für Friedrich Julius Stahl durchaus wesentlich war, und daß seine Rechts- und Staatsphilosophie wichtige Keime für eine Lehre von den Rechtsinstituten enthält; darauf habe ich seit meiner Dissertation stets hingewiesen. Das heute Vormittag von Smend abgelegte Bekenntnis zu solcher Auffassung in unserem Kreise erscheint mir wiederum als eine historisch bedeutsame Tatsache.

In der Tat hängt diese Einstellung mit einem sich heute vorbereitenden Wandel in den letzten rechtsphilosophischen Auffassungen zusammen, der zugleich einen Wandel in den methodischen Fragen unserer Wissenschaft in sich schließt. In der Sprache der philosophischen Logik könnte man das dahin ausdrücken, daß wir uns nicht mehr allein mit den juristischen Relationsbegriffen beschäftigen, sondern wieder auf die juristischen Dingbegriffe zurückgehen. Die alleinige Beschäftigung mit den juristischen Relationsbegriffen hat ihre Parallele in der Zentrierung der modernen Naturwissenschaft auf die naturwissenschaftlichen Relationsbegriffe. Beide, Rechtswissenschaft und Naturwissenschaft, haben dabei aber völlig übersehen, daß alle Relationsbegriffe nur beruhen können auf und nur verstanden werden können aus hinter ihnen stehenden und ihnen Sinn und Gehalt gebenden Dingbegriffen. Bedeutsame Ansatzpunkte zu solcher Betrachtung finden sich bereits in den Werken von Albert Hänel, namentlich in seiner Schrift über das Gesetz im formellen und materiellen Sinne; und es war interessant, daß manche Formulierungen Smends starke Ank'änge an Worte Hänels enthielten.

3. Bei der Betrachtung des Instituts der Meinungsfreiheit hat Smend auf bedeutende historische Umschichtungsprozesse hingewiesen, die bei einer juristischen Betrachtung, die nur eine Auslegung der technischen Rechtssätze kennt, nicht hätten hervortreten können, die sich vielmehr nur dem erschließen, der von der institutionellen Betrachtung ausgeht. Ich darf ergänzend zu dem von Smend Gesagten erwähnen, daß noch bei Kant, insbesondere in seiner Schrift über die Aufklärung, die Anerkennung der Meinungsfreiheit im modernen Sinne völlig fehlt: er fordert die Freiheit der Meinungsäußerung nur für den „privaten Gebrauch der Vernunft" im Bereiche der nach seiner Auffassung durch die Republik freier Geister konstituierten öffentlichen Meinung (ich erinnere an das, was Smend über die aufklärende Auffassung der Preßfreiheit gesagt hat), während für den „amtlichen Gebrauch der Vernunft" auf Kanzel und Lehrstuhl die freie Meinungsäußerung verboten ist. Das ist nicht, wie man gesagt hat, der alternde Kant, der sich der Kraft beugt und Konzessionen macht, sondern seine wahre Auffassung, die des 18. Jahrhunderts. Kants Auffassung von der Freiheit der Meinungsäußerung und der Aufklärung ist von den Ideen des späteren Liberalismus noch meilenweit entfernt. Diese Auffassung dürfte sich zuerst in Fichtes Jugendschrift über die Zurückforderung der Denkfreiheit von den Fürsten Europas finden. In heutiger Zeit wiederum können wir auch auf diesem Gebiete, der antiliberalen Zeittendenz entsprechend, ein allmähliches, aber sicheres Vordringen des Staates in den Bereich der Freiheit im liberalen Sinne beobachten. Auf der einen Seite sind zwar die Ideen des Liberalismus für das Gebiet der freien Meinungsäußerung noch lebendig und garantiert überall dort, wo es sich im wesentlichen um die politische Meinungsbildung der Massen handelt, auf dem Gebiete der Preß-, Vereins- und Versammlungsfreiheit. Hier wird die völlige Freiheit im liberalen Sinne für die Zwecke

der Massendemokratie von unserer Verfassungsurkunde ausdrücklich gewährleistet. Auf der anderen Seite dagegen, z. B. auf dem Gebiete des Lichtspielwesens und des Jugendschutzes gegen Schmutz und Schund, enthält die Verfassungsurkunde, wie ähnlich auf dem Gebiete des Wirtschafts- und Gemeinschaftslebens, ausdrückliche Vorbehalte im antiliberalen Sinne zugunsten des Staates; und die ausführende Gesetzgebung ist dem überall weitgehend gefolgt.

Ähnlich liegt es bei uns auf dem Gebiete der Schule und des Unterrichts. Der Artikel 17 der belgischen Verfassungsurkunde, der die Freiheit des Unterrichts im Sinne einer fast unbeschränkten Freiheit zu privaten Anstalten von der Volksschule bis zur Universität gewährleistet, hat in der preußischen Verfassung von 1850 als Gegenstück einen Artikel erhalten, in dem nicht die Freiheit des Unterrichts, sondern die Freiheit der Wissenschaft garantiert wurde. Mit diesem Grundrecht war das stark angespannte staatliche Schulmonopol und das ausschließliche Staatsmonopol für die Hochschulen, die im stärksten Gegensatze zur Unterrichtsfreiheit Belgiens stehen, durchaus vereinbar. Ihm folgt der Artikel 142 der Weimarer Verfassung, in dem dem Satze von der Freiheit der Wissenschaft und ihrer Lehre sogar der Satz hinzugefügt ist, daß der Staat ihr Schutz gewährt und an ihrer Pflege teilnimmt. So ist bei uns an die Stelle der romanischen Auffassung von der Freiheit des Unterrichts die Lehre von der Freiheit der Wissenschaft und ihrer Lehre getreten, die sich allein auf die staatlichen Universitäten bezieht und für sie die größte Freiheit fordert und verfassungsrechtlich gewährleistet. In ihnen sieht man die Freiheit der Lehre stärker garantiert als in dem ausländischen Systeme der Freiheit des Unterrichts. Dazwischen liegt eben der deutsche nachkantische Idealismus und Humboldts, wie Smend treffend hervorgehoben hat. In der Weimarer Verfassung ist in noch ausgesprochenerem Gegensatze zu diesem ausländischen System das staatliche Schulmonopol noch schärfer angespannt worden, indem die Privatschulen und der Privatunterricht verfassungsmäßig auf ein noch engeres Gebiet als bisher eingeschränkt worden sind. Nur für die Universität ist durch Artikel 142 die Freiheit der Meinungsäußerung in der Lehre bei uns verfassungsrechtlich und grundrechtlich im Sinne Fichtes, Humboldts und Schellings gewährleistet wie bei keinem anderen Volke der Welt.

So finden wir bei uns in dem Rechte der freien Meinungsäußerung einerseits für die politische Willensbildung der Massen Elemente der alten liberalen Auffassung in charakteristischer Umprägung für die Massendemokratie und andererseits neben Einschränkungen im antiliberalen Sinne Garantien zugunsten einer Freiheit im Sinne des deutschen Idealismus und Neuhumanismus. Alles dies kann nur durch eine institutionelle, geistesgeschichtlich orientierte Auffassung des Rechtes verstanden werden.

Wenn man die alleinige Aufgabe der Rechtswissenschaft in der Analyse der Rechtssätze und der in ihnen enthaltenen juristischen Relationsbegriffe sieht (womit keineswegs geleugnet werden soll, daß auch diese Methode notwendig und insbesondere in der Kommentarliteratur legitim ist), so ist man vor der Gefahr nicht gesichert, daß die Rechtswissenschaft in eine rein begriffliche Dialektik verfällt. Dem kann nur vorgebeugt werden, wenn man — und das ist auch für die Interpretation der Rechtssätze richtig — zurückgeht auf die Institute; und diese lassen sich nur geistesgeschichtlich erfassen. Darauf hat auch Holstein bereits in Leipzig und Münster hingewiesen. In den Rechtsinstituten als solchen liegen gewisse letzte Normen eingeschlossen, deren Auffindung und Darlegung die eigentlich wesentliche Aufgabe der Rechtswissenschaft ist und die auch der Verwaltungsbeamte, der Richter und der Disziplinarrichter anzuwenden hat und ständig anwendet. Ich darf hierfür auf die Ausführungen meines Referates in Münster verweisen. Um diese letzten Normen zu finden, ist es stets erforderlich, zurückzugehen auf den in den individuellen Rechtsinstituten verkörperten, sozusagen in ihnen Fleisch gewordenen, ethischen Gehalt.

4. Eine solche grundsätzliche Einstellung zum Problem des Rechtes glaube ich auch in der Interpretation des Wortes „allgemeine Gesetze“ in Artikel 118, die Smend gegeben hat, gefunden zu haben. Ich möchte auch hierin Smend Recht geben und auf eine bekannte Parallele verweisen: den Grundsatz der Freiheit und Unverletzlichkeit des Eigentums. Wir sind in der Eigentumslehre bereits gewohnt, zu sagen, daß im Begriffe des Eigentums als solchem gewisse immanente Schranken liegen, die sich aus dem über dem Privateigentum stehenden Gemeinschaftsgedanken ergeben. In derselben Weise, wie die Unverletzlichkeit des Eigentums unter den Einschränkungen und, um mit Smend zu sprechen, dem sachlichen Vorrange und Vorbehalte des Gemeinschaftsgedankens steht, bedeutet der der Freiheit der Meinungsäußerung in Artikel 118 hinzugefügte Hinweis auf die „allgemeinen“ Gesetze, daß das Recht der freien Meinungsäußerung nur gilt, insofern sich nicht aus der übergeordneten Idee der Gemeinschaft Grenzen und Schranken, Vorbehalte und ein Vorrang ergeben. Das Wort „allgemein“ hat hier, um mich so auszudrücken, eine normative Bedeutung; es steht für das Wort „allgemeingültig“, d. h. von so allgemeiner Geltung, daß sie

auch gegenüber der Freiheit der Meinungsäußerung geltend gemacht werden müssen. Was das ist, läßt sich ebensowenig in spezialisierter Formulierung sagen wie bei allen anderen Problemen, die in die letzten Rechtsfragen zurückführen. Ich darf hierfür an das erinnern, was Triepel zur Lehre von den wohlerworbenen Rechten gesagt hat und was ich für diese Lehre in der Schrift über die deutschen Hypothekenforderungen in Polen in ähnlichem Sinne ausgeführt habe. Bei allen solchen Problemen ist lediglich eine Besinnung auf die letzte Bedeutung und den Sinngehalt der Institute möglich.

Bei dem Gegensatz der Methoden, auf den hier immer wieder hingewiesen wird, handelt es sich nicht, wie Anschütz meint, um den Gegensatz von rechtlicher und politischer Betrachtung, sondern um einen methodischen Gegensatz innerhalb der rechtlichen Betrachtung. Wir lehnen ab die bloße Betrachtung des Rechts, wie sie sich aus den formulierten technischen Rechtssätzen mit ihren juristischen Relationsbegriffen ergibt; und wir gehen davon aus, daß hinter jedem Komplex von technischen Rechtssätzen mit ihren juristischen Relationsbegriffen ein juristischer Dingbegriff, das Rechtsinstitut, steht, und daß dieses nur verstanden werden kann aus seinem ethischen Gehalt; daß auch die technischen Rechtssätze letztlich juristisch nur interpretiert werden können durch eine Besinnung auf diesen ethischen Gehalt, auf ihr objektives Ethos. Die sogenannte rein juristische Methode steht in Gefahr, mit ihrer Beschränkung auf die technischen Rechtssätze und ihrem bewußten Ausschalten des Gerechtigkeitsgehalts, des ethischen Gehalts dieser Sätze auch das eigentlich Rechtliche aus der sogenannten wahrhaft juristischen Betrachtung der Dinge zu vertreiben. So liegt in unserer Methode kein Heraustreten aus der juristischen Betrachtung, kein Hinübergleiten in eine nicht mehr juristische, sondern politische Betrachtung, sondern im Gegenteil die erneute Selbstbesinnung auf das eigentlich Rechtliche am Recht, welches nur in einem objektiven Ethos gesehen werden kann.

Jellinek-Kiel: Der Hauptreiz jener klassischen Darstellung einer wissenschaftlichen Redefolge, des platonischen Gastmahls, besteht mit darin, daß jeder Redner den Gegenstand der Erörterung nach dem gestaltet, was ihm persönlich am nächsten liegt. So sei es mir erlaubt, einige Punkte meines persönlichen Schaffensgebietes in den Vordergrund zu rücken: die Entstehungsgeszhichte der Reichsverfassung, das Endziel richtiger Gesetzesauslegung und die disziplinarrechtliche Auseinandersetzung zwischen Staat und Hochschullehrer.

Die Entstehungsgeschichte des Art. 118 läßt keinen Zweifel, daß sich das Wort „allgemein“ durch ein Redaktionsversehen eingeschlichen hat. Der Verfassungsausschuß hat das Wort in zweiter Lesung ausdrücklich gestrichen, und der Redaktionsausschuß war es, der ohne Ermächtigung des Ausschusses und ohne dessen nachträgliche Genehmigung es wieder einfügte. Allerdings hat das Plenum der Nationalversammlung das Wort mit beschlossen, aber bei der Schnelligkeit, mit der das Plenum arbeitete, darf man vermuten, daß es die ohne Erörterung angenommenen Artikel im allgemeinen so verstanden wissen wollte, wie sie der Verfassungsausschuß gemeint hatte, dies namentlich dann, wenn eine andere Auslegung zu unüberwindlichen Schwierigkeiten führt. Da ist es von großer Wichtigkeit, daß Kitzinger, noch ehe er die damals noch nicht im Buchhandel erschienenen Ausschußprotokolle kennen konnte, in seinem Kommentare zum Preßgesetze aus logischen Erwägungen zu einer Streichung des Wortes sich genötigt sah. Wohl ist zuzugeben, daß die Lösungsversuche der beiden Herren Berichterstatter viel für sich haben, nur scheint mir namentlich der Vorschlag des Herrn zweiten Redners zu wenig brauchbar für die Entscheidung des Einzelfalles zu sein. Jede Gesetzesdeutung steht aber unter der Idee, daß die Auslegung richtig ist, der die größte Chance der Eindeutigkeit innewohnt. Auch die sachliche Richtigkeit begünstigt selbstverständlich die Eindeutigkeit, aber es gibt Deutungen, die so sehr subjektiven Wertungen Tür und Tor öffnen, daß sie, so geistreich sie sein mögen, für eine auf Durchschnittsauslegungen angewiesene Wissenschaft, wie es die Rechtswissenschaft nun einmal ist, nicht passen, und dazu rechne ich die Deutung des Wortes „allgemein“ im Sinne von „höherwertig“. Eine größere Chance der Eindeutigkeit hat die Auslegung des Herrn ersten Gutachters, zumal sich auch in den Erörterungen zum § 1 GewO. Anklänge an sie finden, aber auch hier macht die Abgrenzung unübersteigbare Schwierigkeiten. Wie soll man z. B. die bloße Meinungsäußerung, ein Bombenanschlag sei etwas Rühmliches, von dessen strafbarer Verherrlichung unterscheiden, die Meinungsäußerung, jemand sei ein Narr, von einer strafbaren Beleidigung? Will man das Wort „allgemein“ nicht einfach als ungeschrieben ansehen, so kann man es am zwanglosesten so deuten, daß schlechthin verboten alle gegen eine bestimmte Person gerichteten Gesetze, die sog. Individualgesetze, sein sollen, z. B. ein Gesetz, das die Veröffentlichung eines ganz bestimmten Werkes verbietet.

Zu Art. 142 sei eine Frage des Disziplinarrechts angeschnitten. Dabei bin ich mit den Herren Berichterstattern der Ansicht, daß sich Art. 142 auch an den Gesetzgeber wendet, zumal schon der kategorische Wortlaut keine andere Deutung zuläßt. Von einer herrschenden gegenteiligen Ansicht kann man trotz des hohen Ansehens der Anschützschen Kommentare zur preußischen und zur Reichsverfassung nicht sprechen, da sich die Wissenschaft mit Art. 142 und seinen Vorgängern noch kaum beschäftigt hat. Wenn man also den Herren Berichterstattern folgt und dem Hochschullehrer unbedingte Freiheit der Forschung und der Lehre zubilligt, wer entscheidet dann im Streite zwischen Hochschulbehörde und Professor, ob ein Befehl der Hochschulbehörde, etwa über die Methode des Unterrichts, die Ausstellung von Übungsscheinen, die Anschaffung von Institutsbüchern, in die Freiheit des Lehrers unzulässigerweise eingreift oder nicht? Nach dem allgemeinen in Preußen geltenden Disziplinarrecht könnte der Professor ungehorsam sein, aber auf eigene Verantwortung, d. h. er wird wegen Ungehorsams bestraft, wenn das Disziplinargericht den Befehl für gerechtfertigt hält, selbst wenn sich der Professor in gutem Glauben befand. Dann würde aber die Freiheit des Professors sich nur quantitativ von der Freiheit eines jeden Beamten unterscheiden. Freiheit der Wissenschaft bedeutet aber, ähnlich wie Freiheit des Richteramtes, mehr, nämlich dies, daß innerhalb gewisser äußerster Grenzen die Überzeugung des Hochschullehrers über die Zugehörigkeit einer Frage zur Wissenschaft auch für den Disziplinarrichter maßgebend sein muß. Es gibt also drei Sphären: Eine Sphäre, die nach Ansicht des Gelehrten und des Disziplinargerichts zur Wissenschaft gehört; hier spricht das Gericht den Gelehrten von der Anklage des Ungehorsams frei; in dieser Sphäre unterscheidet sich der Gelehrte nicht von anderen Beamten, denen etwas nicht Zumutbares befohlen wurde. Eine andere Sphäre gehört so zweifellos nicht mehr zur Freisphäre der Wissenschaft, daß eine trotzdem abweichende Meinung des Gelehrten unmaßgeblich ist. Dazwischen aber liegt eine dritte Sphäre, wo Hochschullehrer und Disziplinargericht verschiedener Ansicht sind, die Ansicht des Hochschullehrers sich aber vertreten läßt. Hier unterscheidet sich der Hochschullehrer, ähnlich wie der Richter, vom sonstigen Beamten. Während der sonstige Beamte in dieser Sphäre des möglichen Zweifels auf eigene Gefahr ungehorsam ist, ist der gutgläubige Ungehorsam des Gelehrten frei von jeder Verantwortlichkeit, denn wenn man wirkliche Freiheit der Wissenschaft will, muß man den Gelehrten nach Möglichkeit auch von den Gefahren befreien, die eine Meinungsverschiedenheit über die Grenzen der Gehorsamspflicht mit sich bringt. Die Ausführungen des Herrn zweiten Berichterstatters scheinen mir im Sinne dieser Auffassung zu liegen. Dem Herrn ersten Berichterstatter wäre ich dankbar, wenn er sich im Schlußwort zu der Frage äußern wollte.

Thoma-Heidelberg: Der Vorstand hatte ursprünglich vorgeschlagen, daß referiert werden solle über die verfassungsrechtliche Verbürgung der Freiheit der Meinungsäußerung. Wir schulden Herrn Rothenbücher Dank dafür, daß er das Thema erweitert und über das Recht der freien Meinungsäußerung referiert hat. So waren er und der Herr Korreferent veranlaßt, über den Rahmen der Verfassungsurkunde hinaus schwierige und wichtige Probleme zu erörtern. — Im großen und ganzen stimme ich mit den Ausführungen Rothenbüchers überein. Bemerkenswert ist, daß sowohl er wie auch Herr Smend unter den „allgemeinen Gesetzen" des Art. 118 nicht nur Strafgesetze verstehen, sondern auch die Generalermächtigungen der Polizeigewalt. Dadurch allerdings wird Abs. 1 Satz 1 des Art. 118 der Polizeigewalt gegenüber leerlaufend und ist ihr gegenüber ein reichsrechtlicher Schutz der freien Meinungsäußerung allein im Reichspreßgesetz zu finden. — Mit dem etwas rätselhaften Satz 2 des ersten Absatzes hat die Auslegung bisher wenig anzufangen vermocht. Erst Rothenbücher hat ihn jetzt, wie mir scheint, scharfsinnig und ergiebig erläutert.

Zu Art. 142: Giese, Anschütz und ich haben bisher gelehrt, daß Art. 142 nicht gemünzt sei auf den beamteten Lehrer der Wissenschaft, daß es sich also hier nicht um ein erweitertes Grundrecht handle. Wenn nun die beiden Referenten mit bemerkenswerten, dogmengeschichtlichen und exegetischen Gründen darzutun suchen, daß gerade die akademische Lehrfreiheit des beamteten Professors durch Art. 142 geschützt werde, so tragen sie eine Lehre vor, die wir wohl alle gerne akzeptieren, wenn es uns gelingt, sie nach nochmaliger Durchdenkung des Problems für juristisch richtig zu halten. Denn es ist ja nicht so, als ob hier in unserem Kreise „liberale" und „antiliberale" Reden gehalten würden. Wir sind hier alle „liberal" in dem Sinne, daß wir die akademische Lehrfreiheit gesichert sehen wollen gegen bürokratische oder parteipolitische Eingriffe oder Unterdrückungen. Die Frage ist allein, ob dies in Art. 142 denn wirklich schon darin steht, so daß man sich darauf verlassen kann; oder ob es nicht darin steht, so daß uns dann die Aufgabe erwächst, den noch fehlenden beamtenrechtlichen und verfassungsrechtlichen Schutz der Lehrfreiheit zu postulieren. Die Schwierigkeit liegt darin, daß Art. 142 die Freiheit der Wissenschaft und ihrer Lehre ganz schrankenlos proklamiert. Das schien den Herren Referenten selber nicht erträglich. Rothenbücher machte Einschränkungen bezüglich der Strafgesetze, Smend sogar zugunsten gewisser Beamtenpflichten, indem er dem Werturteil des Richters anheimgibt, ob und wann das „Grundrechtsgut" hinter anderen Rechtsgütern zurückstehen müsse. Infolge dieser im Wortlaut keineswegs begründeten Aufweichungen des Art. 142 kommen also die beiden Herren Referenten im praktischen Ergebnis fast auf das gleiche heraus, wie Giese, Anschütz und ich.

Den schönen Ausführungen von Smend, daß die Grundrechte ihrer Idee nach eine Reihe von Rechtsüberzeugungen ausdrücken, in denen das ganze deutsche Volk einig sein soll, und daß ihnen insofern eine höhere Weihe zukomme als gewöhnlichen Gesetzen, stimme ich freudig zu. Dieser Sonntagsgedanke enthebt uns aber nicht der Verpflichtung, in nüchterner Werktagsarbeit jeden einzelnen Satz oder Halbsatz der Grundrechtsartikel auf seinen präzisen und haltbaren juristischen Inhalt zu prüfen. Dabei läßt sich nicht vermeiden, jeden einzelnen Satz als „Novelle" zum bisherigen Recht zu behandeln, und ich verstehe nicht, warum Herr Smend die Behandlung der Grundrechte als Novellengesetzgebung tadelt, da sie doch zweifellos keine „Kodifikaton" sind und also — tertium non datur — „Novellen". Beim Art. 142 wird man darauf abheben müssen, was sich die bei der Erlassung der Verfassungsurkunde beteiligten Juristen gedacht haben dürften bei dem Satze „Die Wissenschaft und ihre Lehre ist frei". Herr Smend hat zwar in ungewöhnlich tiefdringenden und feinen Ausführungen gezeigt, daß im Rahmen der evangelischen Theologie und der deutschen idealistischen Philosophie die Lehrfreiheit gerade als eine unantastbare Freiheit des beamteten Pfarrers und des beamteten Gelehrten postuliert und als religiöser oder metaphysischer Wert erfaßt wird. Er hat ihren Sinn und ihre Grenzen erläutert und der Disziplinargerichtsbarkeit fein durchdachte Unterscheidungen und Formulierungen an die Hand gegeben. Aber der Beweis, daß diese Lehrfreiheit nicht nur ein Prinzip des deutschen Beamtenrechts sei, sondern überdies durch die Formel des Art. 142 reichsverfassungsrechtlich garantiert werde, scheint mir dadurch noch nicht erbracht.

Was die Diskussionsrede des Herrn Erich Kaufmann betrifft, so war sie ausgezeichnet durch Originalität und Tiefe. Aber ich muß offen sagen, daß ich vieles davon nicht begriffen habe. Wenn Herr Kaufmann gewisse Rechtsnormen bezeichnet als „konstituierende Realitäten", wenn er uns mahnt, von „Funktionsbegriffen" wieder mehr zu „Substanzbegriffen" zurückzukehren, so ist das für mich sozusagen chinesisch. Ich verstehe es einfach nicht und bin durchaus nicht der einzige in diesem Saale, der es nicht versteht. Ich spreche das aus, weil es doch ein sehr beunruhigendes Symptom der gegenwärtigen wissenschaftlichen Situation ist, daß selbst in einem so engen Kreise spezialisierter Fachgelehrter sich eine solche Kluft des Nichtverstehens der Problematik und der Terminologie der einen Gruppe durch die andere Gruppe auftut.

Frhr. Marschall von Bieberstein-Freiburg i. Br.: Durch die Stellungnahme des Herrn Referenten zu meiner Reichsgründungsrede bin ich genötigt, ein ganz kurzes Wort pro domo zu sagen, weil sonst eine irrige Ansicht sich bei Ihnen festsetzen könnte. Ich muß den Standpunkt vertreten, daß in meinem Fall ein ganz offenkundiger Eingriff in die akademische Lehrfreiheit vorliegt. Der Tatbestand ist einfach: Ich hatte in meiner akademischen Rede, die „vom Kampf des Rechts gegen die Gesetze" handelte, in rein wissenschaftlicher Beweisführung mich gegen den Positivismus gewendet, welcher die Geltung der Rechtsordnung allein auf dem Gesetz (als dem Staatswillen) aufbauen zu können meint, und hatte dabei ausgeführt, daß man dabei unerbittlich an einen Punkt gelangen müsse, wo solche Zurückführung auf das Gesetzesrecht versage und die Rechtssätze gleichsam in der Luft schwebten, wenn man sie nicht aus dem „Recht", d. h. der willensentrückten Rechtsüberzeugung der Gesamtheit ableite. An einem Beispiel aus unserem Reichsrecht suchte ich dies zu veranschaulichen und zeigte, daß man schließlich bei der Weimarer Verfassung ankomme, die doch gerade entgegen dem (bis dahin geltenden) Gesetzeswillen entstanden sei; denn: „an dem Gesetzesrecht gemessen waren objektiv die Willenakte der Usurpatoren, die sich angebliche Gesetzeskraft beilegten, doch nichts als Hochverrat!" Diese Stelle, bei der ich (unnötigerweise) die Namen Ebert und Haase zur Erläuterung noch genannt hatte, hat den in Baden regierenden Parteien nicht gefallen und der demokratische Kultusminister hat ihretwegen ein (auf Dienstentlassung gerichtetes) förmliches Disziplinarverfahren gegen mich eingeleitet. Vielleicht hätte ich dies verhüten können, wenn ich seinem Befehl, mein Manuskript ihm sofort vorzulegen, nachgekommen wäre; doch ich wollte nicht einen für unsere Hochschulen gefährlichen Präzedenzfall schaffen, lehnte daher ab und brachte das Manuskript vor der ihm drohenden Beschlagnahme in Sicherheit. Grundlage des Verfahrens war die Anschuldigung, ich hätte gegen meine Amtspflichten dadurch verstoßen, daß ich in meiner Festrede „verschiedene Einzelheiten" vorgetragen habe, welche „die Empfindungen eines Teils der Hörer zu verletzen geeignet waren". Gleich nach Einleitung der Untersuchung hatte der Minister in die Presse eine (durch das WTB. verbreitete) offiziöse Notiz lanciert, die unter Vorwegnahme des belastenden Ergebnisses behauptete, meine Rede habe „schwere Ausfälle gegen den heutigen Staat und einzelne seiner Repräsentanten" enthalten. Als er bald darauf im Landtag darüber zur Rede gestellt ward, ließ er dort erklären, jene Ausfälle seien „unbestreitbar" und er werde — (ich zitiere wörtlich) „nicht aufhören, es als einen solchen Ausfall zu betrachten, wenn der offizielle Redner in einer offiziellen Hochschulfeier von dem Oberhaupt des Deutschen Reiches behauptet, daß er Usurpator und daß sein Handeln Hochverrat gewesen sei. Der Reichspräsident ist die lebendige Verkörperung des Staates, und ein Angriff gegen ihn trifft zugleich die in ihm verkörperte Staatsordnung . . . Die Herabwürdigung des Staatsoberhauptes war für mich der Hauptanlaß zur Einleitung des Disziplinarverfahrens." — Dieses Verfahren endete freilich dann nach viermonatiger Voruntersuchung mit einer Einstellung, aber der Minister verhängte daneben von sich aus als „Ordnungsstrafe" einen Verweis, — allerdings nicht mehr wegen Verletzung von Empfindungen der Zuhörer, wohl aber, weil ich die Pflicht eines Beamten, „dem Staate und dem Träger der Staatsgewalt mit Achtung zu begegnen", dadurch gröblich verletzt haben soll, daß ich den Reichspräsidenten „als Usurpator bezeichnet und ihn faktisch des Hochverrats geziehen" hätte; angesichts der objektiven Schwere dieses Verstoßes müßte eigentlich Dienstentlassung erwogen werden, wenn nicht subjektive Milderungsgründe mir zugute kämen. Man sieht: eine klare Knebelung wissenschaftlicher Lehrmeinungen unter Berufung auf das Beamtenverhältnis. Oder war hier wirklich, wie die Parteifreunde des Ministers behaupten, nur die Form getroffen? Ich glaube, die Sache; dies beweisen am deutlichsten die vorhin wiedergegebenen Äußerungen Hellpachs im Landtag. — In Kürze wird Ihnen die Rede gedruckt vorliegen; dann werden sie mir beipflichten, daß in jenem Verweis eine Verfassungsverletzung lag.

Mit den beiden Referenten stimme ich im wesentlichen überein, vor allem mit Herrn Smend, dem wir für die Aufdeckung der Verbindungsfäden, die zu den Gedankenkreisen des Idealismus führen, besonderen Dank schulden. Die Rechtssätze, die heute in Art. 142 und Art. 118 verbrieft sind, haben als ungesetztes Recht lange vor der Weimarer Nationalversammlung in Deutschland schon allgemein gegolten. Wenn Thoma, der (in der Festgabe für das OVG.) dem Hochschulprofessor für alles, was er vom Katheder lehrt, den Schutz des Art. 142 weigern will, recht hätte, dann gäbe es eine akademische Lehrfreiheit nicht mehr, nur noch eine nicht-akademische für Privatgelehrte! In Wahrheit ist aber jene akademische Freiheit der Forschung und Lehre fest im Rechtsbewußtsein der Allgemeinheit verankert, und die Hochschulen haben die heilige Pflicht, dies hohe Rechtsgut gegen alle Eingriffe mutig zu schützen.

Triepel-Berlin: Ich hatte eigentlich vor, mich auseinanderzusetzen mit den Referaten, soweit sie sich mit dem Begriff, der „allgemeinen Gesetze“ beschäftigt haben. Ich tue es nicht, sondern möchte gleich zum Allgemeinen kommen, weil es der Gang der Diskussion mir nahelegt. Würde ich auf das Besondere eingehen, so müßte ich bekennen, daß ich mich vorhin etwa in der Lage des preußischen Königs im 18. Jahrhundert befunden habe, der zuhörte, wie zwei Advokaten sich stritten, und der zuerst unbedingt dem einen und dann ebenso unbedingt dem andern recht gab, — nur daß ich zum Glück nicht in der Lage bin, die Unzufriedenheit mit mir selbst, d. h. darüber, daß ich so leicht umgestimmt werden konnte, den Rednern in der drastischen Form entgelten zu lassen, in der es der König tun durfte. Mir war zuerst Rothenbüchers Ansicht einleuchtend, zumal sie sich ungefähr mit der Auslegung deckt, die Häntzschel im Archiv gegeben hat, und die ich bisher für die befriedigendste gehalten hatte. Dann habe ich mich aber auf die Seite des zweiten Referenten geschlagen. Innerlich hat mich die Art gepackt, in der Smend die Dinge angegriffen hat. Anschütz hat vorhin gesprochen von Überschätzung der Grundrechte in unserer Zeit. Ich meine, man könnte auch sagen, daß früher die Grundrechte unterschätzt worden sind. Es ist in der Tat eigentümlich, wie stark heute im Gegensatze zu früher die Grundrechte beachtet werden. Woran liegt das? Einmal an äußeren Gründen. Die Weimarer Verfassung hat ja fast die Hälfte ihrer Artikel auf die Grundrechte verwendet. Die inneren Gründe liegen in der Umgestaltung des Staatswesens und darin, daß der Bürger in der demokratischen Republik auf „Freiheitsrechte“ besonderen Wert zu legen Anlaß hat. Was sind aber die Gründe, daß wir Männer der Wissenschaft uns mehr und mehr in diese Materie vertiefen? Ich weiß nicht, ob es Ihnen so gegangen ist wie mir: ich habe mich früher mit den Grundrechten nicht viel mehr, als es so herkömmlich war, beschäftigt, und habe auch anfänglich die Grundrechte der Weimarer Verfassung mit einer gewissen Geringschätzung angesehen. Denn sie schienen mir in der Fassung unklar, widerspruchsvoll und vielfach ein Kompromißergebnis, nach dem bekannten Worte ein „interfraktionelles Parteiprogramm“ zu sein. Mehr und mehr finde ich jetzt, daß die Grundrechte fast den wichtigsten Bestandteil in der ganzen Verfassung bilden. Vor allem: bei der methodischen Einstellung, der wir uns im Staatsrecht mehr und mehr zuneigen, sind uns die Grundrechte eine unmittelbare Notwendigkeit, zum mindesten eine äußerst wichtige Stütze geworden. Anschütz sagte im

Zusammenhange mit der Besprechung des Artikels über die Reichsflagge, Smend scheine ihm bei dessen Auslegung nicht Staatsrecht, sondern Politik zu treiben. Hier kommen wir auf das, was uns eben trennt: ich meine, es ist nicht Politik, wenn Smend in Art. 3 das ausgesprochen sieht, was er heute morgen daraus entwickelte; sondern er verfährt dabei in einer durchaus rechtlichen Betrachtungsweise. Wir, die wir ebenso wie Smend arbeiten, operieren auf unserem Gebiete mit Werten und drängen nach Herausstellung der im Gesetz festgelegten oder aus ihm erkennbaren Werturteile, mehr als dies die letzte Generation getan hat. In den Grundrechten finden wir für unsere Zwecke eine Fülle von Material. Denn sie enthalten vielfach nichts anderes als legalisierte Wertungen. Solche Legalwertungen sind aber echte Rechtsnormen. Rechtssätze, die wir uns sonst erst mühsam herausarbeiten müßten, liegen hier in großen Stücken im geschriebenen Rechte offen zutage. Wenn man früher die Grundrechte anders angesehen hat, so hat sich das eben geändert. Bei dem Hauptgeschäfte des Juristen, bei Auslegung von Rechtssätzen und bei Ausfüllung von Gesetzeslücken führen uns die Grundrechte auf Maßstäbe, nach denen wir zu urteilen haben. Man sehe sich etwa Art. 129, 163 und manche andere daraufhin an. In Art. 130 sind nicht nur die Verhältnisse des Beamten zum Staate bestimmt, sondern es ist in ihm auch ein Werturteil über das Wesen der Parteien, über das Verhältnis der Parteien zum Staatsaufbau aufgestellt, ein Werturteil, das uns in ganz anderen Zusammenhängen von Bedeutung werden kann. Die Grundrechte sind demnach Sätze, die eine ungeheure praktische Bedeutung gewinnen können. Sie sind jedenfalls Rechtssätze, keine unmaßgeblichen Deklamationen.

Das Verdienst von Smend ist es, daß er ebenso wie Herr Rothenbücher das Rechtliche aus Art. 118 und 142 herausgeholt hat. Ich begrüße besonders lebhaft, daß er seinen Integrationsbegriff für die Grundrechte verwertet hat. Ich wundere mich, daß man seine und Kaufmanns hierauf bezüglichen Ausführungen heute hat unverständlich finden können. Wenn auch die Terminologie der neuen Richtung manchmal etwas schwerfälliger ist, als es wünschenswert wäre, so denke ich mit Dostojewski: das Neue ist nur dann gut, wenn man es nicht gleich begreift.

Nawiasky-München: Ich habe die Ausführungen von Herrn Smend sehr begrüßt, weil sie einen ziemlich klaren Einblick in die von ihm und seinem Kreis vertretene Gedankenwelt eröffnet haben. Sachlich möchte ich indes ein paar Bemerkungen machen. Wenn ich Herrn Smend richtig verstanden habe, so hat er gegenübergestellt den Gedanken der Institution und den der individuellen Schranken für die Einzelnen. Ich glaube aber, daß es sich hier eigentlich gar nicht um einen grundsätzlichen Gegensatz handelt. Worauf es rechtlich ankommt, das kann doch nur eine Verhaltensnorm sein, die Institution kann nur die Bedeutung haben, daß in ihr die Gedanken enthalten sind, die für die Auffassung der Verhaltensnormen maßgebend sind. Die Berücksichtigung dieser Gedanken ist aber durchaus nichts Neues. Man stellt schon von jeher das, was in den Rechtssätzen an großen Gedanken steckt, genügend in den Vordergrund; nicht der Wortlaut ist es, an den sich der gute Jurist hält. Der Jurist fragt vielmehr welcher sachliche Gedanke steht hinter der Norm? In dieser Richtung ist der Gegensatz also nicht so prinzipiell, wie es aussieht.

Was Art. 118 anbelangt, so interessiert mich persönlich die Frage des Beamtenrechts. Gehört das Beamtenrecht zu den allgemeinen Gesetzen, obwohl es sich doch anerkanntermaßen um ein besonderes Gewaltverhältnis handelt. Herr Rothenbücher meint, daß das Beamtenrecht dazu gehört. Ich konnte nicht scharf genug erfassen, worin die Begründung dafür liegt, daß das Beamtengesetz einen allgemeinen Charakter hat. Dazu kommt dann noch: das Beamtenverhältnis ist ein Arbeits- oder Anstellungsverhältnis im Sinne des Abs. 1. In dieser Beziehung hat uns Herr Smend einen an sich bestechenden Gesichtspunkt gegeben, indem er gesagt hat, man müsse nach dem sachlichen Vorrang fragen. Aber sofort erhebt sich die Frage, ob ich die Höherwertigkeit auf der einen oder anderen Seite zu suchen habe, bei dem Interesse des Beamtenrechts an der Bindung oder bei dem Interesse des Einzelnen an der Redefreiheit. Wer gibt mir hier den Gesichtspunkt? Letzten Endes kann auf diesem Wege eben eine klare Antwort nicht gewonnen werden.

Zu Art. 142 meint Herr Smend, daß durch ihn überhaupt jede einfach gesetzliche Einschränkung ausgeschlossen sei, auch wenn sie unter einer anderen Intention getroffen ist. Interessant ist hier, was Herr Kaufmann hervorgehoben hat. Wir stehen auf dem Standpunkt, daß wir ein Eigentumsrecht annehmen, das von vornherein durch die Schranken des Gemeinschaftsinteresses begrenzt ist. Könnte man nicht analog sagen? Wenn wir von der Freiheit von Kunst und Wissenschaft sprechen, so nehmen wir auch die selbstverständlichen Beschränkungen im Sinne des Gemeinwohls mit in den Begriff hinein? Herr Smend wird das aber ablehnen. Um eine Einschränkung vorzunehmen, wäre dann ein verfassungsänderndes Gesetz notwendig. Folge: Verbot der Vivisektion, von Experimenten mit explosiblen Stoffen, Eingriffen in das keimende

Leben nur durch verfassungsänderndes Gesetz zulässig, soweit hier rein wissenschaftliche Intentionen vorliegen. Steht man nicht auf diesem Standpunkt, sondern auf dem, daß man einfach gesetzliche Einschränkungen zuläßt, dann gibt es ferner keine Differenzierung zwischen Reichs- und Landesrecht. Dann ist aber auch § 20 der bayerischen Verfassung gültig. Dessen Fassung geht sogar weiter zugunsten der Wissenschaft, als die der Reichsverfassung, weil hier die Intentionen, die durch die gesetzliche Beschränkung verfolgt werden können, scharf begrenzt sind.

Giese-Frankfurt: Ich möchte nur über einen Punkt sprechen, in dem ich mit den beiden Herren Referenten nicht ganz einig bin: Sie sind beide als Vertreter der politischen Methode zu höflich, zu zurückhaltend gewesen in der Kritik der konstruktiv-juristisch gehaltenen Kommentare zur Reichsverfassung. Ich darf hier kurz, wie auch Herr v. Marschall es getan hat, in eigener Sache und gleichzeitig für Herrn Anschütz sprechen. Wir beide haben den Eindruck, daß unseren Kommentaren doch vielfach der Vorwurf der einseitigen Begriffsjurisprudenz gemacht wird. Dem möchte ich folgendes entgegenhalten: Es ist ein großer Unterschied, ob man eine Vorlesung hält oder einen Kommentar schreibt. Ich bin zwar der Meinung, daß man sich in der Vorlesung heute keineswegs mehr damit begnügen kann, konstruktive Juristerei zu treiben, sondern daß man unbedingt politisch-dynamische Erwägungen stark mitsprechen lassen muß. Bei Kommentaren dagegen muß man sich meines Erachtens auf ersteres beschränken. Herr Smend hat mich mit seinen Ausführungen über Art. 3 der Reichsverfassung davon überzeugt, daß man sich gerade hier, wenn man juristisch-konstruktiv vorgeht, auf eine recht dürftige Ausbeute beschränken muß, daß man juristisch nur weniges aus der Vorschrift herausholen kann. Anderseits scheinen mir aber doch die Ausführungen des Herrn Smend zu Art. 3 weit über das Juristische und selbst über das Dynamische hinausgegangen zu sein. Was er ausgeführt hat, gehört gewiß noch in die staatsrechtliche Vorlesung hinein, aber nicht in einen kleinen Kommentar, dessen engbegrenzter Raum kaum für die rein rechtlichen Ausführungen, oft nicht mal für deren Andeutung Platz genug bietet.

Schlußwort **Rothenbücher**-München: Ich danke Ihnen für das, was Sie zu unserer Belehrung beigebracht haben. Gestatten Sie, daß ich zu einigen der aufgeworfenen Fragen Stellung nehme.

Zu dem von Herrn Koellreutter erwähnten Fall der Grabschrift. Wir haben in München einen ähnlichen Fall gehabt, als dem wegen Hochverrats verurteilten Bayerischen Oberstlandesgerichtsrat Ernst Pöhner von seinen Freunden eine Grabschrift gesetzt wurde, die lautete: „Ernst Pöhner das dankbare Vaterland". Von meinem Standpunkte aus wäre in beiden Fällen zunächst zu prüfen, wie weit lediglich eine Tatsache behauptet wird oder wieweit die Äußerung einer Meinung in dem von mir umschriebenen Sinn vorliegt.

Herr Jellinek hat zu der Akademischen Lehrfreiheit des Hochschullehrers die Ansicht vertreten, daß innerhalb gewisser Grenzen die Überzeugung des Hochschullehrers über die Zugehörigkeit einer Frage zur Wissenschaft für den Disziplinarrichter maßgebend sein müsse; der gutgläubige Ungehorsam des Gelehrten solle frei von jeder Verantwortlichkeit sein. Ich vermag dieser Auffassung aus allgemeinen rechtlichen Gründen nicht beizutreten. Der gute Glaube des Hochschullehrers mag bei der Strafzumessung vielleicht berücksichtigt werden, allein nur der Richter (in Bayern sind in dem Disziplinargerichte auch Beamte des Geschäftsbereichs des Ministeriums vertreten, dem der Beschuldigte untersteht) kann darüber entscheiden, wo die Grenze läuft, die die Rechtsnorm gezogen hat.

Auf die Ausführungen von Herrn von Marschall, die sich auf seinen Streit mit dem Badischen Unterrichtsministerium anläßlich seiner Rede zur Reichsgründungsfeier bezogen, habe ich nicht einzugehen. Es konnte sich bei meinen Darlegungen nur darum handeln, die grundsätzliche Einstellung der beteiligten Behörden nach der amtlichen Veröffentlichung mitzuteilen. Ob das Ministerium sich an die von ihm selbst dargelegte grundsätzliche Rechtsauffassung gehalten habe und ob es sie zutreffend angewandt habe, dazu habe ich nicht Stellung genommen. Zu den Darlegungen Herrn von Marschalls über den Inhalt dessen, was er in jener Festrede vorgetragen hat, möchte ich nur eines sagen: Ich glaube, daß ein jeder von uns im Kolleg den Standpunkt vertritt, daß die Weimarer Verfassung nur, nachdem ein Rechtsbruch vollzogen war, zustande gekommen ist, und die Meinung, daß das Verhalten Eberts und Scheidemanns rechtlich Hochverrat war, ist von mir auch literarisch vertreten worden.

Zu der Frage Herrn Nawiaskys, ob ich das Beamtenrecht als ein allgemeines Gesetz bezeichne, und mit welcher Begründung ich dies tue: Meines Erachtens ist das Beamtenrecht als solches nicht ein „allgemeines Gesetz", wohl aber enthält es Rechtssätze, die „allgemeine Gesetze" sind, weil sie nicht als besondere Normen auf den Schutz des Staates oder Dienstes vor der Äußerung bestimmter Meinungen, sondern überhaupt auf den Schutz staatlicher Interessen gerichtet sind, die gegen jede, gleichviel durch welche Betätigung erfolgende Gefährdung sichergestellt werden sollen. So ist der nicht geschriebene aber tatsächlich bestehende Satz, daß die Dienstgeschäfte ununterbrochen erledigt werden müssen, daß Unterordnung unter die Weisungen der Vorgesetzten besteht, daß es daher nicht zulässig ist, zeitraubende und aufhaltende Erörterungen über die Richtigkeit der einzelnen Maßnahmen hervorzurufen, ein allgemeines Gesetz, durch das mittelbar auch die Vertretung von Meinungen betroffen wird. Der Satz, daß der Beamte sich auch außerhalb des Amtes durch sein Verhalten der Achtung, die sein Beruf erfordert, würdig zu erweisen habe, beschränkt die Freiheit seines Verhaltens in den verschiedensten gar nicht erschöpfend angebbaren Richtungen und ist daher, weil nicht gegen die Meinungsäußerung als solche gerichtet, ein allgemeines Gesetz. Also der Umstand, daß jemand in einem besonderen Gewaltverhältnis steht, stellt nicht ein „allgemeines Gesetz" dar, im Gegenteil: es ist gerade die Absicht der Verfassung, auch gegenüber besonderen Gewaltverhältnissen das Grundrecht der Meinungsäußerung zu gewährleisten.

Ob ich annehmen darf, daß meine Auslegung des Art. 118 insbesondere hinsichtlich des Fortbestehens der Generalklausel in dem Maße, wie Herr Thoma freundlich erklärte, mit der von ihm vertretenen Rechtsauffassung übereinstimme, weiß ich nicht.

In der Frage der Lehrfreiheit freue ich mich, mit Herrn Smend im wesentlichen einig zu sein. Vor allem sind sehr dankenswert auch seine historischen Darlegungen, die vielleicht doch Herrn Anschütz Anlaß geben, noch einmal in eine Prüfung der Frage einzutreten. Ich bin mit Smend einig in der These 3a und c, stimme ihm im besonderen auch zu hinsichtlich des § 20 der Bayer. Verf.-Urkunde. Dieser Paragraph ist ungültig vom Standpunkt unserer Rechtsauffassung aus, weil Art. 142 RV. nach unserer Auffassung auch jede Beschränkung durch ein einfaches Gesetz ausschließt. Dagegen ist vom Standpunkt der herrschenden Auffassung aus § 20 von Bedeutung, sofern er nämlich der Verwaltung Verbote auferlegt und auch den Gesetzgeber in der Ausübung des Gesetzgebungsrechtes verfassungsmäßig beschränkt.

Dagegen habe ich Bedenken bei der These 3b, sofern der Zusatz gemacht ist „im Sinne des deutschen Idealismus". Man kann diesen Zusatz lediglich als Feststellung von etwas Historischem nehmen. Falls dies gemeint ist, möchte ich eine Erörterung nicht eröffnen — bemerke nur: Ich bin nicht davon überzeugt, daß die Lehrfreiheit nur aus der Anschauungsweise des sogenannten deutschen Idealismus hervorgehe. Dagegen müßte ich widersprechen, wenn der Zusatz rechtlich gemeint sein sollte. Denn einmal ist der Begriff deutscher Idealismus durchaus nicht scharf umschrieben und die meisten Menschen, die ihn gebrauchen, haben hierüber eine höchst unklare Vorstellung. Es gibt nicht Wenige, die, weil sie sich selbst für ideal gesinnt halten, sich als Vertreter des deutschen Idealismus bezeichnen. Sodann aber müßte, wenn der Zusatz juristisch gemeint wäre, deshalb widersprochen werden, weil darin eine Beschränkung der Lehrfreiheit auf Gelehrte, die auf dem Boden des deutschen Idealismus stehen, erblickt werden könnte.

Zu den mündlichen Darlegungen Herrn Smends möchte ich nur kurz bemerken: Wenn er sagt, es genüge „der Nachweis der Intention der wissenschaftlichen Forschung", so kann ich dem zustimmen, wenn ich auch nicht verkenne, daß es immer unangenehm ist, wenn man auf ein Gesinnungsmerkmal abstellen muß.

Bedenken habe ich gegen Berufung auf Paulsen in der auch von mir angeführten Stelle „Der Lehrer des Staatsrechts usw. müsse ein positives Verhältnis zum Staate haben". Da ist zu fragen: Zum Staate als einer irgendwie gearteten menschlichen Ordnung überhaupt oder zu einem bestimmten historischen Staate? Wenn es im letzteren Sinne gemeint sein sollte, so würde ich widersprechen. Denn dann wäre die Politisierung möglich; ein Staatsrechtslehrer, der das deutsche Staatsrecht, wie wir es heute haben, völlig korrekt und juristisch einwandfrei vorträgt, müßte beanstandet werden, wenn er etwa die gegenwärtige Staatsform im übrigen ablehnt und sie für ein Ungück Deutschlands betrachtet.

Mit den übrigen Stellungnahmen Herrn Smends kann ich nicht einig gehen. Es ist ja schon festgestellt worden, daß hier im Grunde zwei verschiedene Betrachtungsweisen einander gegenüberstehen. Ich bekenne, daß ich als Jurist gemäß dem inneren Gesetze, das unsere Wissenschaft beherrscht, danach trachte, möglichst scharf und bis in die Einzelheiten eine Antwort auf auftauchende Rechtsfragen geben zu wollen. Von diesem Standpunkte aus ist mir nicht klar, wieso das Recht der freien Meinungsäußerung ein Grundrecht vor allem des Gemeinschaftslebens, nicht so sehr der Einzelperson sein soll, und ich bin mir nicht klar darüber, was dieser Gegensatz überhaupt bedeutet. Sodann aber muß ich mich wenden gegen die These 2b. Was sind „Gesetze mit sachlichem Vorrang"? Herr Smend verweist, wenn ich ihn recht verstanden habe, auf höhere Werte der Gemeinschaft. Gut, das kann ich annehmen, aber hier fängt doch eben die Arbeit an der Aufgabe an, die uns heute gestellt worden ist, nämlich zu zeigen, welche Gesetze es sind, die den sachlichen Vorrang vor dem Rechtssatz der freien Meinungsäußerung haben.

Herr Smend hat gesagt, er glaube, daß die geistige Epoche, zu deren Begleiterscheinungen das Recht der akademischen

Lehrfreiheit gehöre, vielleicht schon in absehbarer Zeit zu Ende gehe. Mag sein — ich betrachte Prophetie nicht als meine Aufgabe. Für mich, der ich hier zu sagen habe, was rechtens ist, ist diese Erwägung, die ja auch Smend wohl nur als historisches Raisonnement genommen wissen wollte, ohne Belang. Allein ich möchte dieser historischen Betrachtung eine andere entgegenstellen, die wirklich zurück in die Geschichte weist. Im Jahre 1908 wurde das Recht der akademischen Lehrfreiheit auf dem ersten deutschen Hochschullehrertag in Salzburg behauptet und inhaltlich in ähnlicher Weise umschrieben wie heute. Damals hat sich eine Anzahl von Hochschullehrern, vor allem auch der Berliner Universität ferngehalten. Heute hat uns das Referat Herrn Smends und im wesentlichen doch die Haltung der Teilnehmer dieser Versammlung gezeigt, daß wir in diesem Punkte nunmehr einig gehen. Wir hoffen, daß wir damit zuverlässige Freunde der akademischen Lehrfreiheit gefunden haben.

Schlußwort **Smend**-Berlin: Er verteidigt seine Auslegung des Begriffs „allgemein" in Art. 118 gegen die Einwendungen, sie sei unjuristisch und widerspreche dem Grundsatz, daß die eindeutigste Auslegung die beste sei. Diese Einwände seien Folgerungen aus dem Grundsatz des Formalismus, die Rechtsbegriffe tunlichst zu entleeren, ihre möglichst formallogische, mechanische Auslegung zu bevorzugen. Das möge in technischen Spezialgesetzen eine nützliche Regel für den Gesetzgeber sein. Der Ausleger dagegen dürfe nicht grundsätzlich zu der verantwortungslosen, ungeistigen Flucht vor den sachlichen Problemen in angebliche Regeln formaler Rechtslogik erzogen werden, wo die anzuwendenden Begriffe nicht unzweideutig rein formal gemeint seien. Das seien sie viel seltener, als der Formalismus wahrhaben wolle. Insbesondere aber in den Grundrechten seien sie es ganz und gar nicht — hier gelte vielmehr grundsätzlich die im Mitbericht näher ausgeführte Regel, daß es sich hier um geisteswissenschaftlich auszulegende Begriffe von größter geistesgeschichtlicher Fülle handle.

Aus diesem Zusammenhang ergebe sich auch die Antwort auf die von Thoma gestellte Frage, ob die Grundrechte als Kodifikation zu verstehen seien. Allerdings seien sie als der Versuch einer Festlegung eines kulturellen Systems, eines bestimmten geschichtlichen Wertkonstellationssystems gemeint und auszulegen. Aber der technische Begriff der Kodifikation, der ausschließlich ein solcher der technischen Spezialgesetzgebung sei, sei auf sie nicht anzuwenden.

Im allgemeinen liege die Schwierigkeit für Erörterungen über einzelne Folgerungen der neuen staatsrechtlichen Denkweise darin, daß diese noch nicht in einer systematischen Arbeit grundsätzlichen Charakters auf breitere staatsrechtliche Stoffmengen angewendet sei. Daraus erkläre sich die in der Erörterung betonte Schwierigkeit der Verständigung für ihre Gegner. Daraus auch der in der Erörterung dem zweiten Bericht über Art. 142 gemachte Vorwurf, es handle sich in ihm um „liberale Reden" (obwohl er sorgfältig lediglich Geistesgeschichte einer- und gegenwärtige Verwaltungspraxis anderseits zur Aufklärung der Rechtslage wiederzugeben suche), um eine „Renaissance des Naturrechts" (obwohl die naturrechtlich-liberale Auffassung des Grundrechts auf das schärfste zugunsten der idealistischen abgelehnt worden sei), und es werde hier Staatsrecht mit Ethik und Politik verwechselt. In dieser Hinsicht nehme die neue Denkweise gerade in Anspruch, eine kritische Methode zu sein im Gegensatz zu einer bisher herrschenden unkritischen. Der bisherige Formalismus sei, abgesehen von seiner kritischen Durchführung durch die Normlogiker, mit Notwendigkeit befangen in einer Vermengung bewußter, aber unfruchtbarer formaler Logik einerseits mit unbewußtem, unkritischem und deshalb um so gefährlicherem sachlichem Denken anderseits, das sich bei näherer Untersuchung zum Teil als mechanistisch-naturalistischer Art, zum Teil aber gerade als unkontrolliertes politisches Werturteil der von der neuen Methode planmäßig bekämpften und zu überwindenden Art herausstelle.

III. Zweiter Beratungsgegenstand.

Der Begriff des Gesetzes in der Reichsverfassung.

1. Bericht von Privatdozent Dr. Hermann Heller in Berlin.

Eine Definition des Gesetzesbegriffs wird man in der Reichsverfassung selbstverständlich vergeblich suchen. Die Verfassung enthält neben der Abgrenzung von Reichs- und Landesgesetzgebung lediglich Normen über die Organisation der Gesetzgebung, sowie eine Reihe von Sondervorbehalten des Gesetzes; der Gesetzesbegriff selbst ist in ihr vorausgesetzt. Als weniger selbstverständlich werden wir zu zeigen haben, daß auch und erst recht in keinem andern Gesetz eine solche Definition gefunden werden kann.

Es ist die Aufgabe der folgenden Ausführungen, eine Bestimmung des Gesetzesbegriffs zu geben. Um nur halbwegs dem Umfang dieser Aufgabe gerecht zu werden, müssen sie sich einer aphoristischen Diktion befleißigen und manches Wichtige ungesagt sein lassen. Das vorstehende Referat Smends, dem ich in allen wesentlichen Punkten freudig zustimme, versetzt mich in die Lage, auf rechtsphilosophische Erörterungen verzichten und mich fast ausschließlich rechtshistorischen und positivrechtlichen Erwägungen hingeben zu können.

Die herrschende Lehre.

Eine herrschende Lehre von seltener Einmütigkeit, alle Kommentare und Systeme der Reichsverfassung behaupten, daß es einen einheitlichen Gesetzesbegriff nicht gäbe, sondern zwei „sich schneidende", keinem gemeinsamen Oberbegriff untergeordnete, lediglich durch das gleiche Wort verbundene durchaus verschiedene Gesetzesbegriffe: einen materiellen und einen formellen. Beide sollen praktisch und theoretisch gleichberechtigt und unentbehrlich sein. Unter einem materiellen Gesetz sei zu verstehen jede Rechtsnorm „gleichviel von wem und wie sie gegeben ist, woher sie stammt, welches Gewand sie trägt[1])". Hiernach sollen materielles Gesetz und Recht

---

[1]) Anschütz i. Wrtb. d. St. u. Verwr. Art. Gesetz.

„Wechselbegriffe“ sein, als materielles Gesetz also auch jeder Völkerrechtssatz des allgemeinen und Vertragsvölkerrechts, alles Gewohnheitsrecht und jede statutarische Satzung gelten. Formelles Gesetz dagegen nennt die herrschende Lehre jeden Akt der Legislative, lediglich seiner Ursprungsform wegen, ohne jedwede Rücksicht auf seinen Inhalt. Danach gäbe es formelle, die zugleich materielle Gesetze sind, also eine Rechtsnorm zum Inhalt haben, aber auch „rein formelle“ Gesetze, die etwas anderes, nämlich „Nichtrechtssätze“ enthalten. Als solche Nichtrechtsnormen werden genannt Verwaltungsakte, Akte der Rechtsprechung und Gesetze ohne normativen Inhalt.

Abgesehen von Stier-Somlo[1]), der den materiellen Gesetzesbegriff noch unterteilen will, ist eine Opposition gegen diese Lehre in der Literatur der Reichsverfassung nicht vorhanden. Mit der in unserer Wissenschaft wahrhaft wunderbaren Harmonie ist es allerdings aus, sobald man untersucht, was der herrschenden Meinung an Begriffen und nicht nur an Worten gemeinsam ist. Das gleiche Gesetz wird von dem einen als bloß formell, von dem andern als auch materiell bezeichnet. Vor allem aber sind es die beiden Grundvoraussetzungen dieser Lehre, die Theorie des Rechtssatzes und die der materiellen Staatsfunktionen oder Hoheitsrechte, die im einzelnen durchaus bestritten sind.

Es ist nicht leicht, einen kurzen Überblick über den Stand der Lehre zu geben, auch wenn man sich nur an die führenden Schriftsteller hält und nicht alle Lesefrüchte produziert. Gewisse Willensakte des Staates werden Rechtssätze genannt, andere Normen, und dritten wird jeder normative Charakter abgesprochen. Was aber ein Rechtssatz ist, darüber gehen die Meinungen weit auseinander. Laband, der die Zweiteilung des Gesetzesbegriffs in der Wissenschaft heimisch machte, hat es in seinem umfangreichen Schrifttum umsichtig und sorgfältig vermieden, diesen grundlegendsten Begriff sowohl seiner Lehre, wie der gesamten Rechtswissenschaft irgendwie zu definieren. Auch Georg Jellinek, der sich Labands Auffassung grundsätzlich anschloß, gibt ex professo keine Definition des Rechtssatzes, läßt aber aus folgenden Sätzen seine Ansicht schließen: „Hat ein Gesetz den nächsten Zweck, die Sphäre der freien Tätigkeit von Persönlichkeiten gegeneinander abzugrenzen, ist es der sozialen Schrankenziehung wegen erlassen worden, so enthält es die Anordnung eines Rechtssatzes, ist daher auch ein Gesetz im materiellen Sinne; hat es jedoch einen anderen Zweck, so ist es kein materielles, sondern nur ein formelles Gesetz, das seinem Inhalt nach als Anordnung eines Verwaltungsaktes, oder als ein Rechtsspruch sich charakteri-

[1]) Reichs- u. Landesstaatsr. I, 323ff.

siert[1])." Im engsten Anschluß an Jellinek versteht Anschütz unter einem materiellen Gesetz oder Rechtssatz diejenige staatliche Norm, deren nächster Zweck Abgrenzung von Willenssphären ist[2]). Anschütz ist dieser Auffassung allerdings nicht treu geblieben. An anderer Stelle unterscheidet er im Gesetzesinhalt zwischen „Rechtsnormen" und „Nichtrechtsnormen", wobei die ersteren Vorschriften sein sollen „in denen der Staat sich mit Geboten oder Verboten an die Untertanen wendet um zwischen ihnen (Privatrecht) oder zwischen ihnen und sich (öffentliches Recht) die Grenze des Dürfens und Müssens festzusetzen; — Nichtrechtsnormen in dem hier vorschwebenden Sinne sind solche Vorschriften, mittels denen der Staat, ohne in Freiheit und Eigentum der Untertanen einzugreifen, lediglich die Einrichtung und das Verfahren seiner Organe ordnet. (Verwaltungsvorschriften.)"[3])

Die in Freiheit und Eigentum eingreifenden Normen kennzeichnen also einen zweiten, von Anschütz verwendeten Rechtssatzbegriff, dem die subjektive, auf den Zweck des Gesetzgebers abstellende Seite des ersten Rechtssatzbegriffs fehlt. Über einen dritten, in der herrschenden Theorie sich findenden Rechtssatzbegriff wird noch zu sprechen sein[4]).

Die skizzierte Lehre hängt auf das engste zusammen mit der Lehre von den drei materiell verschiedenen Hoheitsrechten des Staates, die formal an verschiedene Organe verteilt sind. Die Legislative, so wird gelehrt, ist materielle Rechtssetzung, die Justiz Rechtssprechung, der Begriff der Verwaltung oder Vollziehung aber könne materiell nur negativ bestimmt werden als der Rest der staatlichen Tätigkeit, der nach Abzug von Rechtssetzung und Rechtssprechung übrigbleibt. Die Gewaltenteilung sei allerdings bei uns nicht streng durchgeführt, indem die Legislative auch verwalte, z. B. den Etat und Anleihen beschließt, oder rechtspreche, indem sie Verfassungsstreitigkeiten entscheidet. Daraus ergebe sich die Notwendigkeit der Zweiteilung des Gesetzesbegriffs.

Die herrschende Lehre beabsichtigt also durch Aufstellung eines materiellen Gesetzesbegriffs eine theoretisch-logische Grenze zu ziehen zwischen der Gesetzgebung auf der einen und der Rechtssprechung und Verwaltung auf der andern Seite. Ihr Sinn besteht darin, auf wissenschaftlichem Wege den Vorbehalt des Gesetzes zu bestimmen.

Die theoretischen und praktischen Folgen dieser Lehre sind überaus bedeutend und weitverzweigt. Der Rechtssatz-

---

[1]) Gesetz und Verordnung 240.
[2]) Kritische Studien zur Lehre vom Rechtssatz[2], 33.
[3]) Art. Gesetz.
[4]) Unten S. 130.

begriff spielt in jedes juristische Problem hinein, der Gesetzesbegriff aber entscheidet — um nur einiges aufzuzählen — über die staatsrechtliche Stellung der Legislative, eventuell auch des Volksbegehrens[1]), über das Souveränitätsproblem, das Budgetrecht des Parlaments, die juristische Wertung zahlreicher Grundrechte, über die Stellung des Staatsgerichtshofs, über die Auffassung der Fürstenenteignung usw. usw.

Literarische Gegner der herrschenden Lehre sind nur wenige aufgetreten. Neben den nicht genügend fundierten Angriffen eines Martitz und Zorn ist an erster und auch heute noch hervorragendster Stelle Albert Haenel[2]) zu nennen, dessen glänzende Ausführungen einer erstaunlich geringen Achtung begegnet sind. Daß ein Vierteljahrhundert später Erich Kaufmanns Artikel „Verwaltung" in Stengel-Fleischmanns Wörterbuch die Voraussetzungen der Zweiteilungslehre angriff, scheint kaum jemand gemerkt zu haben. Nimmt man noch gewisse Bedenken Thomas und gelegentliche Bemerkungen Carl Schmitts hinzu, auf welche beide wir noch zurückkommen, so dürfte die Zahl der literarischen Angriffe erschöpft sein.

Die historisch-politischen Grundlagen des konstitutionellen Gesetzesbegriffs.

Einen einheitlichen und klaren Gesetzesbegriff gibt es erst im konstitutionellen gewaltenteilenden Rechtsstaate. Alle, bei manchen Schriftstellern beliebten Deduktionen aus dem Wort Gesetz, aus seiner Übereinstimmung mit dem Wort Naturgesetz oder etwa dem Recht- und Sittengesetz im Sinne Kants sind bedeutungslos. Lediglich der Gegensatz eines vom populus oder princeps willkürlich gesetzten Gesetzesrechts zu einem traditionellen, oder von unserer Willkür unabhängigen Naturrecht dürfte ein durchgängiger sein. Es verdient bemerkt zu werden, daß die Anschützsche Ansicht, materielles Gesetz und Recht seien „Wechselbegriffe", es ginge die Gleichsetzung von Gesetz und Recht durch alte und neue Zeiten hindurch[3]), in dieser Allgemeinheit sicher unrichtig ist. Daß das klassische römische Recht sehr scharf zwischen lex und jus geschieden hat, lehrt ein Blick in Heumann-Seckels Handlexikon zu den Quellen des römischen Rechts. Für unsere Auffassung von besonderer Bedeutung ist es aber, daß für das republikanische Rom unbestritten der Satz des Gajus (I § 3) gilt: lex est, quod

[1]) Vgl. Carl Schmitt, Volksentscheid und Volksbegehren 43f., dessen Ausführungen ich allerdings nicht beitreten kann.

[2]) Martitz, Über d. konst. Begriff d. Ges. 1880, Zorn, Hirths Annalen 1885, 1889. Haenel. Das Gesetz in form. u. mat. Sinne 1888.

[3]) Art. „Gesetz".

populus jubet atque constituit. Und um noch einen der Größten aus dem Beginn der modernen Staatsentwicklung zu zitieren, so hören wir von Bodin sehr präzis formuliert: „plurimum distat lex a jure: jus enim sine iussu ad id quod aequum, bonum est, lex autem ad imperantis majestatem pertinet. Est enim lex nihil aliud quam summae potestatis iussum[1]).

Tatsächlich ist der konstitutionelle Gesetzesbegriff in England, Frankreich und Deutschland erst ein Produkt der bürgerlichen Revolution[2]). Von seinen beiden kontinentalen Voraussetzungen wurde die erste, nämlich möglichste Zentralisation der rechtsetzenden Gewalt in der Hand der Staatsleitung, Souveränität, majestas des Staats gegenüber Kirche und intermediären Gewalten, im großen und ganzen vom Absolutismus geschaffen. Bodins Worte bezeichnen sehr gut dessen Programm.

Die zweite Voraussetzung des konstitutionellen Gesetzesbegriffs bildet die Verselbständigung und Überordnung einer vom „Volke" abhängigen Legislative über Justiz und Verwaltung. Organisatorisch zum Teil vom Absolutismus vorbereitet, ist diese Voraussetzung doch erst das Werk des revolutionären Konstitutionalismus. Zunächst wurde in England durch die Vernichtung des selbständigen königlichen Verordnungsrechts die Supremacy of Law begründet, dann in Frankreich durch die Theorie Montesquieus und die große Revolution der moderne Rechtsstaat geschaffen. Der zur politischen Macht strebende tiers état wollte den Staat entscheidend mitbestimmen und verstand im Kampfe gegen die absolutistische Rechtsetzung unter dem Konstitutionalismus mit seinem „Vorrang des Gesetzes" die Überordnung der vom Volk autonom zumindest mitbeschlossenen, das gesamte Staatsleben regelnden Norm über alle anderen Staatsakte. Herrschaft des Gesetzes hieß Herrschaft oder mindestens Mitherrschaft des Volkes. Erst mit der Verwirklichung dieses Postulats ist die zweite Voraussetzung des konstitutionellen Gesetzesbegriffs gegeben. Der konstitutionelle Gesetzesbegriff läßt sich deshalb nur aus der Institution des nachrevolutionären Rechtsstaates verstehen.

Man hat in neuerer Zeit völlig übersehen, daß der klassische Rechtsstaatsbegriff zwei Gedankenreihen aufweist. Die erste entspringt dem Autonomieideal des naturrechtlichen Immanenzdenkens, das als Rechtsstaat unabhängig von der Staatsform denjenigen Staat bezeichnet, in dem das sich selbst bestimmende Volk als einheitlicher Träger der Gemeinschaftswerte den Ge-

---

[1]) De Republica, I. 8, Ausg. 1599, S. 159.
[2]) Erich Kaufmann, Wrtb. Art. Verwaltung.

setzen realiter oder idealiter seine Zustimmung erteilt. Es darf nicht vergessen werden, daß die moderne konstitutionelle Theorie auf dem Boden der Volkssouveränitätslehre erwachsen und die Trennung von Liberalismus und Demokratie erst im 19. Jahrhundert eingetreten ist[1]). Nach Montesquieu sollte die gesetzgebende Gewalt dem „Peuple en corps" zustehen, „comme dans un état libre tout homme qui est censé avoir une âme libre doit être gouverné par lui même"[2]). Und in der Erklärung der Menschenrechte vom 26. August 1789 Art. 6 hieß es: „la loi est l'expression de la volonté générale". Für diesen, nennen wir ihn materiellen Rechtsstaatsgedanken, ist also das, was das Volk als Legislative über sich beschließt dem Staatsvertrag als dem „Probierstein der Rechtmäßigkeit" entsprechend, deshalb rechtmäßiges Gesetz, weil und sofern es der sittlich sich selbstbestimmenden Vernunft entspringt, weil und sofern es die Willkür ausschließt, also gerecht ist. Eben deshalb soll das autonome Gesetz den Vorrang über alle anderen Staatsakte haben. Die Volkslegislative wird nicht als „formales Organ" sondern als Repräsentation der Entscheidungseinheit „Volk" verstanden; Form und Inhalt des Gesetzes sind nicht zu trennen. Es ist der Rechtsstaatsgedanke, der in Deutschland bis 1848 herrschend blieb, noch von Mohl vertreten und in seiner Geschichte und Literatur der Staatswissenschaften[3]) mit Recht bis Grotius zurück verfolgt worden war. Der Gesetzesbegriff dieses klassischen Rechtsstaatsgedankens war an einem materiellen Rechtsideal orientiert, am ethisch-politischen Ideal der Freiheit und Gleichheit.

Der Esprit des lois kennt neben diesem materiellen Rechtsstaatsbegriff, der Montesquieu mit Rousseau, Kant und Fichte verbindet, noch ein organisationstechnisches Rechtsstaatsprinzip. „La liberté politique," sagt Montesquieu, „ne se trouve que dans les gouvernements modérés"[4]). Es ist die sogenannte Gewaltenteilung, die keineswegs ein inhaltliches Rechtsideal, sondern lediglich ein technisches Mittel zur Durchführung eines solchen und zur Verbürgung der Rechtssicherheit, der Sekurität darstellt, die „Gewißheit der gesetzmäßigen Freiheit" sichert, wie Wilhelm von Humboldt einmal sagt. Diese beiden Seiten des klassischen Rechtsstaatsgedankens finden sich bei Montesquieu, wenn er z. B. für die richterliche Gewalt einerseits fordert, daß der Verbrecher bei „grandes accusations" sich gemeinschaftlich mit dem Gesetze die Richter selbst auswählen

---

[1]) Gierke, Genossenschaftsrecht IV, 472. Meine polit. Ideenkreise 72.

[2]) Esprit XI, 6.

[3]) I, 227ff.

[4]) Esprit, XI, 4.

oder mindestens so viele von ihnen verwerfen dürfe, daß die übrig bleibenden als von ihm selbst gewählt erscheinen; die Rechtsprüche aber müßten als nichts anderes erscheinen, „qu'un texte précis de la loi"; andernfalls man ja nicht wüßte „précisément les engagements que l'on y contracte[1])". So war für Montesquieu das mit bestimmten, politisch-ethischen Forderungen erfüllte Autonomieideal Zweck, die Gewaltenteilung aber nur technisches Mittel, um die Gesetzesherrschaft ungetrübt zur Erscheinung zu bringen.

Als nun die französische Nationalversammlung 1789 dem Antrag Robespierres entsprechend das Gesetz annahm, wonach ihre vom König sanktionierten Dekrete den einheitlichen Namen loi tragen sollten, begründete Desmeuniers die Würde dieses Namens damit, daß er „annonce l'acte auquel tous les peuples doivent être soumis[2])". Damit sollten keine „an sich" der Gesetzgebung vorbehaltenen Inhalte gekennzeichnet, sondern lediglich gesagt sein, daß die obersten, das Staatsleben determinierenden Rechtssätze als „Gesetze" von der Volksrepräsentation beschlossen werden müssen. Dieser Zusammenhang des Gesetzes mit der werttragenden volonté générale ist von konstituierender Bedeutung; er ist es auch, der jeden Brückenschlag zwischen konstitutionellem und absolutistischem Gesetzesbegriff ausschließt.

Die Theorie des Aufklärungsnaturrechts unternahm nun den Versuch, das Verhältnis des Gesetzes zu den übrigen Staatsakten zu rationalisieren, um so die der Volksrepräsentation zugehörige Machtsphäre zu sekurieren und der Gesetzgebung einen apriorischen Inhalt zu geben. So z. B. Montesquieu und Rousseau, die übrigens in Anlehnung an sehr alte Vorbilder für jedes Gesetz eine die Gesamtheit bindende allgemeine Regel forderten. Den gleichen Gedanken finden wir bei Kant wieder[3]), hier in bewußter Analogie zum logischen Schlußschema, in welchem das Gesetz die Stelle des abstrakt allgemeinen Obersatzes einnimmt. Diese naturrechtliche Rationalisierung des Gesetzesbegriffs ist die historische Hauptwurzel der Lehre vom zweigeteilten Gesetzesbegriff. Denn daß die Legislative auch nichtallgemeine Gesetze gab, war bei der für die ganze Entwicklung des Rechtsstaats entscheidenden Bedeutung des Etatgesetzes und der Privilegiengesetze von vornherein klar. Man mußte also für solche „nicht eigentliche Gesetze" eine besondere Kategorie zur Verfügung stellen. Diese logische Abgrenzung zwischen eigentlichen und uneigentlichen

---

[1]) Esprit, XI, 6.

[2]) Jellinek, a. a. O. 75.

[3]) Vgl. Jellinek, a. a. O. 51ff. Kant, Rechtslehre, § 55f. Hubrich, Preuß. Staatsr. 114ff.

Gesetzen hatte keine Bedeutung für die politische Machtverteilung in denjenigen Staaten, in welchen ein traditioneller Vorbehalt des Gesetzes anerkannt war oder die Revolution das monarchische Prinzip zunächst beseitigt und die entscheidende Mitwirkung des Parlaments bei der Gesetzgebung im allgemeinen gesichert hatte. Ganz anders in den deutschen Staaten. Hier entbrannte der Kampf zwischen dem Fürsten und den Ständen um das selbständige Rechtssetzungsrecht des ersteren; hier wurde nun auch der bedeutsame Versuch gemacht mittels der auf den Frh. vom Stein zurückgehenden Formel „allgemeine neue Landesgesetze, welche die Freiheit und das Eigentum der Staatsangehörigen betreffen", diejenigen Rechtssätze auszusondern, die der landständischen Zustimmung bedurften[1]). Welche Rechtssätze dazu gehören sollen, das wurde allerdings nicht theoretisch festgestellt, sondern die sich gegenseitig beeinflussende Praxis der mitteleuropäischen Staaten entwickelte darüber feste konventionelle Vorstellungen. So wurde die rationalistische Grenzziehung durch einen praktisch-konventionellen Vorbehalt des Gesetzes ersetzt. Nachträglich bemühte sich die Theorie, diesem konventionellen Gesetzesbegriff logische Merkmale abzugewinnen. Es ist heute vom aktuellsten Interesse, wie Welcker über dieses wissenschaftliche Unternehmen bereits im Jahre 1838 in der ersten Auflage des Rotteck-Welckerschen Staatslexikons (Artikel „Gesetz") urteilt. Die in der Literatur kaum beachteten Ausführungen vertreten die Meinung, man könnte zwar „in der Theorie recht gut teils formelle, teils materielle, d. h. von dem Gegenstande der Verfügungen hergenommene Unterscheidungen zwischen Gesetzen und Verordnungen machen. Man kann z. B. mit Zachariae (Vierzig Bücher 22, 4) sagen: ‚Gesetze sind bleibende und allgemeine Vorschriften', oder auch mit anderen: ‚sie sind Bestimmungen in abstracto, nach Begriffen und für zukünftige Fälle', oder man kann sie materiell bestimmen: ‚es sind Vorschriften, welche Freiheit und Eigentum der Bürger betreffen oder beschränken.' Auch bemühen sich unsere deutschen Publizisten auf das Äußerste, diese und ähnliche mehr oder minder scharf und vollständig bestimmte Unterscheidungsmerkmale aufzustellen. Sobald man aber mit diesen schönen papiernen Theorien in die Praxis kommt und den fast unentwirrbaren Streit der Regierungen und der Stände über diesen Gegenstand über ihre ausschließliche oder über ihre mitwirkende Zuständigkeit bei gewissen öffentlichen Vorschriften zu lösen versucht, so zeigen sie sich als ungenügend für diese ihre wichtigste Aufgabe."

---

[1]) Thoma, Festgabe f. O. Mayer 175f.

Es war also die Unterscheidung von materiellen und formellen Gesetzen zum Zwecke der Feststellung des gesetzlichen Vorbehalts auch dem Wortlaut nach schon in den dreißiger Jahren des vorigen Jahrhunderts bekannt gewesen — und mit beachtlichen Gründen abgelehnt worden. Pfizer[1]), der als einer der Vorläufer der heutigen Theorie gilt, war noch fest davon überzeugt, die Gesetzgebung habe es „immer nur mit mehr oder minder allgemeinen Normen zu tun". Und noch um 1886 konstatiert Seligmann[2]), daß die Mehrzahl der Rechtslehrer an dem Postulat der Allgemeinheit festhielte. Inzwischen hatte sich aber die Theorie bereits um ein anderes Kriterium des materiellen Gesetzes bemüht und heute stehen nur sehr vereinzelte Vertreter des rationalistischen Allgemeinheitspostulats gegen die herrschende Meinung, welche, allerdings nicht immer konsequent, die Forderung der Allgemeinheit verwirft[3]). Es war Laband, der 1871 in seinem für die Zweiteilung des Gesetzesbegriffs bis heute maßgeblichen Budgetrecht[4]) mit Nachdruck das Kriterium sowohl der personellen Allgemeinheit wie das der Dauer ablehnend, mit „logischer Notwendigkeit" diejenige Äußerung des Staatswillens ihrer „inneren Natur" nach als Gesetz erkennen will, deren Inhalt „ein Rechtssatz, eine Norm zur Regelung oder Entscheidung von Rechtsverhältnissen ist". Von diesem Satz nimmt die heute herrschende Lehre ihren Ausgangspunkt. Mit ihm ist zugleich ihre gesamte Problematik aufgerollt, die darin besteht, daß für Laband der konventionelle Gesetzesbegriff bereits so selbstverständlich geworden war, daß er durch ihn und seine Schule logisch verabsolutiert werden konnte.

Auch hier darf die politische Wurzel der Labandschen Lehre nicht vergessen werden. Ist der konstitutionelle Gesetzesbegriff im Ganzen ein Ergebnis der bürgerlichen Revolution, so ist Labands Budgetrecht und Gesetzesbegriff das Produkt des von Bismarck siegreich für die preußische Krone ausgekämpften Budgetkonfliktes.

Kritik der herrschenden Lehre.

Die herrschende Lehre von der Zweiteilung des Gesetzesbegriffs ist theoretisch unhaltbar, praktisch teils bedeutungslos, teils gefährlich.

Theoretisch höchst bedenklich ist es bereits, zwei völlig disparate Begriffe mit dem gleichen Wort zu bezeichnen. Wenn

---

[1]) Steuerverwilligung 1836, S. 17.

[2]) Staatsgesetz u. Vertrag I, 62.

[3]) Die Vertreter der herrschenden Lehre bei Wenzel, Jur. Grundprobl. I, 134, A. 2.

[4]) S. 3f.

Laband[1]) behauptet, die Verwendung desselben Ausdrucks für zwei so verschiedene Dinge erkläre sich durch den Satz, daß Anordnungen von Rechtssätzen von rechtswegen der Regel nach nur auf dem verfassungsmäßig bestimmten Wege erfolgen dürfen, so rechtfertigt dieser Satz eben nur einen einheitlichen Gesetzesbegriff und gerade das nicht, was er rechtfertigen soll.

Die herrschende Lehre ist aber unhaltbar vor allem deshalb, weil es ihr von Montesquieu bis heute nicht gelungen ist, eine haltbare Theorie der materiellen Staatsfunktionen zu begründen. Wenn man das „Wesen" der Rechtssetzung darin erblickt, daß sie Rechtssätze setzt, so ist mit allerdings wenig Mitteln so lange nichts erreicht, solange die Kriterien des Rechtssatzes nicht klargestellt sind. Daß das Merkmal der Allgemeinheit für den Rechtssatzbegriff nicht zulangt, hat die herrschende Lehre oft und ausführlich genug dargelegt. Da diese Ansicht aber neuestens u. a. von Kelsen und Carl Schmitt[2]) wieder erweckt worden ist, muß ich, ohne oft Gesagtes zu wiederholen, kurz auf sie eingehen. Der materielle Rechtsstaatsbegriff fordert, daß das Gesetz Ausdruck des gemeinen Willens sei. So wenig nun die volonté générale identisch ist mit der volonté de tous, so wenig ist diese identisch mit einer volonté pour tous. Daß die obersten Normen in einer Gemeinschaft in der Regel auch die allgemeinsten sind, ist vom Standpunkt des Rechtssatzbegriffs eine organisationstechnische Zufälligkeit, die lediglich damit zusammenhängt, daß dem Gesetzgeber in der Regel eine genügende Abstraktionsbasis zur abstrakt allgemeinen Formulierung seiner Gesetze gegeben ist. Nur das sich Wiederholende, sowie das im voraus Berechenbare kann in allgemeinen Sätzen normiert werden. Der nicht vorauszusehende und singuläre Fall ist seinem Wesen nach zwar nicht zu normalisieren, muß aber oft von der Gesetzgebung normiert werden. Carl Schmitt hat in seinem „Parlamentarismus"[3]) bemerkt, die ganze Lehre vom Rechtsstaat beruhe auf dem Gegensatz eines generellen vorher aufgestellten alle bindenden ausnahmslos und prinzipiell für alle Zeiten geltenden Gesetzes zu einem von Fall zu Fall und mit Rücksicht auf besondere konkrete Verhältnisse ergehenden persönlichen Befehl. Diese Vorstellung des Gesetzes gründe sich „auf jene rationalistische Unterscheidung des Generellen und Singulären, und die Vertreter rechtsstaatlichen

---

[1]) Staatsrecht 5, II, 64; Somlo, (Jur. Grundlehre 345), bemüht sich, diesen Mangel rügend, unter Beibehaltung der Zweiteilungslehre um die Formulierung eines Grundbegriffs des Gesetzes.

[2]) Kelsen, Allg. Staatslehre 231ff., Carl Schmitt, vgl. d. folg. Anmerkungen. Ferner O. Mayer, Verwaltungsrecht I² 67, Thoma, Polizeibefehl I, 60f., W. Jellinek, Gesetz, Gesetzesanwendung usw. 142ff.

[3]) Die geistesgeschichtliche Lage des Parlamentarismus, 31ff.

Denkens sehen ohne weiteres im Generellen an sich den höheren Wert". Konstitutionelles und absolutistisches Denken hätten an dem Gesetzesbegriff ihren Prüfstein. Allerdings nicht an Labands formellem Gesetz, „sondern an einem nach logischen Merkmalen bestimmten Satz. Die entscheidende Distinktion bleibt immer, ob das Gesetz ein genereller rationeller Satz ist oder ein Befehl. Und wenn gerade eine unter Beteiligung der Volksvertretung zustande gekommene Anordnung Gesetz heißt, so hat das seinen Sinn, weil die Volksvertretung, d. h. das Parlament, seine Beschlüsse im Wege des Parlamentierens durch Abwägung von Argument und Gegenargument findet, und seine Beschlüsse infolgedessen logisch einen anderen Charakter haben als ein nur auf die Autorität sich gründender Befehl". Abgesehen davon, daß hier ein, übrigens nur angeblicher, Unterschied in der psychologischen Entstehung von Gesetz und Befehl — gibt es doch einen Gesetzesbefehl! — als ein logischer behauptet wird, offenbaren diese Sätze die schwache Seite der Schmittschen Kritik am Parlamentarismus. Die ideelle Grundlage des Parlamentarismus ist ebensowenig das bloße Parlamentieren, wie die Lehren vom Rechtsstaat und konstitutionellen Gesetzesbegriff auf dem logischen Gegensatz des Generellen und Singulären beruhen. Beide haben ihre Legitimitätsgrundlage in dem Glauben an die sittliche Vernunftautonomie des Volkswillens, dem die parlamentarische Methode nur deshalb als adäquat erscheint, weil die geistige Diskussion, ob mit Recht oder Unrecht, für geeignet gehalten wird, den physischen Gewaltkampf hintanzuhalten. Da Carl Schmitt im übrigen weit davon entfernt ist, im Generellen an sich den höheren Wert zu sehen, wäre man versucht, seine Ausführungen lediglich ideengeschichtlich zu verstehen; tatsächlich sind sie aber dogmatisch gemeint. In seinem Rechtsgutachten über die Gesetzentwürfe zur Fürstenabfindung behauptet Schmitt, es sei „eine einfache Wahrheit, daß das Gesetz ein Minimum von Inhalt haben muß und nicht einfach eine individuelle Entscheidung sein darf. Sonst wäre eben der Gesetzgeber nicht mehr vom Richter unterschieden"[1]). Daß Schmitt Arm in Arm mit Kelsen die rationalistische These vertritt, Gesetz und Urteil unterschieden sich durch die Quantität ihres Inhalts, daß auch Schmitt in der quantitativen Allgemeinheit eine Garantie der qualitativen Richtigkeit sieht, muß angesichts seiner sonstigen Geisteshaltung Wunder nehmen. Ist es doch letztlich die formalistische Ethik, die jener Überbewertung des Allgemeinen zugrunde liegt und blind macht für Existenz und Bedeutung dessen, was Simmel das individuelle Gesetz genannt

---

[1]) Unabhängigkeit des Richters usw. 10.

hat[1]). Schmitts Berufung auf die französische Staatslehre dürfte ihm wenig nützen; schon Thoma[2]) hat darauf hingewiesen, daß die Franzosen ihren materiellen Gesetzesbegriff keineswegs dazu verwenden, um die Frage nach dem materiellen Vorbehalt des Gesetzes zu entscheiden[3]). Wenn Schmitt zur gediegeneren Fundierung seiner Theorie den Gleichheitssatz heranzieht und Gesetze mit diesem im Widerspruch erklärt, „die weiter nichts enthalten als konkrete gegen individuelle bestimmte Personen gerichtete Einzelentscheidungen"[4]), so ist damit die Begründung allerdings plötzlich vom Logischen ins Ethische verschoben, aber trotzdem nicht richtiger geworden. Denn nun kommt alles darauf an, was im Gegensatz zum Gleichheitsideal als Willkür bezeichnet wird, bzw. ob der Willkürbegriff im Sinne Schmitts logisch formalisiert werden kann[5]). Daß dies weder zutrifft z. B. im Falle des Art. 51 RV., (Regelung der Vertretung des Reichspräsidenten durch Gesetz), noch für ein Indemnitätsgesetz, weder für die gesetzliche Enteignung der Fürsten von Hannover und Hessen, noch für die durch Gesetz vom 28. Dezember 1866 erfolgte Dotation Bismarcks und fünf namhaft gemachter Heerführer, noch etwa für die wirtschaftliche Unterstützung bestimmter Personen bei großen Katastrophen, wird man gewiß nicht bestreiten können[6]). Tyrann ist nicht, wie Carl Schmitt behauptet, wer individuelle Entscheidungen außerhalb der Gesetze, sondern derjenige, der sie willkürlich und gegen bestehende Gesetze trifft.

Richtig ist, daß der Gleichheitssatz ein ethisches Konstitutionsprinzip des Rechtssatzes ist, der in diesem Sinne immer Allgemeinheit postuliert, auch wenn die Geschichte nur einen einzigen Anwendungsfall darbietet. Der Rechtssatz, der dem Kaiser die Rückkehr in die Republik verbietet, müßte auch für zehn Kaiser gelten. Diese Gerechtigkeitsallgemeinheit ist aber, wie das Beispiel zeigt, für den Gesetzesbegriff nicht entscheidend. Aus guten Gründen hat deshalb die herrschende Lehre seit einigen Jahrzehnten das Postulat der Allgemeinheit

---

[1]) Simmel, Das individuelle Gesetz, Logos IV, 2, Scheler, Formalismus in der Ethik[2] 508ff.

[2]) A. O. 172, A. 8.

[3]) Vgl. Duguit, Droit const.[2], II, 140ff. mit höchst unzulänglicher Begründung des Allgemeinheitspostulates, aber umfangreichem Literaturnachweis. Gegen die Zweiteilung sehr gut Malberg, Contribution à la Theorie Générale de l'Etat I, 276f., 314f. Ferner Holstein, Festschrift f. Zitelmann 357f.

[4]) Unabhängigkeit usw. 22, Jur. Wsch. 1926, 2271.

[5]) Wobei noch die einzelnen Bedeutungen von „Allgemeinheit" (Gegensätze: kurze Dauer, auf bestimmte Einzelne oder auf den Einzelfall gemünzt) nach dem Vorgange von Thoma, Polizeibefehl, 60ff. auseinanderzuhalten wären.

[6]) Vgl. Leibholz, Arch. Ö. R. N. F. 12, 33.

für den Gesetzesbegriff grundsätzlich aufgegeben und nach einem anderen Kriterium gesucht. Im Gegensatz zum formellen, so lautet die heutige Lehre, soll das materielle Gesetz einen „Rechtssatz" enthalten, bzw. mit einem solchen identisch sein. Es kommt nun nicht weniger als alles darauf an, wie die herrschende Lehre den Rechtssatzbegriff bestimmt. Fällt ihr Rechtssatzbegriff, so muß auch die Zweiteilungslehre selbst fallen.

Wir haben zur herrschenden Lehre im Grunde schon Stellung genommen, als wir feststellten, daß sie zugleich mit zwei, und nach Bedarf sogar noch mit einem dritten Rechtssatzbegriff arbeitet, die sich untereinander widersprechen. Hinzu kommt, daß jeder einzelne der drei Rechtssatzbegriffe durchaus unhaltbar ist. Das Postulat der Allgemeinheit haben wir eben besprochen. Die von G. Jellinek begründete und von Anschütz ausgebaute Lehre, welche als Rechtssatz jene Norm bezeichnet, die den nächsten Zweck der sozialen Schrankenziehung hat[1]), muß innerhalb des Rechtsgebietes notgedrungen einen juristisch absolut unfaßbaren Unterschied machen zwischen Rechtsnormen oder Rechtssätzen einerseits und Nichtrechtsnormen oder Nichtrechtssätzen andererseits; sie muß mit dem Gesetzesbegriff den Rechtsbegriff selbst teilen! Daß eine Rechtstheorie, die „Nichtrechtssätze" zum Gegenstande haben soll, sich selbst aufhebt, liegt wohl auf der Hand. Man bedenke ferner, daß diese Lehre ihre Distinktion von der psychologischen Willensrichtung des die Norm erlassenden Organs „im Augenblick der Erlassung"[2]) abhängig macht, eine juristische Unmöglichkeit, welche die scharfe Kritik Kelsens vollauf verdient. Schließlich aber muß festgestellt werden, daß entweder gar keine oder alle sozialen Normen den gleichen Zweck haben[3]). Ähnliche Einwände erheben sich gegen den dritten, auf ein objektives Kriterium zielenden Rechtssatzbegriff, der als Unterscheidungsmerkmal das Eingreifen in Freiheit und Eigentum der Bürger behauptet. Denn daß der ganze Staat nur dadurch existiert, daß die als Nichtrechtsnormen bezeichneten Gebilde Normen sowohl für die Organe wie auch für die Bürger sind, die ihren Willen binden, also in ihre Freiheit eingreifen, kann nur bestreiten, wer ihnen die „Geltung" abstreitet und den Staat mit seinen beamteten Organen verwechselt. Alle drei Rechtssatzbegriffe erweisen sich als willkürliche Einschränkungen eines theoretisch haltbaren Rechtssatzbegriffs.

Dieses Ergebnis war auf Grund unserer historischen Darstellung vorauszusehen; hatte diese doch gezeigt, wie ein historisch-konventionell bestimmter Umkreis von Rechtssätzen

---

[1]) Vgl. Jellinek oben S. 99, Anschütz, Kritik 33.
[2]) Anschütz, a. a. O., 36.
[3]) Vgl. die Beispiele bei Anschütz, a. a. O., 33.

zu einem theoretischen Rechtssatzbegriff logisch verabsolutiert wurde. Die durch Bismarcks Budgetkonflikt geschaffene Machtlage, sowie die Tradition, hatten die Konvention über den materiellen Vorbehalt des Gesetzes erheblich eingeschränkt, und der materielle Gesetzesbegriff Labands und seiner Schule bemühte sich, dieses halbabsolutistische Ergebnis logisch zu rechtfertigen. Geht doch die Behauptung dieser Lehre, kurz gesagt, dahin, daß materielles Gesetz und Rechtssatz nur das seien, was die Untertanen bindet, während die den „Staat", d. h. die Staatsorgane bindenden Normen „Nichtrechtssätze", bestenfalls also formelle Gesetze seien. Anschütz' Ausführungen bestätigen durchaus den absolutistischen Hintergrund dieser Lehren. Nach ihm ist z. B. für einen Rechtssatz kein Raum, „insofern nur die Sphären der Behörden untereinander abgegrenzt werden", wobei einmal „Staat" und „oberste Organe" identifiziert, dann der Monarch als „Subjekt alles staatlichen Imperiums" angesprochen wird. Nimmt man noch hinzu, daß er mit der herrschenden Lehre der Meinung ist, die Zuwiderhandlung gegen ein formelles Gesetz involviere an sich noch keine Rechtsverletzung[1]), so rundet sich das Bild der staatlichen Machtverteilung, welche die politische Bedingung dieser Lehre ist. Die beiden Rechtssatzformeln der herrschenden Lehre gehören dem Gedankenkreis eines höchst primitiven Konstitutionalismus an, in welchem dem Untertan nur Freiheit und Eigentum seiner privatesten Sphäre bedeutsam waren. Sobald er seine Freiheit auch politisch verstand, war mit jenen Rechtssatzformeln nichts anzufangen.

Daß der herrschende Begriff des materiellen Gesetzes und Rechtssatzes „theoretisch-logisch" unhaltbar ist, hat bereits Thoma[2]) klar erkannt; nichts sei verkehrter, meint er, als der verbreitete Irrtum, dieser Rechtssatzbegriff lasse sich irgendwie theoretisch, logisch, philosophisch bestimmen; „ein Irrtum der unsere bedeutendsten Staatsrechtslehrer in unfruchtbare Streitigkeiten verwickelt hat". Nachdem so der Lehre von Laband-Jellinek-Anschütz das Fundament entzogen war, resignierte Thoma plötzlich, indem er von diesem theoretisch-logisch unhaltbaren Rechtssatzbegriff behauptete, er gelte „praktisch-verfassungsrechtlich". Da meines Wissens keine einzige moderne Verfassung die Zweiteilung des Rechts- und Gesetzesbegriffs ausdrücklich rezipiert hat[3]) und die praktisch-

[1]) Kritik 29, 79f., 39. [2]) Festg. f. O. Mayer 176.

[3]) Daß auch der Schweizer Verfassung, deren Wortlaut (Art. 84: „Bundesgesetze" und „Bundesbeschlüsse") den Zweiteilungsgedanken zur Bestimmung des gesetzlichen Vorbehalts nahelegen könnte, diese Unterscheidung fremd ist, zeigt gerade Seeger, Z. Lehre v. form. u. mat. Ges., Zeitschr. f. Schweiz. R. N.F. 45, 353ff.

verfassungsrechtliche Geltung jenes Rechtssatzbegriffs nur das Ergebnis einer von Thoma als unhaltbar erkannten Theorie ist, so bedeutet seine Resignation nichts anderes als die Kapitulation der besseren vor der schlechteren Theorie.

Der auf diesen Rechtssatzbegriff gegründete materielle Gesetzesbegriff bedarf aber noch in anderer Richtung der Kritik. Die Gleichung materielles Gesetz = jede Rechtsnorm, sei sie völkerrechtlicher, gewohnheitsrechtlicher oder sonstiger Natur, ist in Wahrheit das symmetrische Korrelat der formalistischen Aushöhlung des konstitutionellen Gesetzesbegriffs durch willkürliche Ausdehnung dieses Gesetzesbegriffs. Die herrschende Lehre pflegt sich für diese Ausdehnung auf den Sprachgebrauch unserer Gesetzestexte zu berufen. Wenn nun tatsächlich nach dem Vorbild des preußischen ALR., das als absolutistische Kodifikation den Satz „Gesetz im Sinne dieses Gesetzbuches ist jede Rechtsnorm" zugrundelegt, die Einführungsgesetze des BGB. und der Reichsjustizgesetze (EG. z. BGB. a. 2, zur ZPO. a. 12, z. StPO. a. 7, z. KO. a. 2) ähnlich formulieren, so kann diese Spezialbestimmung durchaus nicht als geeignet angesehen werden, einen besonderen staatsrechtlichen Gesetzesbegriff zu kreieren. Ist es doch noch keinem Staatsrechtlehrer eingefallen, etwa auf Grund EG. z. BGB. a. 5 einen eigenen Begriff des Bundesstaats zu konstruieren, weil es in jenem Artikel heißt, im Sinne des BGB. gelte als „Bundesstaat" auch das Reichsland Elsaß-Lothringen. Die ratio beider Bestimmungen ist die gleiche: der Gesetzgeber wollte für seine spezifisch gesetzestechnischen Zwecke eine zivilistische oder prozessuale Abbreviatur schaffen. Wir kommen auf diesen rein materiellen, nicht-formellen Gesetzesbegriff in der Reichsverfassung noch zurück.

Unsere kurze kritische Übersicht hat bisher den herrschenden Rechtssatzbegriff als untauglich erwiesen zur Begründung der Zweiteilungstheorie des Gesetzesbegriffs; er beruht auf einer willkürlichen Einschränkung eines theoretisch haltbaren Rechtssatzbegriffs und einer ebenso willkürlichen Ausdehnung des konstitutionellen Gesetzesbegriffs. Die Kritik des formellen Gesetzesbegriffs, der wir uns nun zuwenden, hat sich zunächst mit den sogenannten rein formellen Gesetzen zu beschäftigen. Ihr Kernpunkt ist der Gedanke von der angeblich „unbeschränkten Variabilität des Gesetzesinhalts"[1]. Mit einem ungewöhnlichen Radikalismus behauptet Laband[2], „es gäbe keinen Gedanken, welcher nicht zum Inhalt eines Gesetzes gemacht werden könne".

---

[1]) Anschütz, Kritik 88.

[2]) Staatsrecht II[6], 63.

Als Inhalt derartiger rein formeller Gesetze werden genannt: Verwaltungsakte, Rechtsprechungsakte der Legislative und Gesetze ohne normativen Inhalt. Mit besonderem Nachdruck weist die herrschende Lehre auf die sogenannten „Gesetze ohne normativen Inhalt" hin; als solche aber werden angeführt der seit Eisele[1]) so genannte „unverbindliche Gesetzesinhalt". Obzwar nun die herrschende Lehre immer von „Gesetzen" ohne normativen Inhalt, oder von „unverbindlichen Gesetzen" spricht[2]), so bringt sie als Belege doch nie etwas anderes vor als Gesetzespartikel mit (oft nur angeblich) nichtnormativem Inhalt. Ein Gesetz ist aber eine Ganzheit. Und wenn es zweifellos Begriffsdefinitionen, Tatsachenkonstatierungen, Programme usw. enthält, die einmal zur Konkretisierung seiner Rechtsgebote notwendig, das andere Mal nur eine überflüssige Geschwätzigkeit des Gesetzgebers sein mögen, so ist mit dem Nachweis, daß es Gesetzesteile ohne normativen Inhalt gibt, noch in keiner Weise der Nachweis erbracht, daß es derartige „Gesetze" gibt. Allerdings, einmal hat Laband in einer Kritik ein angebliches Beispiel eines ganzen Gesetzes ohne normativen Inhalt angeführt[3]). Es handelt sich um das preußische Gesetz vom 4. Juli 1876, das im § 1 der Staatsregierung die Ermächtigung erteilt, mit dem Deutschen Reich Verträge abzuschließen, durch welche die Rechte des Staates an Eisenbahnen auf das Reich übertragen werden. Der § 2 erklärt, daß für die erwähnten Vereinbarungen die Genehmigung der beiden Häuser des Landtags vorbehalten bleibe. Ich will nicht untersuchen, ob Laband, wie sonst, auch hier die staatsrechtliche Ermächtigung mit der zivilrechtlichen Vollmacht verwechselt. Zugegeben, daß es sich tatsächlich in diesem Falle nur um eine Resolution ohne normativen Inhalt handelt, zugegeben, daß außer diesen noch andere ähnliche Akte der konstitutionellen Legislative, die tatsächlich keinen normativen Inhalt haben, sich mit einiger Mühe auffinden lassen, alles das zugegeben, sehe ich für die Theorie in keiner Weise die Nötigung, in solchen Fällen von Gesetzen zu sprechen, sondern lediglich die Nötigung zu der Feststellung, daß in diesem Falle Kundgebungen irgendwelcher Art das Gesetzeskostüm mißbraucht haben. Ein nicht normativer Akt der Legislative ist so wenig ein Gesetz, wie die als Ritterburg gebaute Grunewaldvilla eine Burg ist. Bezeichnenderweise stammt die trostlose Auseinanderreißung von Form und Inhalt in Architektur wie Jurisprudenz aus der gleichen Zeit.

---

[1]) Arch. f. ziv. Praxis 69, 279.

[2]) Anschütz, Kritik 40, Jellinek a. a. O. 232, Seligmann, a. a. O. 39.

[3]) Arch. Ö. R. I, 183.

Es gibt eben sehr viele Gedanken, die zum Inhalt eines konstitutionellen Gesetzes nicht gemacht werden können!

Als weitere rein formelle Gesetze werden angeführt Verwaltungs- und Rechtsprechungsakte in Gesetzesform. Die Voraussetzung dieser wie der gesamten Zweiteilungslehre bildet die Behauptung von der Existenz materieller Staatsfunktionen, eine Auffassung, die schon Erich Kaufmann meines Erachtens endgültig widerlegt hat[1]). Bei der gebotenen Kürze sei es mir gestattet, mich auf Kaufmanns Ausführungen lediglich zu berufen. Nach der herrschenden Lehre soll also ein Gesetz formell heißen, wenn es z. B. materiell einen Rechtsspruch enthält. Wodurch unterscheiden sich aber materiell Rechtsprechung und Rechtssetzung? Im Gegensatz zu Laband, der im Rechtsspruch als der verbindlichen Feststellung eines Rechtsverhältnisses stets einen Rechtssatz sieht, behauptet Anschütz[2]), das richterliche Urteil sei eine „logische Schlußfolgerung", in der sich keine befehlende, sondern lediglich eine „konstatierende" Staatstätigkeit kundgäbe. G. Jellinek[3]) wiederum meint, alle Rechtsprechung sei ihrer „Natur" nach an das geltende Recht gebunden, dem Richter im materiellen Sinn deshalb der Weg, auf dem er den der Urteilsfällung zugrundeliegenden Tatbestand erforschen soll, durch Rechtsregeln vorgeschrieben. Jellineks Ansicht wird durch die Existenz von allen möglichen innerstaatlichen und zwischenstaatlichen Schiedsgerichten widerlegt. Auf Anschütz' Ansicht kommen wir zurück; sie darf aber schon durch die Freirechtslehre als endgültig widerlegt gelten[4]). Davon abgesehen finde ich seine Behauptung, Gesetze, welche sich als materielle Rechtsprechungsakte qualifizieren, seien „zwar nicht ohne Rechtswirkung, aber ohne normativen Inhalt"[5]), juristisch unbegreiflich. Da schließlich nach Labands Ansicht materielles Gesetz jede verbindliche Anordnung eines Rechtssatzes heißt, jedes Urteil aber einen Rechtssatz darstellt, so ergibt sich z. B. im Falle des Art. 76, II der Bismarckschen Verfassung überhaupt kein Wesensunterschied zwischen Rechtssetzung und Rechtsprechung, und die Voraussetzung der gesamten Labandschen Zweiteilungslehre, die Theorie der materiellen Staatsfunktionen hebt sich selbst auf.

Wie steht es nun mit der Lehre von den formellen Gesetzen, die Verwaltungsakte zum Inhalt haben? Solange die herr-

---

[1]) Art. Verwaltung.

[2]) A. a. O. 47.

[3]) A. a. O. 246.

[4]) Vgl. schon Bülow, Gesetz und Richterspruch 4f., 28ff.; heute vor allem Merkel, Die Lehre von der Rechtskraft 181ff. u. die dort Genannten.

[5]) A. a. O. 48.

schende Lehre selbst eingesteht, das „Wesen“ der Verwaltung positiv nicht bestimmen zu können, solange sie außerdem über einen brauchbaren Rechtssatzbegriff, der doch das principium divisionis abgeben müßte, nicht verfügt, erscheint auch dieser Teil der Lehre mehr oder weniger willkürlich und unfundiert. Im übrigen erfolgt die Kritik des formellen Gesetzesbegriffs nach dieser Richtung im Zusammenhang mit der Besprechung der angeblich formellen Gesetze in der Reichsverfassung.

Bisher hat sich ergeben, daß die Begriffe des rein materiellen, nichtformellen Gesetzes, ebenso wie der Begriff des rein formellen, nicht normativen Gesetzes mindestens überflüssig, meistens aber auch verwirrend und schädlich sind. Erscheint es somit sehr wahrscheinlich, daß wir der herrschenden Lehre die Flügelpartien werden beschneiden müssen, so wird es sich dann vor allem um die Frage handeln, ob die übrigbleibende Mitte nicht unter einen einheitlichen Gesetzesbegriff zu bringen ist.

Rechtsstaat und Gesetz.

Einer klaren Erkenntnis von der Bedeutung des Gesetzesbegriffs im Rechtsstaate steht heute die politische Degeneration des Rechtsstaatsgedankens im Wege. Mußte doch Thoma[1]) im Jahre 1910 den Rechtsstaatsbegriff für die Staatslehre erst neu entdecken! In der Zeit bis zu dieser Entdeckung war aber der Sinn des klassischen Rechtsstaatsgedankens vergessen worden und die Staats- und Verwaltungsrechtswissenschaft unterscheidet heute wie zwischen den beiden Gesetzesbegriffen, so auch zwischen einem formellen juristischen und einem materiellen Rechtsstaatsgedanken, den sie politisch nennt. Mit dem letzteren weiß sie so wenig anzufangen, wie im Grunde mit ihrem materiellen Gesetzesbegriff.

Der konstitutionelle Gesetzesbegriff ist aber ohne Gesamtanschauung des materiellen Rechtsstaatsgedankens gar nicht zu fassen. Von seinen beiden Bestandstücken, der Freiheit als der Selbstbestimmung des Volks durch das Gesetz und der Gleichheit als der gleichmäßigen nicht willkürlichen Interessenwertung Aller, hat die heutige Staatslehre nichts übrig behalten, als die formelle Gleichheit vor dem Gesetze, die sie ohne Rücksicht auf den Gesetzesinhalt nur für die Anwendung des Gesetzes gelten lassen will[2]). Man vergleiche damit etwa die Auffassung, die noch Mohl vertreten hat; nach ihm haben im Rechtsstaat die Staatsgenossen Anspruch „vorerst auf Gleichheit vor dem Gesetz, d. h. auf Berücksichtigung der

[1]) Jahrb. Ö. R. IV, 198ff.
[2]) Vgl. Heft 3 dieser Veröff. 1927.

Lebenszwecke Aller, ohne Unterschied auf persönliche Verhältnisse und objektive Anwendung der allgemeinen Normen, ohne Rücksicht auf Rang, Stand usw. des Einzelnen"[1]).

Innerhalb dieser formalistischen Rechtsstaatsauffassung, für die ein das Ganze zusammenhaltender, die materiellen Entscheidungen treffender Volkswille nur eine Fiktion ist[2]), stellt die Legislative nichts anderes dar, als eine vom positiven Recht angeordnete Technik der Gesetzgebung, die institutionell und funktionell jeder materiellen Wertung überhoben ist, deren Beschlüsse ohne jede Rücksicht auf ihren Inhalt nur deshalb als Gesetze bezeichnet werden, weil sie die angeordnete technische Form besitzen.

Alle Versuche der herrschenden Lehre aber, das „Wesen", die „Natur", die „Substanz" der Rechtsetzung, Rechtsprechung und Verwaltung apriorisch zu bestimmen, sind durchaus müßig; denn alle Staatsakte sind ihrer „Natur" nach nicht verschieden, sondern gleich. Sie alle sind auf die einheitliche Zusammenordnung des gesellschaftlichen Verhaltens der Gebietsbewohner gerichtet. Erst im gewaltenteilenden Rechtsstaate und nur in ihm haben sich gewisse rechtlich geforderte Formen für bestimmte Staatsakte klar herausgebildet, ohne daß aber diese Formen von bestimmten Inhalten völlig unabhängig geworden wären. Daß und welche bestimmten Formen der Staatswillensbildung mit Recht staatsrechtlich gefordert sind, ergibt sich unmittelbar als Folgerung aus der materiellen Rechtsstaatsidee. Ihr Freiheitsideal verlangt das Prinzip der Determination aller Staatsakte durch die im Gesetz zum Ausdruck kommende volonté générale. Mit dem materiellen Gleichheitsgedanken ist, oder richtiger, war dieses Autonomieideal verbunden durch den Glauben, daß jede sich selbst bestimmende Einzel- oder Gruppenindividualität über kurz oder lang ihre Interessen selbständig zu erkennen und zu vertreten am besten in der Lage sei. Diesem Prinzip der materiellen Legalität aller Staatstätigkeit entspricht also formell und materiell der Begriff des konstitutionellen Gesetzes, der nichts anderes bezeichnet, als die oberste, alle andere Staatstätigkeit determinierende, von der Volkslegislative gesetzte Rechtsnorm. Seine Eigenschaft, seine Kraft als Gesetz, seine „Unverbrüchlichkeit" hat es ausschließlich deshalb, weil es als autonomer Beschluß der die Gemeinschaftswerte repräsentierenden volonté générale gilt. Von irgendeiner Verwaltungsvorschrift oder einem Rechtsspruch unterscheidet es sich keineswegs durch seine Rechtssatzeigenschaft, sondern lediglich durch seine erhöhte materielle Geltungskraft.

---

[1]) Enzykl. 1859, 327, und meine polit. Ideenkreise 66.
[2]) Vgl. meine „Souveränität".

Aus dem rechtsstaatlichen Legalitätsprinzip des Aufklärungsnaturrechts ergibt sich aber auch unmittelbar die Forderung, daß nicht nur die Justiz sein soll, „la bouche qui prononce les paroles de la loi[1]", sondern, daß ebenso die Exekutive nur die Aufgabe hat, „de faire un syllogisme dont la loi est la majeure; un fait plus au moins générale la mineure; et la conclusion l'application de la loi"[2]).

Soweit dieser rechtsstaatliche Rationalismus Geschichte und Individualität restlos rationalisieren und auf diesem Wege im voraus legalisieren zu können vermeint, wird er heute außer von Kelsen und seinen Schülern wohl von keinem Staatstheoretiker mehr vertreten. Wir wissen zu genau, daß die vermeintliche Bestimmtheit, Vollständigkeit und Untrüglichkeit des Gesetzesrechts nur innerhalb sehr enger Grenzen existiert, wir wissen, daß jede Konkretisierung des Gesetzes durch den Richter und Verwaltungsbeamten eine folgenreiche interpositio auctoritatis bedeutet. Mit der individuell und sozial bedingten Persönlichkeitsentscheidung des betreffenden Organs strömt trotz aller Bindung an das Gesetz in den Rahmen dieses Gesetzes ein vom Gesetzgeber nicht zu rationalisierendes Element ein, das die theoretische Umdeutung der soziologischen Staatshierarchie in eine logische ausschließt. So wenig also die gesetzanwendende Persönlichkeit rationalisiert werden kann und darf, so wenig ist dies für die zukünftigen Aufgaben des Staats möglich. Der Staat ist keine Gesetzesmaschine und es hängt tatsächlich vom konkreten gesamtgesellschaftlichen Zustande, von politischen Machtverhältnissen und Zweckmäßigkeitserwägungen, von Tradition und Rechtsbewußtsein ab, ob und wie weit z. B. die Tätigkeit des Staatsoberhauptes oder der Polizei gesetzlich normiert ist, ob und wie weit etwa die Arbeits- und Güterordnung der privaten lex contractus überlassen oder von der staatlichen Gesetzgebung ergriffen wird, wofür wiederum ein gewisser Grad von Zentralisation und Berechenbarkeit der Wirtschaft die Voraussetzung bilden muß.

Mit der Unmöglichkeit der Durchlegalisierung aller Staatstätigkeit in persönlicher und sachlicher Beziehung muß übrigens auch das Postulat der Allgemeingültigkeit des Gesetzes fallen. Wo der Mund des Gesetzgebers im weitesten, auch das Gewohnheitsrecht umfassenden Sinne, der Singularität des Falls wegen völlig schweigt, da muß er vom Gesetzgeber selbst und kann er innerhalb der staatlichen Herrschaftsordnung grundsätzlich nicht vom Richter zum Reden gebracht werden. Diese Situation wird man z. B. bei der unzutreffend sogenannten

---

[1]) Montesquieu, Esprit XI, 6.
[2]) Condorcet bei Schmitt, Parlament. 440.

Fürstenabfindung als gegeben erachten müssen, wenn man nicht mit Carl Schmitt die unrichtige und ungeprüfte Voraussetzung macht, daß es sich im vorliegenden Falle um einen bürgerlichen Rechtsstreit handelt.

Von der aufklärerischen Logisierung gereinigt bleibt aber die rechtsstaatliche Forderung einer möglichst engen Bindung sämtlicher Staatsorgane an das Gesetz unerschüttert bestehen; ist doch auf anderem Wege die geforderte Herrschaft der volonté générale gar nicht denkbar. So ergeben sich allein aus der rechtsstaatlich notwendigen Beziehung der Staatsakte zum Gesetz die Formen der Gesetzgebung, Rechtsprechung und Verwaltung für bestimmte Gegenstände der Staatstätigkeit. Die Form der Gesetzgebung soll angewandt werden bei Aufstellung der obersten Rechtssätze, die der Rechtsprechung bei justizförmiger Beurteilung eines Tatbestandes, die keineswegs nur auf Grund von Gesetzen erfolgen kann, während das große Restgebiet Verwaltung genannt wird.

Gesetze heißen also im Rechtsstaate nur, aber auch alle von der Volkslegislative gesetzten obersten Rechtsnormen. Es verdient in diesem Zusammenhange hervorgehoben zu werden, daß die herrschende Bezeichnung des sog. formellen Gesetzes als Anordnung der „Legislative" zweideutig ist. Das konstitutionelle Gesetz muß als die oberste von der „Volkslegislative" (wenigstens mit)gesetzte Norm bezeichnet werden, denn nur dadurch, daß das Volk oder seine Repräsentation das Gesetz (wenigstens mit)beschließt, unterscheidet sich das konstitutionelle Gesetz von der Norm eines absoluten Monarchen oder eines Diktators.

Im folgenden haben wir das Verhältnis dieses Gesetzesbegriffs zum Begriff des Rechtssatzes zu erörtern.

Rechtssatz und Rechtsgrundsatz.

Rechtssatz nennen wir jede Norm, die einen vorausgesetzten Tatbestand mit einer Rechtsfolge verknüpft, subjektive Rechte und Pflichten an einen Tatbestand anknüpft. Alles objektive Recht erscheint in Rechtssätzen, wobei wir unter einem Rechtssatz die durch Gemeinschaftsautorität individualisierte, den Handlungswillen intersubjektiv bindende Norm verstehen. In der herrschaftsfreien Vertragsordnung bildet der die lex contractus objektivierende Gemeinwille die individualisierende Autorität.

Jeder staatliche Befehl bedeutet demnach Rechtsetzung. Gesetz, Verordnung, Verfügung und Urteil stellen lediglich verschiedene rechtsstaatliche Formen der Rechtsetzung dar; Rechtssätze enthalten sie alle. Wenn demgegenüber gewöhnlich der Einwand erhoben wird[1]), daß dieser Auffassung jedes Kommandowort des Unteroffiziers als Rechtsetzung erscheinen müsse, so finde ich diese Folgerung durchaus akzeptabel. Denn der Gehorsamsverweigerer, der unter Umständen vom Unteroffizier rechtmäßig erschossen wird, verletzt diesen konkreten, vom unmittelbaren Vorgesetzten so und nicht anders im Kommandowort individualisierten Rechtssatz. Die willkürliche Verengerung des Rechtssatzbegriffs durch die herrschende Lehre ist lediglich das Ergebnis jener schiefen, rationalistischen Rechtsstaatsidee, für die alle nicht gesetzgebende Staatstätigkeit sich in der Aufgabe erschöpft de faire un syllogisme, dont la loi est la majeure. In der der Rechtsordnung spezifischen Dialektik schafft jede Individualisierung einer Norm durch die kompetente Autorität eine neue, vorher so noch nicht dagewesene Norm. Der Befehl des Generals ist objektives Recht für die Regimentskommandeure, und General wie Unteroffizier erhalten durch das objektive Recht sowohl die Berechtigung, wie die Verpflichtung, neue Rechtssätze zu individualisieren und zu objektivieren, indem sie die Rechtssätze der höheren Instanz einer von dieser gar nicht voraussehbaren Situation anpassen. Sie alle haben gleich dem urteilenden Richter und dem rechtsgeschäftlich handelnden Bürger einen selbständigen Anteil am Rechtsschöpfungsberuf des Staates. Was von oben als Befehl, Urteil oder Rechtsgeschäft erscheint, erscheint von unten als Rechtssatz.

Diese Dialektik gilt für das Verhältnis von Gesetz und Verordnung ebenso wie für das Verhältnis von Verordnung und Verfügung, von privatrechtlichem Rechtsgeschäft und der lex contractus. Es gilt aber insbesondere auch für die Rechtssetzung durch die Gesetzgebung. Auch Gesetzgebung ist Individualisierung von Normen, sei es als primäre souveräne Individualisierung von Rechtsgrundsätzen, sei es als sogenannte gebundene Gesetzgebung durch Individualisierung von positiven, etwa in Gesetzen festgestellten Rechtssätzen.

Rechtsgrundsätze sind entweder logische oder ethische Strukturprinzipien des Rechts, die positive Rechtssätze deshalb noch nicht sind, weil ihnen die ein normgemäßes Verhalten ermöglichende Individualisierung oder Positivität fehlt. Die logischen Strukturprinzipien des Rechts sind entweder apriorische oder durch Abstraktion gewonnene Sätze. Ein Schul-

---

[1]) Z. B. Jellinek a. O. 234. Früher auch Kelsen (Hauptprobleme 549) der sich inzwischen der Stufentheorie Merkls angeschlossen hat, die dieser nach dem Vorgange von Bierling (Jurist. Prinzipienlehre), Bülow (Gesetz und Richteramt) Spiegel (Gesetz und Recht 19f.), Thoma (Festg. a. O.) Radbruch (Rechtsphilosophie 267) und anderen zuerst in der Deutsch. Richterzeitung 1917 und nunmehr ausführlich in seiner „Lehre von d. Rechtskraft“ darlegt.

beispiel bietet der Satz: pacta sunt servanda, der, solange man nicht weiß, welche Verträge rechtlich nicht zu halten sind, gar nichts anderes als die Objektivität alles Rechts ausdrückt. Er ist logische Voraussetzung des Rechts, nicht vorausgesetztes Recht. Hierher gehört auch der logische Rechtsgrundsatz, den Hegel[1]) dahin formuliert: „sei eine Person und respektiere die anderen als Personen". Dieser Satz drückt nichts anderes aus als die Tatsache, daß alles Recht mehrere Rechtssubjekte logisch voraussetzt. Von Grotius bis Kelsen und Verdroß pflegt eine utopische Völkerrechtswissenschaft solche logische Rechtsgrundsätze, Rechtsgeltung und logische Geltung verwechselnd, als positive allgemeine Völkerrechtssätze anzusehen.

Beispiele von ethischen Rechtsgrundsätzen bietet in reicher Fülle der zweite Hauptteil unserer Reichsverfassung. Man findet sie in den Art. 119, 120, 122, 132—34, 151—55, 157, 158, 162—64. Die Literatur der Reichsverfassung pflegt diese noch nicht zu aktuellen Rechtssätzen positivierten Rechtsgrundsätze entweder als belanglose Tiraden abzutun oder auch mit jenen Sätzen gleichzustellen, die sie mit Recht als Rechtssätze für den Gesetzgeber wertet. Ich kann dieser Auffassung nicht zustimmen. Jene ethischen Rechtsgrundsätze deuten auf die Grundinstitutionen des deutschen Rechtslebens hin und sind für die Interpretation der Reichsverfassung von unmittelbar praktischer Bedeutung. Die Unterscheidung aber zwischen Rechtsgrundsätzen, die eine ethische Direktive für Alle und positiven Rechtssätzen, die eine positive Rechtsbindung des Gesetzgebers darstellen, halte ich für theoretisch richtig und praktisch höchst folgenreich. Im Art. 163 RV. sind z. B. die in den beiden ersten Sätzen normierte sittliche Arbeitspflicht sowie das Recht auf Arbeit zweifellos als sittliche Rechtsgrundsätze anzusehen. Die im dritten Satz normierte Erwerbslosenunterstützung aber als positiver Rechtssatz. Den beiden ersten Sätzen fehlt die für den Begriff des Rechtssatzes erforderliche Individualisierung, dem dritten kann die Positivität nicht abgestritten werden.

Die Bezeichnung der Gesetze als der obersten von der Volkslegislative gesetzten Rechtssätze versteht das Zuoberstsein der Gesetze nur relativ. Die eben berührte Tatsache einer gebundenen Gesetzgebung[2]), welche bereits positivierte Rechtssätze individualisiert, beweist ihrerseits, daß ein substanzieller Unterschied zwischen Rechtsetzung und Rechtsprechung nicht existiert. Die einfachen Gesetze müssen grundsätzlich als

---

[1]) Rechtsphilosophie, § 36. Zum Obigen ausführlich meine „Souveränität".

[2]) Jellinek a. O. 261f.

Individualisierung von Verfassungsrechtssätzen konstruiert werden. In jedem dezentralisierten Einheitsstaat, der eine Länderautonomie kennt, insbesondere aber in den republikanischen Bundesstaaten ist selbst der Verfassungsgesetzgeber der Länder durch die Bundesverfassung gebunden, die ihm z. B. im Art. 17 RV. eine freistaatliche Verfassung, das Wahlsystem und die parlamentarische Regierungsform vorschreibt. Schließlich ist die Frage, wie weit der Gesetzgeber seine Normen selbst individualisiert und in das Einzelne der Staatstätigkeit gesetzlich eingreift, eine politische Zweckmäßigkeits- und Machtfrage, eine Rechtsfrage aber nur insofern, als eine Individualisierung des Gesetzes für den einzelnen Fall durch den rechtsstaatlichen Gesetzgeber ausgeschlossen ist, sofern ein auf den Einzelfall anwendbares Gesetz entgegensteht. Im übrigen aber zeigt die fortschreitende Spezialisierung des Budgetgesetzes am deutlichsten die von uns festgestellte rechtsstaatliche Tendenz einer immer umfassenderen und spezialisierteren Legalisierung der Staatstätigkeit.

Reichsverfassung und Gesetz.

Auch in der Weimarer Reichsverfassung ist unter Gesetz grundsätzlich der oberste von der Volkslegislative gesetzte Rechtssatz zu verstehen. Die Tatsache, daß die obersten, das Staatsleben determinierenden Rechtssätze durch die Volksrepräsentation oder den Volksentscheid zustande kommen, bildet für den deutschen Staat und sein Recht die demokratische Legitimätsgrundlage. Für diesen Gesetzesbegriff spricht die Vermutung, und jede Annahme einer Sonderbedeutung des Wortes Gesetz bedarf einer wohlbegründeten Rechtfertigung.

Mit gutem Grunde ist der Weimarer, wie allen anderen modernen Verfassungen, ein allgemeiner Vorbehalt des Gesetzes unbekannt. Das Sekuritätsbedürfnis der herrschenden Lehre glaubte sich mit der Zweiteilung des Gesetzesbegriffs einen Ersatz für diesen Mangel geschaffen zu haben, sie glaubte damit eine logische Abgrenzung zwischen der materiellen Gesetzgebung und allen anderen Staatsfunktionen vornehmen zu können. Diese logische Abgrenzung ist ein Unding, weil jede derartige Logisierung der substantiellen Kräfte des gesellschaftlich-geschichtlichen Lebens ein Unding ist. Was zum Vorbehalt des Gesetzes gehört, welche Gegenstände die Gesetzgebung ergreift, das bestimmt nicht die Logik und nicht eine theoretische Formel, sondern Tradition, Zweckmäßigkeit, Machtlage und Rechtsbewußtsein. Diese Kräfte, vornehmlich Machtlage und Rechtsbewußtsein sind es, die den in den meisten zivilisierten Staaten herrschenden Rechtsstaatsgedanken entwickelt haben. Die gleichen Kräfte sind es auch, welche die historisch und national wechselnden Grenzen zwischen Gesetzgebung, Rechtsprechung und Verwaltung festsetzen. Daß das Zivilrecht, Prozeßrecht, Strafrecht (und neuestens das Arbeitsrecht) traditionell zu diesen Gegenständen der Gesetzgebung gehören, wird von den Verfassungen als selbstverständlich gar nicht erwähnt; nur für das Strafrecht enthält jetzt die Weimarer Verfassung im Art. 116 einen Sondervorbehalt. Aus der verschiedenartigen politischen Machtlage und aus keinerlei logischen Gründen läßt es sich verstehen, daß für unser, im Gegensatz zum englischen, Rechtsbewußtsein auch und in erster Linie das Verfassungsrecht zum Vorbehalt des Gesetzes gehört. Umgekehrt sind die englischen private acts für unseren Rechtsstaatsbegriff unfaßlich. Wenn es nach Art. 45 RV. heißt, der Reichspräsident vertritt das Reich völkerrechtlich, so werden politische Zweckmäßigkeitsgesichtspunkte und die Machtlage darüber entscheiden, ob etwa die Anerkennung eines fremden Staates durch Verwaltungsakt des Präsidenten oder durch Gesetz erfolgt.

Ich kann es sehr wohl verstehen, wenn das juristische Sekuritätsbedürfnis tief erschüttert wird durch den Hinweis, daß auch der Vorbehalt des Gesetzes von der ewigen Flucht der Erscheinungen nicht ausgenommen ist. Hinzukommt, daß in der heutigen parlamentarischen Staatsform sicherlich die Besorgnis vor einer unerträglichen Ausdehnung der Legislative oft an die Stelle der im monarchischen Staat meist allein bedachten Möglichkeit von Übergriffen der Exekutive tritt. Gewiß ist heute die Frage nach dem Vorbehalt des Verwaltungsaktes und richterlichen Urteils ebenso brennend, wie die Frage nach dem Vorbehalt des Gesetzes.

Alle diese Bedenklichkeiten, alle Angst vor Parlamentsabsolutismus dürfen aber nicht darüber hinwegzutäuschen versuchen, daß der nicht logisierbare, historisch erwachsene und wechselnde Vorbehalt des Gesetzes in der Weimarer Verfassung jenen eben genannten substantiellen gesellschaftlichen Kräften unterliegt, die eine juristisch faßbare verfassungsmäßige Grenze der Gesetzgebung nur in zwei Richtungen objektiviert haben. Die erste, aus dem allgemeinen Rechtsstaatsprinzip selbst sich ergebende Schranke der Gesetzgebung ist das, in aller Regel wohl schon durch Art. 109 RV. gedeckte Verbot einer Individualentscheidung durch Gesetz gegen ein bestehendes Gesetz. Die zweite Schranke bilden die ausdrücklichen Sondervorbehalte der Verfassung zugunsten der Rechtsprechung und Verwaltung, so z. B. das Begnadigungsrecht des Reichspräsidenten nach Art. 49, 1 im Gegensatz zur Amnestie durch Reichsgesetz nach Art. 49, 2. Im Zweifel aber spricht im Staate der

Volkssouveräntität die Vermutung ebenso sicher zugunsten der Volkslegislative, wie im Staate des monarchischen Prinzips zugunsten des Monarchen.

Wenn die herrschende Lehre dieser Grenzziehung Unsicherheit vorwerfen sollte, so muß ihr entgegengehalten werden, daß ihre eigne Lehre eine größere Sicherheit nur vortäuscht. Dem Versuch einer Logisierung der Gesetzgebungsfunktion entspricht bekanntlich die Rationalisierung des Rechtsstaatsprinzips nach der immer wiederkehrenden Formel: Jedes Gesetz im materiellen Sinne muß zugleich ein Gesetz im formellen Sinne sein, außer wenn ein formelles Gesetz auf dieses Erfordernis ausdrücklich verzichtet. Da die Charakteristik des materiellen Gesetzes durch die Schlagworte der „Allgemeinheit", „Freiheit und Eigentum" betreffend, unmittelbar beabsichtigte soziale Schrankenziehung, in keiner Weise geeignet ist, das materielle von jedem beliebigen formellen Gesetz zu unterscheiden, so zerfließt dieses Rechtsstaatsprinzip wie jene Abgrenzung in nichts.

Wir kommen also zu dem Ergebnis, daß alles, was die Reichsverfassung als Gesetz bezeichnet, Rechtssätze, d. h. durch Gemeinschaftsautorität individualisierte, den Handlungswillen intersubjektiv bindende Normen enthält. Daß sie daneben z. B. in der Präambel unverbindlichen Gesetzinhalt und in den ethischen Rechtsgrundsätzen juristisch unverbindliche Sätze enthält, rechtfertigt selbstverständlich noch keinen formellen Gesetzesbegriff.

Die herrschende Lehre ist allerdings anderer Meinung. Wäre sie konsequent, so müßte sie zunächst den gesamten 1. Hauptteil der Reichsverfassung als bloß formelles Gesetz, materiell als Verwaltungsverordnung auffassen. Sind doch herrschender Lehre nach organisatorische Vorschriften materiell Verwaltungsakte, entbehren des Rechtssatzcharakters, und ihre Einkleidung in Gesetzesform ist „ohne rechtliche Veränderung ihrer Substanz möglich"[1]). Daß dieser Lehre entsprechend der wesentlichste Teil der Staatsverfassung, die Bestimmungen über die höchsten Organe, die Normen, welche die Gesetzgebung von dem Verordnungsrechte positiv abgrenzen, aus dem Begriff des Rechtssatzes herausfallen, auf diese Konsequenz hat bereits Hänel[2]) hingewiesen. Und Thoma[3]) betonte schon, daß die herrschende Lehre diesem absurden Ergebnis nur durch Unfolgerichtigkeit zu entgehen vermag. Es war das Verdienst Gierkes[4]), den Rechtssatzcharakter auch der gering-

---

[1]) Anschütz, Kritik, 72.
[2]) A. O. 225ff.
[3]) Festgabe f. O. Mayer 177.
[4]) Schmollers Jahrbuch N.F. VII, 47.

fügigsten Organisationsnorm erkannt zu haben und in einem ganz anderen Zusammenhang hat Smend[1]) darauf aufmerksam gemacht, daß hinter organisatorischen Vorschriften materielle Ansprüche stehen oder doch stehen können, die aus Zweckmäßigkeitsgründen weder überhaupt, noch gar im einzelnen festgelegt werden. Es ließe sich verstehen, wenn die herrschende Lehre nach englischem Vorbild die constitutional conventions nicht als Rechtssätze, sondern als Konventionalregeln sui generis auffaßte. Dem kontinentalen, durch den Absolutismus hindurchgegangenen Rechtsbegriff würde eine solche Auffassung allerdings nicht entsprechen. Unmöglich aber ist es, nach dem Beispiel der herrschenden Lehre die Organisationsnormen einmal als Rechtssätze, das nächste Mal als Nichtrechtssätze zu kennzeichnen. Hier liegt die Unzulässigkeit einer Zweiteilung des Rechts- und Gesetzesbegriffs auf der Hand. Wenn aber alle Organisationsnormen Rechtssätze enthalten, wer oder was entscheidet dann, wenn die Verfassung schweigt darüber, für welche von ihnen der Vorbehalt des Gesetzes gilt und für welche das nicht der Fall ist? Niemand anderes als die oben genannten historischen Mächte. Diejenigen Organisationsbestimmungen, deren besondere Tragweite und Wichtigkeit der Volkslegislative ins Bewußtsein treten, beschließt sie, ihre Macht vorausgesetzt, wenn es ihr recht- und zweckmäßig erscheint, als Gesetze, als oberste mit besonderer Geltungskraft ausgestattete Rechtssätze. Neuestens behauptet auch Richter[2]) den Rechtssatzcharakter der Organisationsnormen; seine Halbheit aber, die ihn an dem herkömmlichen Rechtssatzbegriff sowie an der herrschenden Lehre von den materiellen Staatsfunktionen festhalten läßt, verleitet ihn auch zu dem falschen Schluß, daß Organisationsnormen deshalb, weil sie Rechtssätze seien, auch „formellgesetzlich" entstehen müßten. Der Rechtssatzcharakter sagt aber über den Vorbehalt des Gesetzes gar nichts aus. Es können sehr wohl politische Zweckmäßigkeitsgründe vorhanden sein, die dafür sprechen, dem Reichspräsidenten, ähnlich wie dem französischen Präsidenten[3]), eine selbständige Organisationsgewalt zu belassen[4]), auch wenn dies dem rechtsstaatlichen Rationalismus widerspricht. Richtig ist allerdings, daß die Zweiteilungslehre

---

[1]) Festgabe f. O. Mayer 252.

[2]) Die Organisationsgewalt 13.

[3]) Hauriou, Precis de Droit Const. 1923, 459ff. behauptet sogar die Verfassungswidrigkeit des Art. 8 d. franz. Ges. v. 20. Juni 1920, welcher die Organisation der Ministerien der Organisationsgewalt des Präsidenten entzieht.

[4]) So die herrschende Lehre, die gem. Art. 179 RV. einen Übergang der Organisationsgewalt vom Kaiser auf den Reichspräsidenten annimmt.

völlig außerstande ist, verständlich zu machen, warum der deutsche Gesetzgeber gewisse, zum Teil sehr wichtige Organisationsnormen nicht an sich gezogen hat, während z. B. der englische Gesetzgeber sogar Rechtsnormen, die sich an Lokalbehörden richten, grundsätzlich zum Vorbehalt des Gesetzes rechnet[1]).

In diesem Zusammenhange muß auf eine außerhalb der Reichsverfassung liegende Rechtserscheinung kurz eingegangen werden. Eine starke praktisch bedeutsame Stütze scheint nämlich die herrschende Lehre an der prozessualen Praxis und ihrer Auslegung des Wortes „Gesetz" in § 376 StPO. und §§ 511, 512 ZPO. zu besitzen. Nach diesen Gesetzesstellen kann die Revision sich nur stützen darauf, daß das angefochtene Urteil „auf einer Verletzung des Gesetzes" beruht, das Gesetz aber ist verletzt, „wenn eine Rechtsnorm nicht oder nicht richtig angewendet worden ist". Durch diese Bestimmungen der Prozeßordnungen glaubt die herrschende Lehre sich kräftig bestätigt zu sehen. Meines Erachtens besagt weder das Gesetz noch die Praxis irgend etwas für die Berechtigung der Zweiteilung des Gesetzesbegriffs. Im Gegenteil! Wenn das Gesetz die Zweiteilung voraussetzte, bedürfte es nicht der ausdrücklichen Bestimmung, daß der Richter in diesem Falle als Gesetzesverletzung jede Nichtanwendung oder nicht richtige Anwendung einer Rechtsnorm zu verstehen habe. Wie in den EG. bedient sich auch hier der Gesetzgeber einer gesetzestechnischen Abbreviatur, die für den staatsrechtlichen Gesetzesbegriff unmöglich bestimmend sein kann. Wenn die herrschende Lehre[2]) aber weiter argumentiert: Die Prozeßordnungen verstehen unter Gesetz jeden Rechtssatz, ihre organisatorischen und instruktionellen Vorschriften sind aber keine Rechtssätze und sind eben deshalb nicht revisibel, trotzdem sie im Gewande eines in dieser Beziehung eben nur „formellen" Gesetzes auftreten; wenn die herrschende Lehre sich auch noch triumphierend auf zwei Reichsgerichtsentscheidungen aus dem Jahre 1880 berufen kann[3]), wenn sie also schließlich die prozessuale Revisibilität über den Rechtssatzcharakter bestimmter Normen entscheiden lassen will, so wird ihr gerade diese anscheinende Stütze zum Verhängnis.

Denn selbstverständlich sind auch die genannten nicht revisiblen Normen Rechtssätze, welche den Einfluß der Justizverwaltung auf die Führung des Vorsitzes, auf die Geschäfts-

---

[1]) Vgl. Koellreutter, Verwaltungsrecht u. Verwaltungsrechtsprechung i. mod. England 88f., 160, 225.

[2]) Seligmann a. O. 40, 170f., Anschütz, Krit. 77, 85 und die Prozeßkommentare.

[3]) RG. Str. 2, 195 und 3, 8.

verteilung und die Zusammensetzung der Rechtsprechungskörper verhindern sollen. Wenn aber die Praxis zu der Ansicht kommt, daß der Rechtssicherheitszweck trotz der Verletzung einer dieser Normen erreicht wird, wenn sie aus Zweckmäßigkeitsgründen die Revision verweigert, so ist damit über den Rechtssatzcharakter der betreffenden Vorschrift kein Wort gesagt. Nun passierte aber der herrschenden Lehre das Unglück, daß das Reichsgericht seit 1904 sich ständig zur gegenteiligen Auffassung bekennt. Eine Entscheidung aus diesem Jahre führte aus, die Bestimmungen der §§ 61f. GVG. seien „unbedingt wesentlich" für die rechtmäßige Ausübung der Richtertätigkeit, insbesondere sei § 63 „ein Teil der Rechtsordnung"[1]. Das Reichsgericht hatte also inzwischen die hinter der organisatorischen Vorschrift stehenden materiellen Ansprüche erkannt. Der herrschenden Lehre aber bleibt nun nichts anderes übrig, als die gleiche gesetzliche Vorschrift, die sie gestern als Nichtrechtssatz behauptete, heute als Rechtssatz zu behaupten.

Kehren wir zum I. Hauptteil der Reichsverfassung zurück. Inkonsequenterweise werden also die organisatorischen Normen dieses Teils von der herrschenden Meinung als Rechtssätze angesehen. Wie steht es aber mit den als bloß formell bezeichneten Gesetzen in diesem Abschnitt. Zu Art. 45, 2: Kriegserklärung und Friedensschluß erfolgen durch Reichsgesetz, bemerkt Anschütz' Kommentar, es handle sich in diesem Falle um „rein formelle" Gesetze, die materiell betrachtet, keine Rechtssätze enthielten. Das nach Art. 49, 2 zu einer Reichsamnestie erforderliche Reichsgesetz soll ebenfalls seiner materiellen „Natur" nach ein Akt der Rechtspflege, also kein materielles, sondern ein formelles Gesetz sein. Wendet sich vielleicht der Staat in diesen Fällen nicht mit Geboten und Verboten an seine Untertanen, greift er nicht in deren Freiheit und Eigentum ein? Wer wollte das bestreiten? Und welche praktischen Folgerungen will man aus der angeblichen Formalität dieser Gesetze ziehen?

Die weitaus größte und verhängnisvollste Bedeutung hat aber die herrschende Zweiteilung des Gesetzesbegriffs für das parlamentarische Budgetrecht. Man weiß, welche entscheidende Rolle diese Fragen im Kampfe zwischen Absolutismus und Konstitutionalismus gespielt haben. Durch den Budgetkonflikt hatte noch Bismarck das monarchische Prinzip endgültig gegen den Parlamentarismus stabiliert. Bei der historischen und aktuellen Bedeutung, welche die Regelung der Dispositionen über das Staatsvermögen für das Eigentum

---

[1]) RG. Str. 37, 59. Dazu Kern, Der gesetzliche Richter 132f., 178.

und funktionell auch für die Freiheit der Bürger besitzt, war es mehr als verständlich, daß fast alle neueren Verfassungen für die Feststellung des Haushaltsplanes und die Rechnunglegung, für die Aufnahme von Anleihen und die Übernahme finanzieller Garantien ein Gesetz forderten[1]). Daß die ältere Theorie[2]) solchen Finanzgesetzen und dem Budgetgesetz, soweit es keine dauernden Steuerpflichten enthält, mangels zeitlicher Allgemeinheit den Charakter des materiellen Gesetzes absprach, läßt sich noch begreifen; daß aber die herrschende Lehre, die das Postulat der Allgemeinheit fallen gelassen hat, jene Gesetze auch heute noch als „bloß formelle" ansieht und ihre Verletzung nicht als Rechtsverletzung wertet, kann nur aus der geistesgeschichtlichen und politischen Situation Labands und seiner Schule erklärt werden.

Es ist zunächst die manchesterliche Wirtschaftsauffassung dieser Epoche, welche die Verfügungen über das Staatsvermögen in keiner Weise von den Dispositionen des Privatmannes über sein Vermögen zu unterscheiden vermag. Typisch argumentiert Laband[3]), das Dotationsgesetz von 1866 habe eine Schenkung, also eine Handlung und keine Rechtsregel zum Inhalt; so wenig es irgendein vernünftiger Mensch für ein „Gesetz" erachte, wenn ein Postbote zu Weihnachten fünf Taler oder ein Sekretär fünfzig Taler für tadellose Erfüllung der Dienstpflichten erhalten, so wenig sei es ein Akt der Gesetzgebung, wenn ein General für eine gewonnene Schlacht eine Viertelmillion Taler bekomme. Daß diese und die anderen Verfügungen über das Staatsvermögen juristische Ähnlichkeit haben „mit wirtschaftlichen Maßnahmen Einzelner"[4]), kann aber nur ein Liberalismus behaupten, der bereits seinen Frieden mit dem Absolutismus geschlossen hat und den König grundsätzlich auch ohne Ermächtigungsgesetz für befugt hält, über das Staatsvermögen zu verfügen, eine Finanzverwaltung also auch ohne Budgetgesetz für rechtmäßig ansieht. Diesen Friedensschluß hatte Bismarck bewerkstelligt und Laband hatte dazu die moderne Theorie von der Zweiteilung des Gesetzesbegriffs geliefert, die er zwar schon bei Lorenz Stein und Stockmar angedeutet fand, nun aber mit den weittragendsten Folgerungen ausstattete. Bei der ungeheuren Bedeutung, die das Budgetrecht für den rechtsstaatlichen Ausbau unserer Reichsverfassung besitzt, muß ich es gerade an dieser Stelle besonders bedauern, auf die Darlegung einiger weniger Grundgedanken beschränkt zu sein.

---

[1]) Art. 85—87 RV.

[2]) Etwa Pfizer, a. O. S. 17, 22 und noch G. Meyer u. Seligmann.

[3]) Budgetrecht 6.

[4]) Anschütz Kritik 61.

Man findet Labands späterhin unverändert festgehaltene Budgettheorie kurz zusammengefaßt in seinem „Budgetrecht"[1]). Unmittelbar, nachdem er es klipp und klar abgelehnt hat, eine Definition des Rechtssatzbegriffs zu geben, fährt er fort: „Von diesem Gesichtspunkt aus springt es nun klar in die Augen, daß der Etat regelmäßig keine Rechtssätze enthält, also kein Gesetz im materiellen Sinne des Wortes ist. Der Etat ist eine Rechnung — er ist ein Voranschlag . . . Eine Rechnung aber enthält keine Regeln, am wenigsten Rechtsregeln, sondern Tatsachen . . . Der Etat begründet der Regel nach keine rechtliche Verpflichtung zu Einnahmen oder zu Ausgaben, sondern er setzt diese rechtlichen Verpflichtungen voraus und stellt ihre finanziellen Resultate lediglich zusammen. Die Notwendigkeit des Etats ist nicht Folge einer bestimmten Verfassungsform, sondern des großen Umfangs, den die Staatswirtschaft erlangt hat, und die Feststellung des Etats genügt keinem Bedürfnis des Rechts, sondern einem Bedürfnis der Wirtschaft."

Ein ärgeres Mißverständnis des Budgetrechts dürfte in der Geschichte des Rechtsstaates schwerlich zu finden sein. Auf eine Kritik und Richtigstellung im einzelnen einzugehen, ist an dieser Stelle unmöglich. Im großen und ganzen hat Hänel bereits das Richtige, wenn auch heute längst nicht mehr Zureichende gesagt und insbesondere auch auf Labands, dessen ganze Theorie aufhebenden Satz hingewiesen: „Der Etat bildet für die Verwaltung die Richtschnur, welche sie, soweit es von ihrem Willen abhängt, befolgen muß[2])." Damit springt aber klar in die Augen, daß der Etat sehr wohl Rechtssätze enthält und Labands und seiner Schule Auffassung, der Haushaltplan sei ein bloß formelles Gesetz, falsch ist. Ich schließe mich durchaus der Begriffsbestimmung Hänels[3]) an, der das Budgetgesetz bezeichnet als die „oberste, alle gesetzlichen Einzelbestimmungen zusammenordnende und damit ergänzende, verfassungsmäßig notwendige Ermächtigung für die Finanzverwaltung behufs der Verwendung aller voraussehbaren Einnahmen und behufs Bewirkung aller voraussehbaren Ausgaben des Etatsjahres".

Hatschek[4]) hat deshalb vollständig Recht, wenn er der herrschenden Lehre vorwirft, sie habe es fertig gebracht, dem Budgetrecht jede praktische rechtliche Bedeutung zu nehmen. Seinen polemischen Ausführungen ist weitgehend zuzustimmen, wie auch sein Hinweis auf die der herrschenden Theorie durchaus

---

[1]) Budgetrecht 12f.
[2]) Hänel, a. O. 314.
[3]) A. O. 328.
[4]) Staatsr. II, 206.

widersprechende Praxis dankenswert ist. Was allerdings seine eigene Konstruktion des Etats als eines parlamentarischen Rechtsgeschäftes anlangt[1]), so sehe ich darin nur eine Verwechslung des Entstehungsvorganges mit der durch ihn objektivierten Norm. Schließlich hat auch G. Jellinek[2]) das Budgetgesetz als rechtsverbindliches Gesetz angesehen, als formelles Gesetz aber nur deshalb, weil es nicht die staatliche Regelung der Rechtsordnung zum Zwecke hat. Die Wiederlegung des hier zugrunde liegenden Rechtssatzbegriffs haben wir oben gegeben; als ob ein Gesetz deshalb materiell zum Verwaltungsakt würde und keine Rechtssätze enthielte, weil es unmittelbar nur die Organe der Finanzverwaltung bindet. Daß übrigens die Reichsverfassung sowohl Labands wie Jellineks Budgettheorie nicht teilt, geht u. a. am deutlichsten aus Art. 73, 4 RV. hervor. Der durch den Reichspräsidenten zu veranlassende Volksentscheid über den Haushaltsplan hat doch weder einen Sinn ohne die Annahme, daß der Plan sehr wohl alle Staatsbürger berührt, noch unter der Voraussetzung, daß der Reichspräsident das Volk über Additionen und Subtraktionen abstimmen läßt.

Wir kommen also zu dem Ergebnis, daß das im Art. 85 RV. vorgesehene Haushaltsgesetz und sinngemäß auch die im Art. 86 und 87 RV. vorgesehenen Gesetze, so gut wie jedes Gesetz Rechte und Pflichten begründen und mit dem Gegensatz materiell und formell nichts zu tun haben. Die deutsche Staatsrechtslehre aber hat, auch der geänderten Staatsform Rechnung tragend, auf dem Gebiete des Budgetrechts gewaltige Aufgaben zu lösen, deren Klärung die Zweiteilungslehre lediglich zu verhindern imstande ist.

Außer den genannten Artikeln kennt der erste Hauptteil der Reichsverfassung (wenn wir von dem durch die Gesetzgebung überholten Art. 92 und 94 absehen) nur noch die organisatorischen Normen des Art. 84 und die gebietsverändernden Gesetze Art. 2, 18, Abs. 1, 78, 82, Abs. 4, die im Sinne der herrschenden Lehre als formelle Gesetze, weil materielle Verwaltungsakte anzusehen wären. Daß Organisationsnormen Rechtssätze sind, wurde bereits ausgeführt. In einem strengen Sinne gehören aber auch die über die Staatsgrenzen verfügenden Normen zu den den Staat organisierenden Rechtssätzen, da sie nichts anderes als den territorialen Geltungsbereich der staatlichen Herrschaft und Ordnung normieren. Wenn die herrschende Lehre die Staatsorganisation als „Bestandteil der Rechtsordnung" von den übrigen organisatorischen

---

[1]) A. O. 213.
[2]) Ges. u. Vdg. 276ff.

Normen ausnimmt, das Gebiet des Staates aber als staatliches Wesenselement behandelt, so vermag ich selbst vom Standpunkt dieser Lehre nicht einzusehen, warum die das Staatsgebiet verändernden Normen materielle Verwaltungsakte und keine Rechtssätze sein sollen. Am erstaunlichsten wirkt diese Lehre aber angesichts der Tatsache, daß die Reichsverfassung solche angebliche Nichtrechtssätze in zwei Fällen (Art. 18, 1 und 82, 4) sogar mit Verfassungsgesetzeskraft ausgestattet hat.

Schließlich muß noch eingegangen werden auf die eigenartige und höchst bezeichnende Auslegung, welche die herrschende Lehre dem „gesetzlichen" Richter des Art. 105 zuteil werden läßt. Hier tritt ihre innere Unklarheit am deutlichsten zutage, indem sie zur Auslegung dieses Artikels einen völligen Standpunktwechsel vollzieht und die von ihr sonst energisch bekämpfte Theorie von der notwendigen Allgemeinheit des Gesetzes an dieser Stelle plötzlich sich selbst zu eigen macht[1]). Gesetzlicher Richter soll nämlich nach herrschender Auslegung der „durch allgemeine Norm" bestimmte Richter sein. Hier hätten wir also den dritten Rechtssatzbegriff der herrschenden Lehre. Demgegenüber wurde schon von Leibholz[2]) und neuestens auch von Kern[3]) sehr richtig bemerkt, daß mit diesem formalen Gesetzesbegriff ohne die Hinzunahme des materiellen Willkürbegriffs nicht auszukommen ist. Gesetzlich heißt also auch im Art. 105 RV. der durch das Rechtsbewußtsein (nicht die Willkür) der Volkslegislative bzw. durch die von ihr gesetzte Norm berufene Richter.

Ich glaube nunmehr in der mir gebotenen Kürze gezeigt zu haben, daß überall dort, wo die herrschende Lehre im ersten Hauptteil der Reichsverfassung bloß formelle Gesetze annimmt, irgendein juristischer Gegensatz zu einem auch materiellen Gesetz nicht vorhanden st. In diesem ganzen Abschnitt kennt die Verfassung nur einen einheitlichen Gesetzesbegriff, der die obersten von der Volkslegislative gesetzten Rechtssätze bezeichnet.

Sonderbedeutungen des Wortes „Gesetz" in der Reichsverfassung.

Im ersten, organisatorischen Hauptteil der Reichsverfassung unterscheidet also die herrschende Lehre die bloß formellen Gesetze von den auch materiellen. Im zweiten, grundrechtlichen Hauptteil dagegen, versucht sie die bloß materiellen von den auch formellen Gesetzen abzugrenzen. Die Einheit des Ge-

---

[1]) Vgl. Anschütz und Giese zu Art. 105 und die dort Genannten.

[2]) Leibholz, Gleichheit vor dem Gesetz, passim.

[3]) Kern, Der gesetzliche Richter 244.

setzesbegriffs im ersten Hauptteil war unschwer aufzuzeigen. Im grundrechtlichen Verfassungsabschnitte aber sind tatsächlich Sonderbedeutungen des Wortes „Gesetz" vorhanden, deren Erfassung von der größten praktischen Bedeutung ist. Da ist es nun der letzte und entscheidendste Einwand gegen die herrschende Lehre, daß eine immanente Kritik die Unfähigkeit jenes Gegensatzes formell-materiell zur Erfassung jener Sonderbedeutungen feststellen muß. Ja noch mehr, daß die Kritik diese Antithese als die Ursache dafür anzusehen gezwungen ist, daß das in den bequemen Geleisen dieses Gegensatzes eingefahrene Denken die feinen Distinktionen, auf die hier alles ankommt, völlig übersieht.

Der Erörterung dieser Sonderbedeutungen muß die Bemerkung vorangestellt werden, daß die von uns festgestellte Grundbedeutung des Wortes Gesetz auch im zweiten Hauptteile weitaus überwiegt. Gleich die beiden ersten Artikel (109, 110) verstehen unter Gesetz unbestritten die obersten, von der Volkslegislative gesetzten Rechtssätze. Daneben aber gibt es allerdings Artikel, die unter Gesetz etwas anderes begriffen wissen wollen. Hierher gehören Art. 111, 112, 114—117, 123, 124, 152, Abs. 1 und 153, Satz 2 und 3. In diesen Artikeln glaubt die herrschende Auslegung ihren materiellen Gesetzesbegriff zu finden. Auch wenn wir von der dargelegten theoretischen Unmöglichkeit dieses Gesetzesbegriffs absehen und uns zunächst auf den Boden der herrschenden Lehre stellen, so zeigt sich auch dann und erst recht die Tatsache, daß das unter dem Begriff des materiellen Gesetzes zusammengefaßte Sammelsurium zur Erfassung der in der Reichsverfassung vorhandenen Sonderbedeutungen des Gesetzes nur hinderlich, nicht fördernd ist. Erinnern wir uns, daß unter den Begriff des materiellen Gesetzes jeder Rechtssatz, auch jeder völkerrechtliche Vertrag gehören soll. Daß aber ein solcher ohne reichsgesetzliche Transformation irgendwo in der Verfassung unter der Bezeichnung „Gesetz" mitzuverstehen ist, behauptet auch die herrschende Lehre nicht. Zum materiellen Gesetzesbegriff soll bekanntlich auch das Gewohnheitsrecht gehören; daß dieses aber im Art. 116 RV. ausgeschlossen ist, behauptet selbstverständlich auch die herrschende Lehre. Damit hätten wir bereits drei verschiedene materielle Gesetzesbegriffe, die sich leicht vermehren lassen. Schon diese handgreiflichsten Unstimmigkeiten zwingen zur Verwerfung dieses materiellen Gesetzesbegriffs und zu der praktisch höchst wichtigen Feststellung: Die Sonderbedeutungen des Wortes Gesetz im zweiten Hauptteil der Reichsverfassung lassen sich überhaupt nicht unter einen Begriff bringen, sondern müssen in genauester Einzeluntersuchung festgestellt werden.

Thoma[1]) gebührt das große Verdienst, sich dieser schwierigen Aufgabe als erster unterzogen zu haben; die Zweiteilung des Gesetzesbegriffs hat dieser seiner Untersuchung offenbar so gut wie nichts genutzt. Das viel zu grobe Instrument muß, ganz abgesehen von seiner theoretischen Unhaltbarkeit, mit viel differenzierteren Fragestellungen vertauscht werden. Bei jedem einzelnen Grundrecht muß die Frage aufgeworfen werden, was die Reichsverfassung meint, wenn sie von „Gesetz", „gesetzlich", „nach Maßgabe der Gesetze", „innerhalb der allgemeinen Staatsgesetze" usw. spricht. Einen wertvollen Fingerzeig erhält die Interpretation durch die Feststellung, daß mit einer Ausnahme alle hier in Betracht kommenden Grundrechtsformulierungen trallatizisches Gut aus den Anfängen des Konstitutionalismus sind, aus einer Zeit also stammen, der ein scharfumrissener konstitutioneller Gesetzesbegriff noch nicht klar ins Bewußtsein getreten war. Die alte rationalistische Rechtsstaatsvorstellung mit ihrem Postulat einer völligen Vergesetzlichung aller Staatstätigkeit, ihrer Auffassung der Verwaltung als bloßer Vollziehung von Gesetzen erschien es selbstverständlich, daß die Freiheitsrechte nur durch die volonté générale beschränkt werden dürften. Insbesondere eine polizeiliche Freiheitsbeschränkung auf Grund einer allgemeinen, gesetzlich nicht rationalisierten Gehorsamspflicht, wäre jener Zeit unannehmbar erschienen. Daraus erklärt sich die Bezeichnung Gesetz in den meisten der obengenannten Grundrechtsartikel, mit Ausnahme des Art. 153, Abs. 2 Satz 2 und 3, für die aber erst das Reichsgericht entschieden hat, daß auch eine Verordnung den ordentlichen Rechtsweg für den Streit über die Entschädigungshöhe auszuschließen vermag[2]).

Für die praktischen Bedürfnisse der Gegenwart ist jedenfalls mit dem Gegensatz formell-materiell über die Sonderbedeutung des Wortes Gesetz so gut wie nichts gesagt. Wenn man etwa erklärt, daß in diesem oder jenem Artikel das Wort Gesetz im materiellen Sinne zu verstehen sei, so negiert man damit die Erforderlichkeit eines obersten von der Volkslegislative gesetzten Rechtssatzes. Welche Art von Rechtssätzen aber die Reichsverfassung als zur Freiheitsbeschränkung für erforderlich und genügend erachtet, würde nur dann damit gesagt sein, wenn der materielle Gesetzesbegriff eine Einheit wäre, wenn er so viele Negationen in sich schlösse, daß eine eindeutige Position gegeben wäre. Es wurde bereits an Beispielen gezeigt, daß dies keineswegs der Fall ist. Wo die Verfassung ein (unrichtig so genanntes) verfassungsänderndes Reichsgesetz verlangt, liegt der Fall klar; wo sie aber von Reichsgesetz oder

[1]) Verwaltungsr. Abhdlg. 1925, 183.
[2]) RG. Str. 55, 91, Ziv. 102, 165.

Gesetz schlechtweg spricht, muß in jedem einzelnen Falle untersucht werden, ob damit auch ein Rechtssatz auf Grund von Art. 48 RV., im zweiten Falle, ob damit auch ein Landesgesetz gedeckt ist, ferner ob eine Polizei- oder auch eine sonstige Verwaltungsnorm zur Freiheitsbeschränkung genügt, ob Einschränkungen auf Grund besonderer Gewaltverhältnisse (Reichswehr-, Beamtenverhältnis, Unterstellung unter Anstaltsordnungen aller Art) oder schließlich auf Grund gewohnheitsrechtlicher Normen zulässig sind.

Nun im einzelnen darzulegen, was die angeführten Grundrechtsartikel jedesmal unter „Gesetz" verstehen, würde weit über das hinausgehen, was jedenfalls mir im Rahmen eines Vortrags zu zeigen möglich ist. Als vorzügliches Beispiel für die Schwierigkeit einer solchen Einzeluntersuchung können die beiden vorausgehenden Referate gelten. Zusammen mit der anschließenden Diskussion sind sie zugleich der schlagendste Beleg für die hier vertretene Grundthese: in dem Streite um die Auslegung des Terminus „allgemeine Gesetze" im Art. 118 RV. ist es auch keinem einzigen Vertreter der herrschenden Zweiteilungslehre in den Sinn gekommen, die Unterscheidung materiell-formell heranzuziehen, ja noch mehr, dieses Gegensatzpaar wurde nicht mit einem Worte erwähnt.

So darf ich also meine Ausführungen mit der Feststellung beschließen: die Lehre vom materiellen und formellen Gesetz entsprang einer heute nicht mehr gegebenen politischen Machtlage; sie ist theoretisch durchaus unfundiert und praktisch unbrauchbar. Der Begriff des Gesetzes in der Reichsverfassung deckt grundsätzlich die obersten, von der Volkslegislative gesetzten Rechtsnormen. Dort aber, wo im zweiten Hauptteil der Verfassung das Wort Gesetz eine Sonderbedeutung einschließt, erfährt diese durch den Gegensatz materiell-formell keine Klärung.

Unsere Untersuchung hat aber weit über das vorliegende Thema hinaus prinzipielle methodische Bedeutung. Der heute noch herrschende logistische Formalismus Labands, dessen scharfsinniger Testamentsvollstrecker gegenwärtig Kelsen ist, glaubt auch in der Zweiteilungslehre „streng juristisch", d. h. beileibe unbeeinflußt von politischen Erwägungen und Konstellationen seine beiden Gesetzesbegriffe zu konstruieren. Tatsächlich täuscht sich diese Lehre, bei aller Inhaltslosigkeit, die ihren Stolz ausmacht, bestenfalls nur selbst, wenn sie wirklich glaubt, sich aus den Gegensätzen politischer Wertungen am eignen Zopfe hinaushalten zu können[1]). Gerade an unserem

[1]) Vgl. Triepel, Staatsrecht und Politik, meine Krisis d. Staatslehre, Arch. f. Sozialpol. 56, 289ff und ausführlich meine „Souveränität".

Thema hat sich gezeigt, nicht nur wie abhängig die herrschende Lehre vom materiellen und formellen Gesetz ist von ganz bestimmten politischen Machtverhältnissen und teleologischen Erwägungen, sondern daß sie ihnen geradezu ihre Entstehung verdankt. Mit dem Logismus und dem sterilen Formalismus wird deshalb auch diese Zweiteilungslehre aus der Staatsrechtstheorie verschwinden müssen.

1a. Leitsätze des ersten Berichterstatters.

1. *Die herrschende Lehre vom materiellen und formellen Gesetz ist der Versuch einer logischen Grenzsetzung zwischen der Gesetzgebung und allen anderen Staatsfunktionen.*
2. *Die ältere, bis Laband-Jellinek-Anschütz herrschende, heute von Carl Schmitt wiedererweckte Theorie fordert für den materiellen Gesetzesbegriff „Allgemeinheit".*
3. *Die heute herrschende Lehre identifiziert materielles Gesetz und Rechtssatz, wobei sie unter Rechtssatz einmal eine in Freiheit und Eigentum eingreifende Norm, das andere Mal eine staatliche Norm mit dem nächsten Zweck sozialer Schrankenziehung versteht, gelegentlich aber auch das Postulat der Allgemeinheit aufgreift.*
4. *Die herrschende Lehre ist theoretisch unhaltbar und wirkt praktisch verwirrend.*
5. *Sie beruht auf einer willkürlichen Ausdehnung des Gesetzesbegriffs (es gibt keine „bloß formellen" Gesetze) und einer ebenso willkürlichen Einschränkung des Rechtssatzbegriffs (es gibt für den Juristen keine „Nicht-Rechtsnormen").*
6. *Der auf dem Boden des klassischen Rechtsstaatsgedankens erwachsene Gesetzesbegriff bezeichnet nichts anderes, als die obersten von der Volkslegislative (wenigstens mit) gesetzten Rechtssätze, an die möglichst alle Staatstätigkeit gebunden sein soll.*
7. *Die Kriterien des Gesetzesvorbehaltes sind durch Tradition, politische Zweckmäßigkeit und Machtlage sowie durch das Rechtsbewußtsein objektiv bestimmt und können durch eine theoretische Formel nicht rationalisiert werden.*

8. *Eben deshalb enthält die Reichsverfassung keinen allgemeinen logisch faßbaren Vorbehalt des Gesetzes.*
9. *Der erste Hauptteil der Reichsverfassung kennt nur den einheitlichen oben gekennzeichneten Gesetzesbegriff und die von der herrschenden Lehre in diesem Teil festgestellten „bloß formellen Gesetze" enthalten ausnahmslos echte Rechtssätze.*
10. *Die im zweiten Hauptteil der Reichsverfassung sich findenden Sonderbedeutungen des Wortes Gesetz müssen im einzelnen genau untersucht werden und erfahren durch den Gegensatz formell-materiell eher eine Verdunkelung als eine Erhellung.*

Der Begriff des Gesetzes in der Reichsverfassung.

(Gesetz und Recht.)

2. Mitbericht von Professor Dr. Max Wenzel in Rostock.

Es ist für den Korreferenten ein großes Wagnis, nach und zu einem solchen Referat, wie es Herr Heller uns eben erstattet hat, zu sprechen. Herr Heller hat den wahrhaft kühnen Versuch unternommen, in bloß zwei Stunden ein Thema zu behandeln, das an Problemen und Schwierigkeiten in unserer Wissenschaft kaum seinesgleichen hat, das in Streitfragen hineinführt, an deren Lösung sich unsere größten Autoritäten von gestern und heute abgemüht haben, nach Hellers Urteil erfolglos. Nicht minder aber bewundere ich Sie, meine Herren, die Sie zwei Stunden den schwierigsten und abstraktesten Deduktionen gefolgt sind. Ich aber muß mich fragen: Ist es nach einer solchen geistigen Anspannung nicht schon eine Zumutung an Sie, noch einen zweiten Vortrag über ein solches Thema anzuhören, vielleicht den Weg, den Sie geistig gewandert sind, noch einmal mit anderer Einstellung zu gehen? Indem ich Ihnen, meine Herren, die Zumutung zu bieten wage, gehorche ich einer höheren, vom Vorstand mir auferlegten, ehrenvollen Pflicht.

Die Rücksicht aber, die ich Ihnen schuldig bin, wie auch der egoistische Wunsch, überhaupt noch von ein paar Geduldigen angehört zu werden, zwingt mich nicht bloß, mich der größten Kürze zu befleißigen, sondern auch, aus der Fülle der Probleme, die im Thema stecken, eine Auswahl zu treffen, ja nur ein einziges herauszugreifen. Es ist aber das Kernproblem, das allen übrigen zugrunde liegt und ihre letztendliche Lösung bedingt. Es ist das Problem von Gesetz und Recht.

Man hat dieses Problem bisher nur von der Seite des Gesetzes her zu lösen versucht, nicht dagegen von der Seite des Rechts. Man hat gründliche historische, interpretatorische und dogmatische Untersuchungen über das, was Gesetz wohl bedeute, angestellt. Über den Begriff des Rechts aber lassen die gleichen Schriftsteller jede in die Tiefe gehende Betrachtung vermissen. Haenel meint gar, daß der Begriff des Rechts für die Lösung des Problems „einer weiteren Verdeutlichung nicht bedarf"[1]). Die Rechtssatzformeln, die man prägte und als Definition des Rechtsbegriffs schlechthin ausgab — Heller hat uns die bekanntesten genannt[2]) —, sind teils apodiktisch oder, wenn man sagen will, intuitiv aufgestellt, teils Kompetenzbestimmungen der Gesetzgebung aus den Anfängen des Konstitutionalismus oder Formulierungen von Theoretikern aus jener und noch älterer Zeit. Eine nähere Prüfung würde ergeben, daß sie allesamt unzulänglich sind. Der Herr Referent hat dies an einer Reihe von ihnen einleuchtend gezeigt. Da so die Schriftsteller vor den Toren des Rechtsbegriffs stehen geblieben sind, ist es nicht verwunderlich, daß die Antworten auf die Frage nach dem Verhältnis von Gesetz und Recht so verschieden lauten und von den Vertretern der Theorie vom rein formellen Gesetz ein jeder die Grenze gegenüber dem auch materiellen Gesetz anders zieht.

Natürlich hat auch der Herr Referent eine Rechtssatzformel aufgestellt, aufstellen müssen. Er versteht unter einem Rechtssatz „die durch Gemeinschaftsautorität individualisierte, den Handlungswillen intersubjektiv bindende Norm". Sie, meine Herren, werden in seinen Ausführungen die nähere Begründung hierzu vermissen und ihm entgegenhalten, daß seine Formel ebenso apodiktisch und unbewiesen sei, wie die von ihm bekämpften. Hier ist allerdings eine Stelle, wohl die einzige, wo der sonst so fest gefügte Bau des Vortrags eine Lücke zeigt, wo er angreifbar ist. Denn wenn Heller den Begriff des konstitutionellen Gesetzes als „die von der Volkslegislative gesetzten obersten Rechtsnormen" definiert, so macht auch er, gleich der herrschenden Lehre, die letztendliche Erfassung des Gesetzesbegriffs von der Vorstellung über den Rechtsbegriff abhängig.

---

[1]) Studien II 1880, S. 121, 119: „Und von hier aus genügt es vollständig, festzustellen, was von Niemand als das Wesen des objektiven Rechts bestritten ist und für dessen Bezeichnung es immer nur sich darum handelt, den mehr oder minder glücklichen Ausdruck zu finden." „So kann man mit genügender Sicherheit sagen: Rechtssätze sind Sätze, welche dazu bestimmt sind, an einem vorausgesetzten Tatbestand subjektive Rechte und Pflichten zu begründen oder mit einem gewissen Tatbestand gewisse Rechte und Pflichten zu verknüpfen" (II S. 122).

[2]) Zu erwähnen wäre noch die Rechtssatzformel Hubrichs. Er erblickt den Unterschied zwischen Rechtsnormen und Verwaltungsnormen darin, daß jene eine Ordnung menschlicher Handlungen (gruppenweise oder nur einzeln erfaßt) nach dem Gesichtspunkt der Einheit, diese eine Ordnung nach dem Gesichtspunkt der Summe darstellen; vgl. Grundlagen des monarchischen Staatsrechts Preußens mit Rücksicht auf den Begriff der gesetzgebenden Gewalt, Verwaltungsarchiv Bd 16 (1908) S. 525, 542, 547f., Bd. 17 S. 48; Preußisches Staatsrecht 1909 S. 48, 55, 135.

Daß seine Rechtssatzformel den Beweis ihrer Richtigkeit schon in sich trägt, werden seine Gegner ihm schwerlich zugestehen. Der Beweis dürfte sich auch nicht schon zwingend daraus ergeben, daß er in m. E. unwiderleglicher immanenter Kritik die bisherigen Rechtssatzformulierungen als unhaltbar aufgezeigt hat. Es wäre neben der seinigen immerhin noch eine andere Rechtssatzformel, vielleicht eine engere, denkbar. Ich muß bekennen, daß seine Formel mich nicht restlos befriedigt. Sie will freilich keine erschöpfende Definition des Rechtsbegriffs geben, aber sie will uns doch das Merkmal an die Hand geben, an dem wir die Rechtsnorm vom Nichtrecht, vom Verwaltungsakt, vom Richterspruch, von Privatverträgen und anderen auf dem Recht beruhenden Akten unterscheiden können. Seine Formel ist nun bewußt so weit gefaßt, daß jeder staatliche Befehl, jedes privatrechtliche Rechtsgeschäft, kurz jede Individualisierung einer Rechtsnorm als Rechtssetzung erscheint. In dieser Weite des Begriffes vermag ich Heller nicht zu folgen. So sehr ich ihm auch in der Kritik der herrschenden Lehre und in den Endergebnissen zustimme, so erscheint mir dieser Punkt des Referates doch einer Nachprüfung bedürftig, umsomehr bedürftig, als in diesem Punkt der Gesetzesbegriff seine letzte Klärung findet, sich uns erst sein eigentliches Wesen erschließt.

Indem ich hier mit meinem Korreferat einsetze, werde ich Sie, meine Herren, nicht noch einmal den Weg führen, den Sie mit Herrn Heller gegangen sind, sondern, in Ergänzung seines Referates, den Weg zu einem weiteren Ziel.

Wenn ich es wage, über den Rechtsbegriff, dieses schwierigste Problem unserer Wissenschaft, zu reden, so wird hier niemand erwarten, daß ich in der kurzen mir zur Verfügung stehenden Zeit eine Inventarisierung und genaue Beschreibung aller Merkmale dieses Begriffes geben und sie zu einer langen Definition zusammenstellen werde. Es kann sich hier nur darum handeln, den Begriff Recht soweit zu entfalten, als es zur Lösung unseres Problems erforderlich ist. Allerdings gehört hierzu, daß insbesondere auch die spezifische Differenz, die das Recht von den unmittelbar verwandten Erscheinungen unterscheidet, hinreichend geklärt wird. Gerade hieran lassen es alle Rechtssatzformeln, die in dem Streit um das Gesetz aufgestellt worden sind, fehlen. Sie geben bestenfalls Stücke des Gattungsmerkmals, darum aber auch keine befriedigende Lösung des Gesetzesproblems.

Noch mehr muß ich die Hoffnung derer enttäuschen, die da glauben, ich würde sie in das Reich der Ideen und Werte, in die Fragen der Einordnung des Rechts in das Ganze der Kultur, kurz zu jenen lichten Höhen hinaufführen, wo für viele die eigentliche Rechtsphilosophie erst beginnt. Ich bescheide mich mit einem in ihren Augen viel geringeren Ziel, nämlich den Rechtsbegriff zu finden, den wir Juristen brauchen. Nicht als ob ich den Wert jener Betrachtungen unterschätzte oder ihre große Bedeutung für die Gesetzgebung und Auslegung von Gesetzen verkännte; aber sie dürfen doch m. E. nie dazu führen, von dem da geltenden Recht irgendwie etwas abzustreichen oder ihm etwas, was nicht Recht ist, hinzuzufügen. Dieses da geltende Recht begrifflich zu erfassen, erscheint mir als das erste und dringendste Bedürfnis und kommt für die hier gestellte Aufgabe allein in Betracht. Denn noch heute suchen, wie zu den Zeiten Kants, die Juristen den Begriff dieses Rechts; wenigstens hat man sich bis heute noch nicht auf eine Lösung einigen können.

I.

Um den Begriff des Rechts zu erfassen, muß ich notwendig von den Einzelerscheinungen ausgehen, die allgemein, besonders auch von den Juristen, als Recht angesehen, die „Recht" genannt und als „Recht" angewendet werden. Bei der Auswahl und Sammlung der Einzelerscheinungen lasse ich mich also zunächst von einem „vorwissenschaftlichen Begriff" leiten, nämlich von der Übereinstimmung aller jener, auf die es mir ankommen muß, darüber, daß Erscheinungen solche des Rechts sind. Eine solche Übereinstimmung besagt noch nicht, daß die fraglichen Erscheinungen auch alle von einer einheitlichen Struktur sind, daß sie sich unter einen sinnvollen Begriff zusammenfassen lassen. Es ist die Aufgabe der Wissenschaft, diese gegebenen Erscheinungen zu untersuchen, zu zergliedern und so zu klären, daß sie ein Gegenstand der Erkenntnis werden. Diese wissenschaftliche Prüfung könnte ergeben, daß die vorwissenschaftlich als „Recht" bezeichneten Erscheinungen nach ihrer inneren Struktur sagen wir einmal in zwei Arten zu scheiden sind. Der vorwissenschaftliche Begriff enthielte dann zwei verschiedene wissenschaftlich sinnvolle Begriffe, die, um der Vermengung und Verwirrung vorzubeugen, auch terminologisch, wenigstens durch erklärende Zusätze, unterschieden werden müßten.

Ich denke hierbei an die Normen der großen christlichen Kirchen, die man traditionell „Recht" zu nennen pflegt, und andererseits an die allgemein als „Recht" bezeichneten Normen gewisser weltlicher Gemeinschaften. In ihrer Struktur, ihrem Wesen sind beide Normenarten sehr verschieden. Jede von ihnen bildet für sich einen in sich geschlossenen sinnvollen Begriff. Wollte man aber beide auf einen Nenner bringen, so würde dieser Begriff von einer Weite und Inhaltlosigkeit sein, daß er außer den beiden Arten Recht auch noch zahlreiche andere Normenarten umfassen und die Unterschiede zwischen ihnen allen verwischen würde[1]). Ein so weiter Begriff wäre höchst unbefriedigend, unbrauchbar und verwirrend. Man wäre gezwungen, neben ihm noch die beiden Sonderbegriffe des weltlichen und des kirchlichen Rechts zu bilden und zu verwenden, um die Eigenart dieser Rechte auszudrücken und ihre Gebiete voneinander wie von sonstigen Normenarten abzugrenzen. Nur um den Sonderbegriff des weltlichen Rechts ist es uns Juristen aber zu tun, seinen spezifischen Charakter allein suchen wir zu ergründen. Jede Erweiterung dieses Rechtsbegriffes, die nur auf Kosten seiner Eigenart geschehen könnte, ist für uns wertlos, wir müssen sie ablehnen. Somit hat das kirchliche Recht aus unserer Betrachtung auszuscheiden, nur das weltliche Recht steht hier in Frage, nur dieses meine ich, wenn ich von Recht schlechthin spreche.

Für die Findung dieses Begriffes kann mir als Material nur das Recht zweifelloser Rechtsgemeinschaften dienen. Robinsonaden mit und ohne Freytag oder zwei Menschen in staatenloser Wüstenoase als Ausgangspunkt zu nehmen, wie es manche tun, halte ich für gänzlich verfehlt.

II.

Suchen wir nun zunächst den Begriff der dem Recht unmittelbar übergeordneten Gattung zu bestimmen, so werden wir uns über eine Reihe von Merkmalen, die hier vereinigt sind, unschwer verständigen können. Zwar sind die einzelnen Merkmale bei näherer Betrachtung gar nicht so einfacher Natur, aber in die Feinheiten ihrer Bauart brauchen und können wir im Rahmen dieses Vortrages nicht eindringen, ich muß sie eher noch vergröbern, gleichsam schematisieren.

1. Dies gilt besonders von dem zuerst zu nennenden Merkmal der Norm. Mit dem Recht verbinden wir stets die Vorstellung von etwas Normativem, von Gedanken, die Anforderungen stellen. Hierdurch unterscheidet das Recht sich von allen sinnlich wahrnehmbaren Dingen. Diese Normvorstellung läßt sich noch dahin näher bestimmen, daß die Normen sich in irgendeiner Weise auf das praktische Handeln der Menschen gegeneinander oder, wie man auch zu sagen pflegt, auf das „äußere" Verhalten der Menschen zueinander und zu den Dingen beziehen. Heller spricht „von den den Handlungswillen intersubjektiv bindenden Normen". Ich selbst unterschied an anderer Stelle[2]) zwischen den Handlungsnormen und den

[1]) Vgl. z. B. die weiten Rechtsbegriffe Bierlings, Gierkes, aber auch Hellers.

[2]) Juristische Grundprobleme I 1920 S. 32ff.

Beurteilungsnormen im Recht. Auf die weitere Präzisierung dieses im einzelnen recht schwierigen und umstrittenen Teilbegriffes ist hier aber nicht einzugehen.

2. Die Rechtsnormen existieren niemals einzeln als isolierte Einheiten, sondern immer nur als Bestandteile eines zusammenhängenden, in sich geschlossenen Normenkomplexes, eines Systems[1]).

Die Einheit eines Normensystems besteht — darüber kann ernstlich nicht gestritten werden — in der Einheit der Geltung seiner Normen. Diese Einheit schließt einen unaufhebbaren Widerstreit unter seinen Teilen notwendig aus. Es können nicht zwei sich widerstreitende Normen desselben Systems für denselben Fall nebeneinander Geltung haben. Ein Widerspruch im System ist eine Unmöglichkeit, eine contradictio in adjecto.

Mit der Einheit des Systems ist nicht zu verwechseln die Einheit des Begriffes. Die Einheit des Rechtsbegriffes erfordert keineswegs schon die Vereinigung alles Rechtes in einem Normensystem, erfordert nicht die Einzigkeit des Rechtssystems; sie erfordert nur, daß der Rechtsbegriff immer und überall, wo er Anwendung findet, ein und derselbe ist. An und für sich wäre es natürlich realiter möglich, daß alles Recht auch ein einheitliches Normensystem bildete, daß wir ein wahres Weltrecht hätten. Jedoch kann zurzeit davon keine Rede sein. Das Recht der ganzen Welt stellt ein einheitliches Normensystem von keinem Standpunkt aus dar, es gibt vielmehr eine große Zahl von positiven Rechtssystemen, die vollkommen unabhängig nebeneinander gelten.

Kelsen[2]) hat diesen Rechtsplurismus bestritten und ein einheitliches System, das alles Recht umfasse, die Einzigkeit des Rechtssystems behauptet, wobei er jedem die Wahl läßt zwischen der Einheit eines Rechtssystems im Sinne des Primates der „eigenstaatlichen Rechtsordnung" oder des Primates der Völkerrechtsordnung. Im ersteren Falle ist nicht bloß das Recht des Staates, von dem der Erkennende ausgeht, nämlich des eigenen Staates, ein einheitliches System, sondern es erscheinen auch die Rechtsordnungen aller übrigen Staaten und das gesamte Völkerrecht formell in dieses eigenstaatliche System eingeordnet, so daß dieses eine alle vorhandenen Rechtsnormenkomplexe umfassende Universalrechtsordnung darstellt. Im zweiten Falle bildet das Völkerrecht nicht bloß für sich ein einheitliches System, sondern es steht auch über allen staatlichen Rechtsordnungen, sie als Bestandteile in sein System

[1]) Zum folgenden vgl. meine Juristische Grundprobleme S. 140ff., 173ff.

[2]) Allgemeine Staatslehre 1925 S. 121ff.

aufnehmend und dieses damit zu einer Weltrechtsordnung ausweitend.

Diese eigenartige Theorie von der Einzigkeit des Rechtssystems ist nur aus der Ihnen ja bekannten Grundauffassung Kelsens heraus verständlich. Indem er die Geltung des Rechts von den Seinstatsachen loslöst, ist er gezwungen, um die Einheitlichkeit der Rechtsgeltung zu retten, die ganze Rechtswelt in ein einziges Normensystem hineinzukonstruieren. Die Einheit des Rechtsbegriffes fällt so bei ihm notwendig mit der Einzigkeit des Rechtssystems zusammen. Abgesehen von anderen Gründen geht schon aus dieser Konsequenz hervor, daß die Grundauffassung Kelsens nicht richtig sein kann. Denn die einheitliche Universalrechtsordnung setzt voraus, daß es zwischen den einzelnen staatlichen Rechtsordnungen keinen unaufhebbaren Widerstreit gibt, daß ferner die Rechtsnormen, denen der Primat zukommt, die Normen der ihnen ein- und untergeordneten Rechtsordnungen außer Geltung setzen können. Ein Blick in die wirkliche Rechtswelt zeigt aber das Gegenteil. Keine staatliche Rechtsordnung hat oder beansprucht die Macht, die Normen eines anderen gleichgeordneten Staates ohne dessen Willen außer Geltung zu setzen. Oft genug aber stehen die beiderseitigen Normen miteinander in Widerstreit, ohne daß diese Konflikte auf eine juristische Weise gelöst werden können; sie können so wenig gelöst werden, wie die Konflikte des Rechts mit den sittlichen, kirchlichen und sonstigen andersartigen Normen.

Es drängt sich die Frage auf, worin die Einheit des einzelnen Rechtssystems begründet ist. Diese Frage der Einheit in der Vielheit ist offensichtlich die Kardinalfrage, deren Lösung mit so vielen anderen Fragen letzten Endes auch die Erfassung des Rechts- und Gesetzesbegriffes bedingt. Sie kann an dieser Stelle nur angeschnitten werden, um erst an späterer Stelle gelöst zu werden.

Der Grund der Einheit kann nur darin gefunden werden, daß die Geltung aller Normen des Systems letzten Endes auf dem Willen einer zentralen Instanz beruht, daß der Wille dieser Instanz letzten Endes für die Geltung und Nichtgeltung der Normen entscheidend ist. Diese gleiche Beziehung aller Normen zum zentralen Willen ist der Einheitsbezug, der die Normen für das menschliche Denken zu einer Gesamtheit, zu einem System einigt.

Der Einheitsbezug darf nicht dahin aufgefaßt werden, daß die Normen des Systems sämtlich von dem zentralen Willen selbst gesetzt sein müssen und nur von ihm wieder aufgehoben werden können. Dies wird nur für einen mehr oder weniger großen Teil der Normen zutreffen. Ich nenne sie die primären Rechtsnormen[1]). Aber der zentrale Wille kann ausdrücklich oder in konkludenter Weise auch andere Instanzen ermächtigen, Rechtsnormen zu setzen, und sie auch ermächtigen, diese Rechtssetzungsmacht wieder weiter zu übertragen[2]). Wir haben dann die sekundären, tertiären usw. Rechtsnormen und Rechtssetzungsinstanzen vor uns. Da der zentrale Wille die Ermächtigungen und die auf Grund derselben gesetzten Normen aufheben kann, so besteht auch bei diesen sekundären Rechtsnormen der Einheitsbezug. Sie sind, um einen Ausdruck Hellers zu gebrauchen, stets „Individualisierungen" von letzten Endes primären Rechtsnormen, und zwar, wie später darzulegen ist, Individualisierungen besonderer Art, besonderen Inhalts.

Gegenüber den sekundären usw. Rechtssetzern und ihren Normen erscheint die zentrale Instanz allen übergeordnet, sie ist die oberste normensetzende Instanz des Rechtssystems. Da ihre Normen auch von keiner Instanz eines anderen (Rechts- oder sonstigen) Normensystems außer Geltung gesetzt werden können, so ist die zentrale Instanz eine selbstherrliche, souveräne Instanz, sind ihre Normen souveräne Normen. Ich beschränke hiermit das so vieldeutige und abgenutzte Wort Souveränität auf eine Bedeutung, die für die Rechtswissenschaft und überhaupt für jede Normenwissenschaft unentbehrlich ist, ich bezeichne nämlich hiermit die Eigenschaft einer normensetzenden Instanz, in Beziehung auf die Geltung ihrer Normen keiner anderen Instanz untergeordnet zu sein. Souveränität ist Unterordnungslosigkeit einer Instanz inbezug auf die Geltung ihrer Normen. Sie bedeutet die vollkommene Unabhängigkeit der Geltung dieser Normen von denen jedes anderen Normensystems. Von Souveränität kann natürlich nur bei einem autoritativen Willen, bei autoritären Normen gesprochen werden. Aber mein Begriff der Souveränität sagt noch nichts über die Art der Autorität aus, mit der die Normen gelten, er bedeutet also noch nicht, wie bei Somló[3]), daß die Macht der souveränen Instanz der jedes anderen Normensetzers, gleichviel welcher Art, überlegen ist. Daher kann dieser Begriff der Souveränität bei jedem positiven Normensystem, dessen Normen unabhängig von anderen gelten, verwendet werden. Souverän sind also z. B. die obersten Instanzen der selbständigen Kirchen und

[1]) Vgl. Somló, Juristische Grundlehre 1917 S. 331.

[2]) Vgl. meine Juristischen Grundprobleme I S. 173ff. Der Ermächtigung steht gleich der Fall, daß der zentrale Wille die bei seiner Entstehung oder weiteren Machtausdehnung vorgefundenen Rechtssetzungsinstanzen seinem System einordnet; z. B. bei der Bundesstaatsentstehung die Ein- und Unterordnung der bisher souveränen Landesgesetzgebungen.

[3]) A. a. O. S. 279ff., 93ff.

ihre Normen, souverän sind die Normen der Sitte, der positiven Moral usw.[1]).

3. Meine bisherigen Ausführungen lassen schon deutlich ein weiteres Gattungsmerkmal des Rechts erkennen, nämlich daß alles Recht seine Geltung durch einen geschichtlichen Vorgang, durch sinnenfällige Taten erhalten haben muß. Mit den physischen und psychischen Tatsächlichkeiten des Entstehungsprozesses ist die Geltung jeder Rechtsnorm untrennbar verbunden. Man kann einer Rechtsnorm nur habhaft werden durch Schlußfolgerungen, durch ein Herausdenken aus diesen Tatsächlichkeiten. Die Entstehungsprozesse alles Rechtes lassen sich bekanntlich in zwei Grundformen einteilen: die Form des Gewohnheitsrechts und die Form des Gesetzesrechts.

Bei den sekundären Rechtsnormen, die stets Individualisierungen einer primären, sei es gewohnheits- oder gesetzesrechtlichen Rechtsnorm, sind, müssen die Entstehungstatsachen neben den Individualisierungsvorgängen notwendig auch diese primäre Rechtsnorm aufweisen. Ohne eine solche wäre der Einheitsbezug nicht vorhanden, könnte also eine sekundäre Rechtsnorm niemals entstehen.

Auch die Entstehung der primären Rechtsnormen ist in der Regel durch Recht, natürlich primäres Recht, vorgezeichnet, das die Verfassung der souveränen Instanz und die Formalitäten der Normensetzung bestimmt. Bei den auf diesem Wege gesetzten primären Normen kann kein Zweifel sein, daß sie zum Rechtssystem gehören, daß sie den Einheitsbezug aufweisen. Es ist hier aber die Frage aufzuwerfen, ob die primären Rechtsnormen für die primäre Rechtssetzung die gleiche Bedeutung haben wie für die sekundäre Rechtssetzung. Ist ihr Vorhandensein und ihre Beachtung hier ebenso notwendiges Erfordernis wie dort? Können primäre Rechtsnormen nur auf Grund und in Gemäßheit primären Rechts, in Individualisierung primärer Rechtsnormen entstehen oder auch unabhängig von ihnen und in Widerspruch mit ihnen, d. h. auf illegale Weise? Worin besteht dann der Einheitsbezug? Was verbindet die illegale mit der legalen primären Rechtsnorm, die illegale primäre Rechtssetzungsinstanz mit der legalen? M. a. W., welches sind die Erfordernisse der souveränen Rechtssetzungsinstanz?

In diesen Fragen erfährt das Problem des Rechtsbegriffes seine letzte, höchste Zuspitzung. Ihre Beantwortung, soweit sie im Rahmen eines Vortrags möglich ist, muß ich zunächst noch zurückstellen, um vorerst die anderen Merkmale des Rechts zu klären.

---

[1]) Vgl. über Souveränität und ihr Subjekt auch meine Ausführungen in Juristische Grundprobleme I S. 177ff., 180ff., 241ff.

4. Die Tatsächlichkeiten des Rechtsbildungsprozesses, von denen ich gesprochen habe, bilden nur den einen Teil des Geltungstatbestandes der Rechtsnormen. Der andere Teil ist, wie Somló[1]) richtig gesehen hat, die „gewöhnliche Befolgung" des Normenkomplexes. Die Normen des Rechtssetzers müssen sich im allgemeinen durchsetzen. Hierbei ist von dem Gesamtbestand der rechtsetzenden Tätigkeit, vom ganzen Normenkomplex auszugehen, nicht von der einzelnen Norm, noch weniger vom einzelnen Anwendungsfall. Die „gewöhnliche Befolgung" ist weder als ausnahmslose noch als allgemeine Befolgung der einzelnen Norm, sondern als durchschnittliche Befolgung der Gesamtheit der Normen zu verstehen. Für den Geltungs- und Rechtscharakter einer einzelnen Norm ist es also gleichgültig, in welchem Umfang sie befolgt wird, ob allgemein oder spärlich oder vielleicht, wenigstens zeitweise, gar nicht; maßgebend ist, daß sie zu einem Normenkomplex gehört, der durchschnittlich befolgt wird.

Die Instanz, deren Normen in diesem Sinne gewöhnlich sich durchsetzen, bezeichnet man als eine Macht, als eine mit Autorität ausgestattete Instanz. Dieser Begriff der Macht bedeutet also nichts anderes als die Fähigkeit, die gewöhnliche Durchsetzung der Normen zu erreichen. Er hat nichts mit irgendwelchen besonderen Motiven der Normbefolgung, nichts mit irgendwelchen besonderen Arten der Durchsetzungsmittel zu tun, sondern umfaßt alle möglichen in ihrer Gesamtheit[2]). Er darf insbesondere nicht einfach mit dem Begriff der physischen Macht gleichgesetzt werden, auch nicht mit einer solchen Macht, die die Befolgung ihrer Normen durch Androhung von Nachteilen, deren Verwirklichung physischen Zwang erheischt, sicher stellt. Die Quellen der Macht, die Beweggründe, aus denen der Adressat die Normen befolgt, können die allerverschiedensten sein und sind wohl in der Regel bei jeder Macht die verschiedensten. Sie lassen sich bei keiner auf einen einheitlichen Nenner bringen.

Dieses zweite Stück des Geltungstatbestandes, das Merkmal der Macht, muß sich gleich dem ersten, dem Entstehungsprozeß, notwendig in physischen und psychischen Tatsächlichkeiten, in realen Vorgängen ausprägen. Es kann also nur aus diesen entnommen und erschlossen werden.

5. So besteht denn die Geltung des Rechts in einer Gesamtheit von nachweisbaren physischen und psychischen Tatsachen, aus denen wir die Entstehung und den Inhalt der Normen sowie ihre Ausstattung mit Autorität, mit Ver-

---

[1]) A. a. O. S. 93ff., 103.
[2]) Somló S. 109.

pflichtungskraft erschließen. Diese Geltung ist unabhängig von dem inneren Wert der Norm und von jeder bestimmten psychischen Einstellung des einzelnen Adressaten zu ihr. Mag der einzelne Adressat sie innerlich anerkennen oder sie ablehnen, ihr Dasein wird davon nicht berührt, die Verbindlichkeit, die Geltung besteht fort. Diese beruht, wie sich aus dem Gesagten schon deutlich ergibt, auf einem formalen Prinzip.

Die Gründung der Geltung des Rechts auf eine Gesamtheit von Tatsachen bedeutet nichts anderes, als daß das Recht eine Realität, etwas Daseiendes ist. Nicht in dem Sinne, daß es ein körperliches Ding, eine sinnliche Naturerscheinung sei, aber doch in dem Sinne, daß es aus körperlichen Dingen, aus sinnenfälligen Tatsachen mittels unseres Denkvermögens zu erschließen ist. Das Recht ist ein unkörperliches, aber aus Körperlichem heraus zu denkendes Ding, ein in äußeren Tatsachen eingebetteter geistiger Sachverhalt. Kein Unterschied kann größer sein als der zwischen den in einer Gesamtheit von realen Dingen objektivierten autoritativen Gedanken des Rechts und einem reinen Gedankending, das von selbst da ist, sobald man es zu denken sich nur vornimmt.

Indem die Realität eine Grundtatsache des Rechts ist, gehört sie in den Rechtsbegriff hinein. Sonst wäre der begriffliche Unterschied zwischen den Gedankendingen des Rechts und den reinen Gedankendingen, den subjektiven Überzeugungen, der Unterschied zwischen positivem Recht und Naturrecht verwischt.

In diesem Punkte trennt mich eine Welt von der Grundanschauung Kelsens. Kelsen weist die Realität aus dem Rechtsbegriff hinaus. Sein Recht ist ein System von reinen Normen, d. h. von reinen Gedankendingen. Daß seinem Normensystem ein in der Wirklichkeit funktionierendes entspricht, ist, wie er in seinem Werke Das Problem der Souveränität und die Theorie des Völkerrechts (1920) hervorhebt, nur ein denkökonomisches Postulat, „es hat aber dieses Postulat mit dem Begriff des Rechts nichts zu tun“[1]). In seiner All-

[1]) S. 98. Er bezeichnet es (a. a. O. S. 100) vielmehr als „gänzlich verfehlt, wenn immer wieder versucht wird, in den Begriff des Rechts selbst die regelmäßige Wirksamkeit seiner Normen aufzunehmen . . . Aus dem die Bildung der Ursprungshypothese bestimmenden Prinzipe (nämlich dem genannten denkökonomischen Grundsatz), das rechtliche Sollen dem tatsächlichen Geschehen inhaltlich möglichst anzupassen, nicht aber aus dem Begriffe des Rechtes ergibt sich für den Inhalt der Rechtsordnung, daß dieser überhaupt realisierbar sei und auch in der Regel realisiert werde.“

gemeinen Staatslehre (1925) hat sich der Dualismus zwischen seinem reinen Normensystem und der entsprechenden Wirklichkeit zu einem „Spannungsverhältnis" gemildert, das ein gewisses „Maximum" und „Minimum" nicht überschreiten darf[1]). Aber zu einer Aufnahme dieses Spannungsverhältnisses, d. i. der „gewöhnlichen Befolgung", in den Rechtsbegriff kann er sich nicht entschließen, der Dualismus bleibt bei ihm weiter bestehen. In seiner neuesten Publikation, der Erwiderung auf die Streitschrift Hold-Fernecks[2]), meint er gar, daß er sich von der seitens H. akzeptierten Lösung Somlós „nur dadurch" unterscheide, daß er „Bedenken trage, dieses Moment (nämlich der ‚gewöhnlichen Befolgung') in den Begriff des Rechts aufzunehmen". „Was mich von Somló trennt", sagt er wörtlich, „ist nicht eigentlich die Sache, sondern eine Formulierung. Eine Nüance im Grunde genommen. H. aber schreit Räuber und Mörder"[3]).

Dieser „Räuber- und Mörderschrei" ist aber schon ein wenig berechtigt. Der Unterschied ist doch mehr als eine bloße Nuance. Er kann nicht größer gedacht werden. Indem er die Realität aus dem Rechtsbegriff und damit aus jeder Rechtsnorm hinausdrängt, raubt und mordet Kelsen wirklich der Rechtsdisziplin ihren Grundbegriff, reißt er die begriffliche Schranke zwischen dem positiven und dem Naturrecht nieder[4]). Er entfernt aus dem Recht die Macht, die Funktion, die Leistung. Ich erblicke hierin den Grundfehler der ganzen Kelsenschen Lehre. Wenn er selbst sich heute nicht mehr in der „Sache", sondern nur noch in der „Formulierung", nur noch durch eine „Nuance" von der Lehre der Realität des Rechts getrennt fühlt, so beweist mir dies, daß er sich noch in einem Wandel befindet und wohl schon auf dem Sprunge steht, in die Arme der von ihm so leidenschaftlich bekämpften Lehre zu sinken.

---

[1]) A. a. O. S. 18f.

[2]) Der Staat als Übermensch. Zugleich eine Auseinandersetzung mit der Rechtslehre Kelsens, 1926; hiergegen Kelsen, Der Staat als Übermensch, Eine Erwiderung 1926; gegen diese wieder Hold-Ferneck, Ein Kampf ums Recht. Entgegnung auf Kelsens Schrift „Der Staat als Übermensch" 1927.

[3]) Der Staat als Übermensch S. 20; gesperrt wie bei Kelsen.

[4]) Wenn Kelsen, Problem der Souveränität S. 91 es als „einen offenbaren Irrtum" bezeichnet, daß das Naturrecht „nur ein gedachtes, nicht wirkliches, nicht ins Sein gesetztes Recht" sei und darlegt, daß „durch seine faktische Wirksamkeit das sog. positive Recht vom Naturrecht nicht zu unterscheiden ist", so müssen diese Ausführungen gegenüber dem auch von Kelsen mit Recht sehr geschätzten Werk von Bergbohm, Jurisprudenz und Rechtsphilosophie, I 1892 wundernehmen. Sie bedürfen mit Hinblick auf dieses Werk keiner Widerlegung.

6. Noch einige weitere Merkmale der Gattung sind zu erwähnen. Einmal das Merkmal, das Somló[1]) „Beständigkeit“ nennt. Jeder Rechtsmacht wohnt, richtiger gesagt, jedenfalls die Tendenz der Dauer, der Festigkeit inne.

Sodann hat jede Rechtsmacht sich einen bestimmten Kreis von Menschen abgegrenzt, an den sie ihre Normen für gewöhnlich richtet. Die Abgrenzung hat nicht die Bedeutung, daß die Normen sich ausschließlich an diese Menschen richten. Denn es gibt auch Rechtsnormen, die über den Kreis hinausgehen, aber sie sind im Verhältnis zu den übrigen nur spärlich, nur Ausnahmen[2]).

Innerhalb des abgegrenzten Kreises aber beschränkt sich keine Rechtsmacht auf Erlaß vereinzelter Normen, sondern jede hat hier ein weites Lebensgebiet geregelt. Die Abgrenzung in Verbindung mit der umfassenden, einheitlich geltenden, gewöhnlich befolgten Regelung macht diesen Personenkreis für das synthetisierende menschliche Denken insoweit zu einer verbundenen Vielheit d. h. zu einer Einheit, einem Verbande. Ich nenne sie Gemeinschaft, und zwar eine durch umfassende Regelung der Lebensverhältnisse ausgezeichnete, kurz eine umfassende Gemeinschaft. Die Strukturform einer solchen Gemeinschaft finden wir in jedem Rechtssystem, jeder Rechtstotalität; sie ist ein wesentliches Merkmal des Rechts.

Über das Verhältnis von Recht und Gemeinschaft läßt sich nur sagen, daß weder das Recht ohne die Gemeinschaft noch die (Rechts-)Gemeinschaft ohne das Recht denkbar ist. Beide Begriffe sind vielmehr voneinander untrennbar in demselben Konglomerat von Tatsächlichkeiten enthalten. Gleichwohl sind sie nicht miteinander zu identifizieren. Denn der Standpunkt, von dem beide Erscheinungen aus diesem Konglomerat herausgeformt werden, ist ein ganz verschiedener. Beim Recht sind es die Normen, die wir herauszudenken und zu begreifen suchen, bei der Gemeinschaft ist es die Verbundenheit der Vielheit von Menschen, die soziale Einheit. Das die Einheit in der Vielheit hier wie dort begründende Moment ist aber derselbe souveräne autoritative Wille. Deswegen können wir die Rechtsgemeinschaft auch eine souveräne Gemeinschaft, den Rechtsetzer als Instanz einer souveränen Gemeinschaft bezeichnen, andererseits die Rechtsnormen als Gemeinschaftsnormen, Gemeinschaftswille, wobei zu beachten ist, daß die „Gemeinschaft“ hier lediglich ein das Recht näher bestimmendes Merkmal, eine Strukturform des Rechtsganzen ist und man

---

[1]) A. a. O. S. 102f.

[2]) Vgl. über diese „hinausgerichteten“ Rechtsnormen meine Juristische Grundprobleme I S. 164ff.

sich vor den falschen Vorstellungen, die der Gemeinschaftsbegriff so leicht hervorruft, hüten muß.

III.

Überblicken wir die bisher gefundenen Merkmale, so ist unter ihnen keines, das dem Recht spezifisch eigen wäre. Ebenso sind sie es alle zusammen nicht. Es gibt gar manche Normenart nichtrechtlichen Charakters, bei denen sie alle ebenfalls zutreffen.

So muß denn noch die spezifische Differenz gesucht werden. Sie kann offenbar nur noch in einer Eigenart der Autorität, mit der die Rechtsnormen gelten, bestehen. Damit aber rühren wir an das ruhelose Problem des Zwanges im Recht, von Bergbohm[1]) das heikelste aller rechtsphilosophischen Probleme genannt.

Im weiteren Sinne umfaßt das Zwangsproblem das Problem der Macht, der Autorität überhaupt. Davon habe ich schon bei dem Merkmal der „gewöhnlichen Befolgung" gesprochen. Im engeren Sinne versteht man unter der Frage nach dem Zwang im Recht die Frage nach der Eigenart der Autorität des Rechts gegenüber der Autorität anderer Normenarten.

1. Von den verschiedenen Lösungsversuchen seien hier nur zwei ganz flüchtig gestreift.

Sehr verbreitet und von bedeutenden Autoren vertreten ist auch heute noch die Ansicht, daß jeder Rechtsnorm eine Sanktion, d. i. die Androhung mit einem Nachteil (Strafe oder Exekution) eigen sei. Es ist nicht schwierig, die Unzulänglichkeit dieser Auffassung nachzuweisen, wie sie ja schon oft aufgezeigt worden ist. Einmal gibt es eine ganze Anzahl seitens der Rechtsmacht gesetzter Normen, die einer solchen Sanktion ermangeln. Es geht nicht an, diese leges imperfectae zu „unverbindlichen Wünschen des Gesetzgebers" herabzudrücken. Sodann finden sich zahlreiche Normen, deren Durchsetzung ebenfalls durch Nachteilsfolgen garantiert ist, die aber Recht zweifellos nicht sind. Ich weise nur hin auf die Normen der Sitte und positiven Moral, die in weitem Umfange durch die sog. Strafen der öffentlichen Meinung gesichert sind, deren Zwang nicht selten beträchtlich stärker wirkt als die vom Recht verwendeten Mittel der Zwangsvollstreckung und Strafe[2]). Ich halte es überhaupt für einen Grundfehler, die Strukturform des Rechts in den einzelnen Rechtssätzen, den Rechtsatomen, anstatt im Rechtsganzen zu

---

[1]) A. a. O. S. 388.

[2]) Vgl. Weigelin, Einführung in die Moral- und Rechtsphilosophie 1927 S. 122ff.

suchen. Die Atome des Rechts weisen keine einheitliche Struktur auf. Die dem Recht eigene Form kann nur in der Totalität des Rechts, verglichen mit den Totalitäten der nächstverwandten Erscheinungen gefunden werden.

Der Lösung schon näher kommt das von Somló aufgestellte Merkmal der „höchsten Macht“[1]). Er definiert das Recht als „die Normen einer gewöhnlich befolgten, umfassenden und beständigen höchsten Macht“[2]). Für die Bezeichnung der Gesamtheit dieser Eigenschaften der Rechtsmacht verwendet er auch den Begriff der Souveränität, diesem Worte also eine ganz spezifische, nur der Rechtsmacht zukommende Bedeutung gebend[3]). „Höchste Macht“ ist nach ihm diejenige, die „ihre Gebote in einem bestimmten Kreise von Menschen gewöhnlich und erfolgreicher als andere Mächte durchzusetzen imstande ist“[4]). Das Merkmal der „höchsten Macht“ ist, wie er ausdrücklich hervorhebt, bereits in dem Merkmal des „gewöhnlichen“ Durchsetzens von Forderungen mitenthalten. „Denn wenn eine Macht“, sagt er, „ihre Normen gewöhnlich oder in der Regel durchsetzt, so kann es eine andere im selben Kreise nur mehr ausnahmsweise, aber nicht ebenfalls gewöhnlich tun. Das gewöhnliche Durchsetzen ihrer Normen hebt demnach eine Macht bereits über alle anderen Mächte des betreffenden Kreises[5]).“

Diese Lösung ist auf den ersten Blick bestechend. Und doch befriedigt sie bei näherer Prüfung nicht restlos. Es fehlt mir hier die Zeit, dies im einzelnen auszuführen. Ich habe schon an anderer Stelle[6]) die Unzulänglichkeit des Somlóschen Merkmals dargelegt. Hier sei darauf hingewiesen, daß neben den Rechtsnormen im selben Kreise noch andere Arten von Normenkomplexen, die ebenfalls beständige und umfassende Regelungen wie das Recht sind und für „gewöhnlich“ befolgt werden; die sie setzende Macht müßte also nach der Auffassung Somlós als „höchste Macht“ angesehen werden. Ich denke an die Normen der Sitte, der positiven Moral, der Kirche, der Religion.

Man wird mir vielleicht einwenden, daß das „gewöhnliche Durchsetzen“ sich nicht bloß den Untergebenen gegenüber, sondern auch jeder im selben Kreise konkurrierenden Macht gegenüber bewähren müsse. Aber das könnte doch erst durch

[1]) Juristische Grundlehre S. 93ff.
[2]) A. a. O. S. 105.
[3]) A. a. O. S. 279.
[4]) A. a. O. S. 93.
[5]) A. a. O. S. 95. In demselben Sinne wird die Formulierung auch von Hold-Ferneck, Der Staat als Übermensch 1926 S. 5, akzeptiert.
[6]) Juristische Grundprobleme, I bes. S. 184ff., 463ff.

einen Kampf zwischen den einzelnen konkurrierenden Mächten festgestellt werden. Die in Betracht kommenden Mächte müßten also zu einem Olympiawettkampf um die Meisterschaft der „höchsten Macht" in einem bestimmten Kreise antreten, nach dessen Ausgang der Titel der „Rechtsmacht" als Siegespreis verliehen würde. Solange sie dagegen friedlich nebeneinanderleben, läßt es sich nicht feststellen, wem der Meistertitel gebührt, auch nicht ohne weiteres immer vermuten. Es läßt sich durchaus nicht behaupten, daß die Rechtsmacht in dem Kampfe mit andersartigen Mächten, in dem es ja selten ums Ganze, sondern meistens um Teilgebiete geht, stets obsiegt. Die Geschichte kennt genug Beispiele für das Gegenteil, ohne daß der Rechtsmacht der Charakter als Rechtsmacht verloren ging. Oft ist das Ende eines solchen Kampfes ein Kompromiß, in dem beide Teile nachgeben. Wer ist dann die „höchste Macht"?

2. Wir sehen, das Merkmal der „höchsten Macht" in der Formulierung Somlós löst das Zwangsproblem noch i. e. S. nicht. Seine „gewöhnliche Befolgung" ist nur ein Merkmal der Gattung. Und auf die Austragung einer Rivalität der Mächte kann die spezifische Differenz nicht abgestellt werden. So kann sie denn nur noch in der Art der Mittel, die der Rechtsmacht zur Durchsetzung und Erhaltung ihrer Autorität zur Verfügung stehen, gesucht werden.

Prüfen wir diese im Vergleich zu den Machtmitteln anderer Normenarten, so finden wir, daß die Rechtsmacht mit den erfahrungsgemäß[1]) stärksten äußeren Zwangsmitteln ausgestattet ist. Der Nachdruck liegt hier auf dem Wort „äußere" Zwangsmittel. Ich meine hiermit die physischen Zwangsmittel. Wohl ist die Rechtsmacht nicht die einzige Macht, die über äußere Zwangsmittel verfügt, sie hat also nicht das Monopol des „äußeren Zwanges". Aber ihren äußeren Zwangsmitteln gegenüber treten die äußeren Zwangsmittel der nächstverwandten Mächte, die also mit der Rechtsmacht alle Gattungsmerkmale gemeinsam haben, offensichtlich zurück. Die Mächte der Sitte, der positiven Moral, der Kirche usw. verfügen nicht im entferntesten über äußere Zwangsmittel von der objektiven Stärke, wie die souveräne Rechtsmacht sie besitzt. Mit ihnen können sich auch die äußeren Zwangsmittel der in der Literatur so oft angeführten Räuberbande nicht messen, abgesehen

---

[1]) Die Zwangsmittel sind also nicht vom (subjektiven) Standpunkt des einzelnen Menschen, sondern vom (objektiven) Standpunkt der Allgemeinheit zu werten. Auch handelt es sich hier nur um stärkste Zwangsmittel im Vergleich zu denen andersartiger Normenmächte, also nicht um absolut, sondern um relativ stärksten äußeren Zwang.

davon, daß eine solche Bande gar nicht zu den allein in Vergleich kommenden nächstverwandten Mächten gehört, weil bei ihr nicht alle Gattungsmerkmale des Rechts vorhanden sind. Mögen die äußeren Zwangsmittel in ihrer Ausgestaltung bei den verschiedenen souveränen Rechtsgemeinschaften und zu den verschiedenen Zeiten noch so verschieden sein, immer sind sie objektiv stärker als die äußeren Zwangsmittel der nächstverwandten Gemeinschaften der gleichen Zeit und des gleichen Raumes.

Mit dem Merkmal der stärksten äußeren Zwangsmittel ist noch nicht gesagt, daß die Rechtsmacht auch stets die „höchste Macht" ist. Es ist sehr wohl denkbar und mit unserem Merkmal durchaus verträglich, daß die „inneren" Zwangsmittel einer andersartigen Macht, wie ich einmal alle übrigen Machtmittel zusammenfassend nennen will, sich stärker erweisen als die äußeren Zwangsmittel der Rechtsmacht und das Expansionsstreben derselben zurückdrängen. Maßgebend für den Charakter als Rechtsmacht ist aber nicht die Intensität der Autorität überhaupt, sondern nur die Ausstattung mit erfahrungsgemäß stärksten äußeren Zwangsmitteln. In ihr liegt allein die Eigenart des Rechts.

Nun wäre nichts falscher und könnte man mich nicht ärger mißverstehen, als diese Eigenart dahin aufzufassen, daß das rechtlich geordnete Zusammenleben nur auf dem Dasein der äußeren Zwangsmittel beruhe, daß das Recht nur auf Grund dieser Zwangsmittel wirke und sich nur deshalb gewöhnlich durchsetze. Davon ist in meinem Merkmal nichts enthalten. Die Autorität der Rechtsmacht, die „gewöhnliche Befolgung" des Rechts beruht vielmehr auf den allerverschiedensten Gründen. Zu ihnen gehört insbesondere die sog. „freiwillige" Befolgung. Welchen Anteil an den Befolgungsgründen die Motivationen aus den äußeren Zwangsmitteln haben, ist für den Begriff des Rechts völlig gleichgültig und läßt sich überhaupt nicht feststellen. Mit dem Merkmal ist nur gesagt, daß der Gesamterscheinung des Rechts das Vorhandensein von stärksten äußeren Zwangsmitteln eigentümlich ist. Mehr ist nicht gesagt. Dieses Merkmal tritt neben das Merkmal der „gewöhnlichen Befolgung", das durch jenes nicht etwa ersetzt wird. Es ist lediglich ein das Recht als Ganzes näher bestimmendes und nur ihm eigentümliches Merkmal. Es ist ein Merkmal der einzelnen Rechtsnorm nur in dem Sinne, als in der einzelnen Rechtsnorm stets die Gesamtvorstellung des Rechts erscheinen muß.

3. Mit diesem spezifischen Merkmal ist zugleich noch ein anderes mitgesetzt, nämlich das Merkmal des Gebiets[1]).

---

[1]) Das bedeutet nicht schon stets Seßhaftigkeit.

Die Entfaltung der stärksten äußeren Zwangsmittel schließt für den räumlichen Bereich, in dem sie entfaltet werden, die gleichartige Betätigung durch eine andere souveräne Rechtsmacht ohne Willen der Gebietsmacht aus. Jede souveräne Rechtsmacht bedarf also eines Gebiets, das ihren äußeren Zwangsmitteln anderen Rechtsmächten gegenüber allein vorbehalten ist. Das Gebiet ist eine notwendige Begleiterscheinung des spezifischen Merkmals. Das Gebietsmerkmal bedeutet nicht, daß die Rechtsmacht ihre Herrschaft auf die Personen im Gebiet beschränkt, sie erstreckt sie vielmehr regelmäßig auch noch auf gewisse Personen außerhalb des Gebiets, auf die „Staatsangehörigen" im Auslande. Das heißt: die Rechtsgemeinschaft ist räumlich-persönlich abgegrenzt.

4. Wenn ich nun die bisherigen Merkmale zu einer vorläufigen Begriffsbestimmung zusammenstelle, so habe ich zu beachten, daß einige der gefundenen Merkmale schon in anderen enthalten, durch sie mitgesetzt sind. So enthält das Merkmal der Gemeinschaft schon das Merkmal der Realität, der „gewöhnlichen Befolgung", und damit auch das der Autorität. Das Merkmal der Beständigkeit steckt im Grunde bereits im Merkmal der umfassenden Regelung. Ich kann also sagen:

> Recht bedeutet die Normen des praktischen Handelns der Menschen gegeneinander, die von Instanzen einer räumlich-persönlich abgegrenzten, durch umfassende Regelung und stärkste äußere Zwangsmittel ausgezeichneten, souveränen Gemeinschaft gesetzt sind.

5. Die souveräne Rechtsgemeinschaft ist identisch mit dem heutigen souveränen Staat im Sinne von Staatsgemeinschaft, d. i. dem Grundbegriff des Staats. Das Verhältnis dieses Staats zum Recht ist also das schon dargelegte Verhältnis von Gemeinschaft und Recht. Von dem Staat in diesem Sinne einer souveränen Gemeinschaft als einem Element des Rechtsbegriffs ist wohl zu unterscheiden der Staat im Sinne einer vom fertigen Recht geschaffenen Institution, eines Rechtsinhaltsbegriffs, wie er besonders in der juristischen Persönlichkeit Staat heute in allen zivilisierten Rechtsgemeinschaften besteht. In diese Rechtsfigur „Staatsperson" hat das moderne Recht einen großen Teil der Rechtssetzung (nicht alle!) und äußeren Zwangsmittel hineingestellt, d. h. sie als Tätigkeit der juristischen Staatspersönlichkeit qualifiziert[1]).

Es liegt auf der Hand, daß man zur begrifflichen Erfassung des Rechts und der Rechtsquellen niemals von der vom Recht selbst geschaffenen Figur ausgehen darf, sondern nur von dem Grundbegriff des Staates im Sinne der souveränen

[1]) Vgl. Näheres meine Juristische Grundprobleme S. 202ff., 216ff., 221ff.

Staatsgemeinschaft. Das Nichtauseinanderhalten, die Vermengung beider Staatsbegriffe bildet die Quelle der herrschenden grenzenlosen Verwirrung.

Daß auch das Völkerrecht, dieser Prüfstein jedes Rechtsbegriffes, sowie die sonst über das Staatsgebiet oder gar die Staatsgemeinschaft hinaus sich erstreckenden Normen sich in meinem Rechtsbegriff einordnen lassen, dafür glaube ich an anderer Stelle[1]) die Grundlagen gegeben zu haben, und zwar im Sinne der Einfügung des für und gegen den Staat geltenden Völkerrechts in sein staatliches Rechtssystem. Dies sei nur nebenbei bemerkt.

IV.

Das Problem des Rechtsbegriffes ist aber mit der vorläufigen Definition noch nicht restlos gelöst. Wir haben mit ihr das Recht zwar von den anderen, unabhängig vom Recht stehenden, souveränen Normenarten — z. B. der Sitte, der positiven Moral — d. h. extern unterschieden, aber wir haben damit die Rechtsnormen noch nicht von den auf ihnen beruhenden Nichtrechtsnormen, d. h. intern abgegrenzt. Das Problem der Grenzziehung zwischen Recht und Nichtrecht innerhalb des rechtlichen Normensystems oder, wie man meistens sagt, zwischen dem formellen und materiellen Gesetz, zwischen Rechts- und Verwaltungsverordnung steht meines Erachtens an Schwierigkeit hinter dem Zwangsproblem nicht zurück; die Verworrenheit ist hier heute größer denn je.

1. Als Zorn[2]) in dem Streit um den Gesetzesbegriff erklärte, daß er nicht bloß zwischen dem rein formellen und dem auch materiellen Gesetz, sondern auch zwischen der Rechts- und Verwaltungsverordnung keinen Unterschied finden könne, vielmehr es sich um eine Rechtsvorschrift begrifflich bei jedem Gesetz und jeder Verordnung handeln müsse, konnte Anschütz noch kritisieren, daß „hier die Zorn, und wohl nur ihm, eigene Grundanschauung zutage tritt, welche alle und jede obrigkeitliche Staatstätigkeit mit Rechtssetzung identifiziert, in jedem imperativen Staatswillensakt, also auch in jedem Dienstbefehl, jeder Polizeiverfügung, jedem Kommando einen ‚Rechtssatz' erblickt. Damit werden aber Grenzen und Unterschiede verwischt, die theoretisch wie praktisch ebenso unentbehrlich sind, wie sie bisher Jedermann deutlich waren"[3]). Heute werden gleiche oder ähnliche Ge-

[1]) A. a. O. S. 344ff.

[2]) Staatsrecht des Deutschen Reiches 2. Aufl. 1895, I 404, 484.

[3]) Die gegenwärtigen Theorien über den Begriff der gesetzgebenden Gewalt, 2. Aufl., 1901 S. 134.

danken, schon von einer ganz ansehnlichen Zahl unserer ersten Fachgenossen vertreten, ohne daß ein Widerspruch laut wird. Um nur einige herauszugreifen, erklärt Thoma, daß „jede Verwaltungsanordnung, von unten her betrachtet, Rechtssatzung — lex generalis oder specialis — sei . . .; ja jede Vertragschließung"[1]). Es folgte der Wiener Merkl[2]) mit seiner Stufentheorie, die von Kelsen übernommen wurde[3]). Nach Somló endet der Begriff der sekundären Rechtsquellen erst in dem Punkte, wo „weiter keine Rechtspflicht mehr zum Normsetzen vorliegt, sondern eine bloße Befugnis"; auch der Befehl des Kanzleivorstandes an den Kanzleidiener ist ihm ein Rechtssatz[4]). Noch weiter als Somló geht Heller in seinem Referat, wie Sie gehört haben: Jede Individualisierung einer Rechtsnorm schafft nach ihm eine neue Rechtsnorm. Es ist der Mut der Konsequenz, der sie alle einigt. Allerdings ist die Durchführung der Konsequenz nicht bei allen gleich radikal. Zorn beschränkt sein Recht auf staatliche Befehle, Thoma[5]) scheint die reinen „Vollziehungen" ausnehmen zu wollen. Somló will nur Individualisierungen von Pflichtnormen, nicht auch von reinen Befugnissen als sekundäre Rechtsquellen anerkennen; andere, wie Heller, gehen noch weiter; so daß in der Gruppe der Konsequenten durchaus keine Einheitlichkeit in der Abgrenzung herrscht.

Die Konsequenz, die sie ziehen, steckt aber auch in allen Rechtssatzformulierungen der herrschenden Lehre! Nur werden sie von ihren Vertretern nicht gezogen. Sie lehnen sie aus dem richtigen Gefühl heraus ab, daß dadurch Dinge als Recht bezeichnet werden, die Recht zweifellos nicht sind, daß durch solche Ausdehnung unser Rechtsbegriff denaturiert wird. Der „vorwissenschaftliche" Rechtsbegriff wenigstens hat ernstlich niemals das Kommandowort des Unteroffiziers, den Befehl des Kanzleivorstandes an den Kanzleidiener, die Normen jedes privatrechtlichen Vertrages, z. B. die Bestellung auf eine Kiste Zigarren, als Teile des objektiven Rechts, als Rechtssätze bezeichnet, hat niemals angenommen, daß die Individualisierungen eines privatrechtlichen Vertrages, d. h. einer Rechtsnorm im Sinne der Konsequenten — z. B. eines Dienstvertrages — oder des elterlichen Gewaltverhältnisses — also die zahllosen Befehle der Eltern an ihre Kinder — Rechtsnormen seien. Welche Hochachtung würde die Hausfrau vor

[1]) Der Vorbehalt des Gesetzes im preußischen Verfassungsrecht, Festgabe f. Otto Mayer 1916 S. 179, 176.
[2]) Das Recht im Lichte seiner Anwendung 1917.
[3]) Allgemeine Staatslehre 1925 S. 231ff., 248ff.
[4]) Juristische Grundlehre S. 332.
[5]) S. 179 Anm. 24.

sich selbst und das Hausmädchen vor der Hausfrau haben, wenn ihnen gesagt würde, daß ihre ungezählten täglichen Anweisungen den gleichen Charakter haben wie die Gesetze, die die Könige und Parlamente geben. Sie würden es für ein Märchen halten. Und vor allem die Sprache der Gesetze selbst kennt nichts von solcher uferlosen Ausdehnung des Rechtsbegriffes. Wenn in so vielen Gesetzen definierend gesagt wird, daß unter Gesetz „jede Rechtsnorm" zu verstehen sei, so setzen sie damit ganz klar einen Rechtsbegriff voraus, der in keiner Weise alle Individualisierungen von Rechtsnormen umfaßt. Sie hätten die neue Lehre, wenn sie sie gekannt hätten, als für sie gänzlich unbrauchbar strikte abgelehnt.

2. Die neue Lehre ist unbegründet und unannehmbar. Die Welt besteht nicht aus lauter Rechtssetzern. Es ist zunächst gar nicht einzusehen, warum die Individualisierung an und für sich die Bedeutung haben soll, an Qualität dasselbe hervorzubringen wie das, was individualisiert wird. Machen wir uns einmal klar, was denn Individualisierung einer Rechtsnorm ist. Sie besteht darin, daß das Individuum die Norm (wenn sie einen Befehl enthält) befolgt bzw. von ihr (wenn sie eine Erlaubnis enthält) Gebrauch macht. Daß die Verwirklichung der Befehls- bzw. Erlaubnisnorm an sich noch nicht Recht erzeugt, wird jeder zugeben hinsichtlich derjenigen realisierenden Tätigkeit, die nicht in Normsetzung, sondern in Handlungen anderer Art besteht, wie Abgabe nichtnormativer Erklärungen, Verwarnungen, Ermahnungen, Anfragen, Auskünfte, Beschwerden, tatsächliches Handeln. Diese Tätigkeit ist natürlich eine vom Recht gebilligte, rechtlich erhebliche, kurz eine rechtliche, aber noch nicht eine Recht erzeugende. Der Realisierung einer Rechtsnorm kommt also an und für sich offenbar noch nicht die Bedeutung zu, Recht hervorzubringen. Diese Bedeutung kommt der Realisierung an und für sich auch dann nicht zu, wenn sie in Setzung einer Norm besteht. Ich sehe keinen Grund, diejenige realisierende Tätigkeit, die in der Setzung einer Norm besteht, anders zu bewerten, hier der Realisierung ohne weiteres die Kraft zuzuschreiben, Recht zu erzeugen. Auch hier kann die Realisierung an und für sich nur eine rechtlich erhebliche Norm hervorbringen. Soll die Norm die Qualität einer Rechtsnorm haben, so ist dies offenbar ein Etwas, das über die bloße Individualisierung und dadurch bewirkte rechtliche Erheblichkeit hinaus als ein Mehr hinzukommt. Die Befehle des Vaters an seinen Sohn, die Schularbeiten zu machen, die Anweisung der Hausfrau an die Köchin, die süße Speise herzurichten, des Wirtes an die Kellnerin, dem Gast das Bier zu bringen, u. a. sind wohl Individualisierungen von Rechtsnormen, haben jedoch augenscheinlich nicht die Qualität des Rechts. Man kann natürlich logisch

ein System von individualisierenden Normen, das sich auf die primären Rechtsnormen gründet, aufführen, aber es fehlt jeder zureichende Grund, sie alle, aber auch alle, wie die Konsequenz es verlangt, gerade als Rechtsnormen d. h. von der Bedeutung und Qualität der primären Rechtsnormen zu charakterisieren. Weder der vorwissenschaftliche Rechtsbegriff noch die Logik können dafür in Anspruch genommen werden. Was ist nun das Etwas, das zur Individualisierung noch hinzutreten muß, um eine Norm gerade zur Rechtsnorm zu machen? Woran erkennen wir den Unterschied zwischen Rechtsnormen und bloß rechtlich erheblichen, bloß rechtlichen Normen?

3. Verfolgen wir die Individualisierungen nach oben bis zu den obersten Normen hinauf, so kommen wir zuletzt zu den primären Rechtsnormen. Diese primären Rechtsnormen sind das Urrecht, aus dem alles andere Recht fließt. Sinn und Bedeutung dieses Urrechts gilt es noch näher zu bestimmen.

Unsere Lösung des Zwangsproblems hat das Urrecht nur gegenüber den Normen anderer Art, aber noch nicht gegenüber den bloß rechtlich relevanten Normen unterschieden, sie hat nur das externe, noch nicht das interne Verhältnis geklärt. In dieser Hinsicht das Urrecht als das in der Rechtspyramide zu oberst stehende Recht zu charakterisieren, sagt offenbar noch zu wenig. Es als das Recht zu bezeichnen, das nicht wieder Individualisierungen von Rechtsnormen darstellt, würde nicht richtig sein, weil eine Urrechtsnorm auch aus einer anderen Urrechtsnorm individualisiert sein kann. Wir müssen vielmehr fragen, welche Bedeutung die das Urrecht setzende Instanz und ihr Handeln für die Rechtsgemeinschaft besitzt. Da kann die Antwort nach all dem früher Gesagten nur lauten: Die Instanz handelt mit der Setzung des Urrechts in der Eigenschaft als die die Rechtsgemeinschaft konstituierende Autorität, handelt als der souveräne autoritative Wille der Gemeinschaft. Nur dies ist der Sinn des Urrechts. Es ist der Ausdruck des Handelns in der Eigenschaft als die Autorität der souveränen Rechtsgemeinschaft.

Niemand wird behaupten können, daß dieser Sinn auch den Befolgungen, den Individualisierungen des Urrechts bis hinunter zu der untersten Stufe ohne weiteres zukäme. Andererseits steht nichts entgegen, daß die souveräne Instanz mit dem Handeln in dieser ihrer Eigenschaft auch andere beauftragen kann. Die Ausführung solcher Ermächtigungen ist natürlich eine Individualisierung. Aber daß diese Individualisierung „Recht" setzt, liegt nicht an der Individualisierung an sich, sondern nur an dem besonderen Inhalt der Ermächtigungsnorm; nämlich in dem Auftrag, die souveräne Instanz gerade in dieser ihrer Eigenschaft zu vertreten, an Stelle der souveränen Instanz und für diese zu handeln. Nur solche Individualisierungen sind also sekundäre Rechtsquellen, die vom Recht, in erster Linie dem Urrecht dazu qualifiziert, mit einer das Urrecht vertretenden Bedeutung ausgestattet werden.

Wann solche Qualifizierungen vorliegen, ist also aus dem Recht, letzten Endes dem Urrecht zu entnehmen. In den meisten Fällen macht dies keine Schwierigkeiten. Daß in einzelnen Fällen die Auslegung nicht leicht ist, berechtigt noch nicht, einfach den Unterschied zwischen den sekundären Rechtsetzungen und den übrigen Individualisierungen zu leugnen und alles dem „Recht" zuzurechnen. Die herrschende Theorie von den Rechts- und Verwaltungsverordnungen ist also im Grundprinzip richtig, wenn auch die bisherigen Formulierungen und Begründungen unzureichend und zu verwerfen sind.

Ich muß mich hier damit begnügen, das Prinzip der Lösung hinsichtlich der sekundären Rechtsnormen nur anzudeuten, und kann nicht auf die verschiedenen Fragen, die noch damit verknüpft sind, eingehen. Denn es handelt sich bei meinem Thema über den Gesetzesbegriff nicht um das sekundäre Recht, sondern, wie wir gleich sehen werden, um das Urrecht. Es kam mir hier nur darauf an, die Bedeutung dieses Urrechts für den Rechtsbegriff überhaupt zu kennzeichnen. Ich mußte zu diesem Zwecke andeuten, daß im Urrecht auch das Problem des sekundären Rechts und dessen Abgrenzung von sonstigen Individualisierungen gelöst ist.

4. Mit der Feststellung von Sinn und Bedeutung des Urrechts beantwortet sich auch die früher angeschnittene, aber zurückgestellte Frage nach der Einheit in der Vielheit.

Bei den sekundären Rechtsnormen ist die Einheit mit den primären Rechtsnormen letzten Endes stets durch eine zur sekundären Rechtsetzung qualifizierende primäre Norm hergestellt.

Die Einheit der primären Normen, der Urrechtsnormen aber ist das Problem; wenigstens bei den Urrechtsnormen, die nicht auf dem vom Urrecht selbst vorgesehenen Wege, sondern in illegaler Weise entstanden sind. Das die legalen wie die illegalen Urrechtsnormen einigende Band ist die gleiche Eigenschaft: beide sind Normen des souveränen autoritativen Willens der Rechtsgemeinschaft und darum gleichwertig. Die Eigenschaft des souveränen autoritativen Willens ist nicht davon abhängig, daß er auf dem vom Urrecht vorgeschriebenen Wege entstanden ist. Er ist derjenige, der sich als solcher durchsetzt, dem die allgemeine Befolgung in der Rechtsgemeinschaft entgegengebracht wird, mag es sich handeln um eine Instanz, die im Urrecht vorgesehen ist, sich aber über die ihr hier gezogenen Schranken hinweggesetzt und sog. „ungeschriebenes" Verfassungsrecht schafft, oder um eine neue Instanz, die in rechtswidriger Weise die alte verdrängt und sich an ihre Stelle setzt, revolutionäres Recht schaffend. Wann solche Wandlungen vor sich gegangen sind, ist eine Tatfrage, die nur durch eine Untersuchung der sozialen Wirklichkeit beantwortet werden kann — durch eine „soziologische" Untersuchung würde ich sagen, wenn dieses Wort nicht so leicht mißdeutet werden könnte.

Die Gestaltung der souveränen Instanz kann dabei die denkbar verschiedenste sein: das Volk, der absolute Fürst, das Parlament, Kombinationen dieser Einrichtungen u. a. Für all das gebrauche ich den Ausdruck „Instanz". Jedoch bedeutet nicht jede Verschiebung der dynamischen Kräfte, nicht jede Machtschwankung schon eine Veränderung der souveränen Instanz. Solange sie nicht in Schaffung von Urrechtsnormen zum Ausdruck kommt, solange muß die von den Urrechtsnormen bezeichnete Instanz als die souveräne angesehen werden.

Nach alledem besteht der Einheitsbezug alles Rechtes einer souveränen Rechtsgemeinschaft darin, daß es von dem souveränen autoritativen Willen der Gemeinschaft oder auf Grund seiner Vertretungsermächtigung gesetzt ist.

5. Dieses Ergebnis ist in unsere vorläufige Begriffsbestimmung des Rechts einzufügen. Sie lautet dann:

> Recht bedeutet die Normen des praktischen Handelns der Menschen gegeneinander, die von der souveränen Instanz einer räumlich-persönlich abgegrenzten, durch umfassende Regelung und stärkste äußere Zwangsmittel ausgezeichneten Gemeinschaft oder auf Grund ihrer Ermächtigung zur Vertretung gesetzt sind.

Mit dieser Begriffsbestimmung ist auch schon gesagt, daß es auf einen bestimmtgearteten Inhalt und die Allgemeinheit der Norm nicht ankommt.

Nunmehr ist die Bahn frei für die Lösung des Problems, das den Ausgangspunkt dieses Vortrags bildete, nämlich des Verhältnisses von Gesetz und Recht.

V.

1. Mit dem Rechtsbegriff ist auch der Grundbegriff des Gesetzes gegeben, der für unsere Wissenschaft unentbehrlich ist. Er ist mit dem Begriff der souveränen Instanz, der souveränen Rechtsgemeinschaft verbunden.

Alles Recht, das von der souveränen Instanz ausgeht, läßt sich in die beiden Grundformen jeder Rechtsbildung „geschriebenes" und „ungeschriebenes", gesatztes und ungesatztes Recht oder wie man sonst dieses bekannte Gegensatzpaar nennen will, einteilen. Der Grundbegriff Gesetz bedeutet nun die von der souveränen Instanz der Rechtsgemeinschaft in dieser ihrer Eigenschaft gesatzten Normen, oder kurz die gesatzten primären Rechtsnormen, das gesatzte Urrecht. Alles, was Inhalt einer Norm für praktisches Handeln der Menschen gegeneinander sein kann, das kann Inhalt auch des gesatzten Urrechts, des Gesetzes sein und, wie eine Norm überhaupt, so kann auch die gesatzte Urrechtsnorm, das Gesetz, ein allgemeines oder ein spezielles sein.

Die Bedeutung dieses grundbegrifflichen Gesetzes als des gesatzten Urrechts kann selbst die souveräne Instanz nicht abändern. Denn es ist lediglich der Ausdruck dafür, daß die souveräne Instanz in dieser ihrer Eigenschaft gehandelt hat, und zwar in gesatzter Form; nicht mehr. Es ist der Wesensbegriff der souveränen Instanz, über den sie selbst nichts bestimmen kann, im Gegensatz zu den sekundären Rechtsquellen. Sie kann so wenig darüber bestimmen, wie ein Mensch darüber bestimmen kann, daß er Mensch ist und nicht Tier.

2. Ohne den Grundbegriff des Gesetzes kann keine klare Theorie der Rechtsquellen aufgeführt werden. Seltsamer Weise ist in dem ganzen Streit um den Gesetzesbegriff von diesem Grund- und Voraussetzungsbegriff des Gesetzes überhaupt nicht die Rede. Auch Somló[1]) sagt: „Es ist schier unglaublich, daß die Staatsrechtslehre so vielfach ohne den Voraussetzungsbegriff des Gesetzes zu arbeiten versucht." Wir haben in diesem Streite also das eigenartige Schauspiel, daß die beiden Hauptbegriffe, die allein die Lösung bringen können, der Rechtsbegriff und der Grundbegriff des Gesetzes, gar nicht erörtert werden! Was dabei an Unbegreiflichkeiten herauskommt, das mag jeder, wer nicht die Bibliothek des Streites durchstudieren will, bei Thoma[2]) nachlesen. Aber auch Thoma und auch Heller gehen an dem Grundbegriff des Gesetzes vorbei. Heller wäre auf ihn gestoßen, wenn er nicht beim konstitutionellen Gesetzesbegriff stehen geblieben wäre. Denn er liegt diesem Begriff, so wie er ihn formuliert, zugrunde. Dieser ist nur eine Spezies, eine Anwendungsform des Grundbegriffes. Man abstrahiere in seiner Definition des konstitutionellen Gesetzes von der besonderen Form der Satzung, nämlich der „Volkslegislative", wofür man einfach „gesatzt" sage, und dann lautet seine Formel: Gesetze heißen alle gesatzten obersten Rechtsnormen. Die besondere „konstitutionelle" Form stellt nur ganz außer Zweifel, daß hier die Normen in der Eigenschaft als souveräne Instanz gesetzt

[1]) A. a. O. S. 348.

[2]) Der Vorbehalt des Gesetzes, in der Festgabe f. Otto Mayer 1916.

werden, daß hier geschriebenes Urrecht geschaffen wird. Ich treffe also mit dem Herrn Referenten darin zusammen, daß das konstitutionelle Gesetz Recht und nur Recht setzt.

Viele lassen den Gesetzesbegriff, den eigentlichen, hier in Frage stehenden Gesetzesbegriff erst mit dem konstitutionellen Gesetz beginnen. Nichts ist falscher als dies. Ihn gab es auch schon im vorkonstitutionellen, im absoluten Staat. Es war hier derselbe Wesensbegriff wie in der konstitutionellen Form. Freilich, wem dieses Wesen nicht aufgegangen war und wer dabei noch mit einer vagen Rechtssatzformel operierte, der konnte mit dem Gesetzesbegiiff des absoluten Staates nichts oder nicht viel anfangen. Und so ist es denn nicht verwunderlich, daß sich die meisten an diesem Gesetzesbegriff scheu vorbeidrücken, ihn oft ausdrücklich verleugnen oder bestenfalls, nur von weitem höflich grüßend, an ihn vorübergehen. Die beim konstitutionellen Gesetz so klare äußere Erscheinungsform war hier nicht so scharf abgezeichnet, machte wenigstens Schwierigkeiten. Im absoluten Fürsten vereinigten sich eben noch andere Gewalten. Wie sollte man sie denn von der gesetzgebenden Gewalt unterscheiden, wenn man nicht das Wesen des Gesetzes kannte, wenn man dieses in die äußere Erscheinungsform hineinlegte! Dann mußten die Bestellung des Königs auf eine Tabaksdose, seine die Verwaltung und Armee inspizierenden Anordnungen, der Erlaß des Allgemeinen Landrechts und der Allgemeinen Gerichtsordnung begrifflich als eins erscheinen und ihre Unterscheidung, um mit Erich Kaufmann[1]) zu sprechen, bloß „klassifikatorische und keine begriffliche Bedeutung“ haben. Aber es drängt sich schon gefühlsmäßig jedem auf, daß hier auch ein begrifflicher Unterschied besteht. Er besteht darin, daß im Allgemeinen Landrecht, der Allgemeinen Gerichtsordnung und überall, wo er in gleicher Weise auftrat, der Fürst in der Eigenschaft als souveräne Instanz handelte, von einem Handeln in solcher Eigenschaft aber bei der Bestellung der Tabaksdose, beim Kommandieren der Truppen und Beaufsichtigen der Behörden keine Rede sein kann, er hier vielmehr nur auf Grund und im Rahmen der von ihm erlassenen Gesetze tätig war. Die Prüfung von Anordnungen des absoluten Fürsten auf ihren Gesetzescharakter muß also darauf abgestellt werden, ob er in der Eigenschaft als souveräne Instanz des Staates oder in einer anderen in seinen Gesetzen näher umschriebenen Eigenschaft gehandelt hat. Diese

[1]) Artikel „Verwaltung, Verwaltungsrecht“ im v. Stengel-Fleischmanns Wörterbuch des deutschen Staats- und Verwaltungsrechts 1914 Bd. III S. 692.

Prüfung ist gerade im vorkonstitutionellen Preußen, wie Hubrich[1]) in seinen verschiedenen, viel zu wenig beachteten Abhandlungen nachgewiesen hat, in weitem Umfange dadurch erleichtert, daß die gesetzgeberische Tätigkeit sich hier auch äußerlich unverkennbar in gewissen Formen vollzog, wenngleieh diese Formen nicht so „zwingend" waren, daß sie Abweichungrn ausschlossen. Aber diese Abweichungen, die manchen Autoren soviel Kopfzerbrechen machen, sind mittels des Wesensbegiffs des Gesetzes unschwer festzustellen. Jedenfalls ist der Granzstreifen streitiger Auslegung nur ein schmaler.

Der dargelegte konstitutionelle Gesetzesbegriff, der sich in Frankreich und Belgien ausgebildet hatte, und ebenso der vorkonstitutionelle Gesetzesbegriff des absoluten Staates sind — das ist allgemein anerkannt — die unmittelbaren Vorbilder des Gesetzesbegriffs der preußischen Verfassungsurkunde von 1848/50. Inwieweit der eine, inwieweit der andere auf ihn eingewirkt hat, ist für die Erfassung des Gesetzesbegriffs der preußischen VU. gleichgültig, weil beide ja Spezies desselben Grundbegriffs des Gesetzes sind. Am richtigsten dürfte es sein, zu sagen: Der Gesetzesbegriff der preußischen Verfassungsurkunde ist die direkte Fortsetzung des vorkonstitutionellen Gesetzesbegriffes, gestaltet nach dem Muster des konstitutionellen, wie er in Frankreich und Belgien schon in Geltung stand. Daraus aber ergibt sich zwingend, daß der preußische konstitutionelle Gesetzesbegriff ebenfalls eine Spezies des juristischen Grundbegriffs des Gesetzes ist, wie der preußische vorkonstitutionelle und der französiche und belgische konstitutionelle. Das bedeutet, daß alle Normen für menschliches Handeln, die durch diese Form hindurchgegangen sind, in der Eigenschaft als Normen der souveränen autoritativen Instanz gesetzt sind, also primäre Rechtsnormen, Urrecht und nur Urrecht darstellen, gleichviel was sie im einzelnen betreffen, ob die Privatverhältnisse der Untertanen oder die Organisation des Staates und seiner Behörden, ob Gebietsveränderungen, Staatshaushalt, Amnestien usw., gleichviel ob sie allgemeine Normen oder Individualakte sind. Die herrschende Lehre, daß der preußische konstitutionelle Gesetzesbegriff eine bloße äußere Form sei, die zu allem und jedem diene, zur Erzeugung von Rechtsnormen wie von reinen Verwaltungsnormen und zu unverbindlichen Deklamationen, steht mit der unzweifelhaften, von ihr selbst zwingend nachgewiesenen Anknüpfung an die genannten Vorbilder in unvereinbarem Widerspruch. Sie er-

[1]) Außer den oben S. 137 angeführten Abhandlungen besonders noch: Streitfragen über die Publikationspflicht autonomer Statuten in Preußen, Annalen des Deutschen Reichs 1916 S. 641 ff., Die Entwicklung der Gesetzespublikation in Preußen 1918.

bringt keinen Beweis, daß die preußische Verfassungsurkunde in Abweichung von diesen Vorbildern eine neue Form, nämlich eine gemeinsame Etikette für Akte von begrifflich verschiedenster Art, eine noch nie dagewesene Form schaffen wollte. Das Prunkstück der Argumentationen dieser Lehre, die angeblich sonst bestehende Tautologie des Art. 62 preußischer VU. von 1850, die mir niemals verständlich geworden ist, hat Thoma mit Recht als „einen unglückseligen Beweis" bezeichnet, „der nicht nur den Meister selbst, sondern auch sonst die gewichtigsten Autoritäten geblendet hat" und „der ein Sophisma ist, das zerplatzt, wenn man ihm ernstlich zu Leibe rückt"[1]).

3. Die herrschende Lehre kann ihren rein formellen Gesetzesbegriff auch nicht retten durch den Hinweis auf den sog. „unverbindlichen Gesetzesinhalt". Es kann natürlich nicht bestritten werden, daß in den Gesetzesdokumenten hier und da auch mal etwas steht, was nicht als Norm des praktischen Handelns der Menschen gegeneinander angesehen werden kann. Aber bei solchen Erklärungen handeln die die gesetzgebende Instanz bildenden Menschen gar nicht in der Eigenschaft einer souveränen autoritativen Instanz. Autoritativ handeln und Unverbindliches erklären sind Dinge, die sich ausschließen. Soweit der unverbindliche Inhalt in durchaus keinem Zusammenhang mit dem normativen steht — und das dürfte sehr selten sein —, lassen sich solche Erklärungen leicht dahin deuten, daß die den Gesetzgeber bildenden Menschen auf diese Weise ihr Ansehen als Gesetzgeber, als souveräne Autorität hinter sie stellen wollen, um ihnen mehr Nachdruck zu geben. Aber in der Eigenschaft als souveräne Autorität handeln sie in diesen Erklärungen selbst nicht. Sie mißbrauchen nur die Gesetzesform. Denn diese soll der Ausdruck, das weithin erkennbare Zeichen sein, daß sie als souveräne Autorität handeln.

Das Gesagte gilt auch von den Bestimmungen im Gesetzesdokument, die sittliche Normen sein wollen. Die heutige RV. enthält einige Beispiele. Schon mit der Bezeichnung derselben als „sittliche" Normen will ja der Gesetzgeber sagen, daß er sie nicht als gleichwertig den übrigen betrachtet wissen will, m. a. W., daß er in ihnen eben nicht als Gesetzgeber, als souveräne Autorität auftreten will.

Jedenfalls, glaube ich, wird man sich hinsichtlich des „unverbindlichen Gesetzesinhalts" am leichtesten darüber einigen, daß er allein die Aufstellung eines besonderen Gesetzesbegriffs, des rein formellen Gesetzes, nicht rechtfertigt, da er die juristische Terminologie verwirrt und den eigentlichen und unentbehrlichen Gesetzesbegriff denaturiert.

---

[1]) A. a. O. S. 189.

4. Mit der Charakterisierung des preußischen konstitutionellen Gesetzes als einer Spezies des juristischen Grundbegriffes des Gesetzes löst sich auf einfache Weise auch die Frage, die den Ausgangspunkt des ganzen Gesetzesstreites bildete und am heißesten, mit bewunderungswürdigem Aufwand von Scharfsinn umstritten wurde, aber das Bild größter Verwirrung darbietet, nämlich das Vorbehaltsproblem.

Der Lösung dieses großen Rätsels ist Thoma am nächsten gekommen, mehr mit intuitivem Herausfühlen des richtigen Weges, als mit überzeugender Begründung. Diese konnte er nicht geben, weil ihm, wie den übrigen, die beiden Grundbegriffe, der Rechtsbegriff und der juristische Grundbegriff des Gesetzes, fehlten. Thoma gesteht nämlich den vorkonstitutionellen preußischen Gesetzen im Prinzip die Vorrangskraft der konstitutionellen zu[1]). Diese Lösung ist richtig, weil den vorkonstitutionellen Gesetzen die gleiche juristische Grundnatur zukommt wie den konstitutionellen; beide sind Spezies desselben juristischen Grundbegriffs des Gesetzes, beide sind Normensetzungen in der Eigenschaft als souveräne autoritative Instanz, sind primäre Rechtsnormen, Urrecht. Solches Urrecht kann nun, sofern es selbst nichts anderes bestimmt, nur wieder durch Urrecht abgeändert werden, sei es durch gesatztes — d. h. Gesetz im Sinne des juristischen Grundbegriffs — oder ungesatztes, gewohnheitsrechtliches. Auch neues Urrecht kann nur auf diesem Wege geschaffen werden. Selbstverständlich kann neues Recht auch durch sekundäre (tertiäre usw.) Rechtsquellen gesetzt werden, allerdings dann nur im Rahmen der im letzten Ende durch primäres Recht gegebenen Zuständigkeiten. Soweit aber diese Zuständigkeiten nicht ausreichen, kann neues Recht nur in Form von primärem Recht, Urrecht entstehen.

Auf die weittragenden Folgerungen dieser Lösung kann ich hier nicht eingehen. Sie liegen übrigens offen zutage.

Ich muß hier auch darauf verzichten, die Bedeutung der süddeutschen „Freiheits- und Eigentumsformel" zu klären, insbesondere die Frage, ob sie aus dem vorkonstitutionellen Gesetzeskomplex nur einen Ausschnitt für den konstitutionellen Gesetzgeber herausschneidet. Im Bejahungsfalle wäre damit ausgesprochen, daß darüber hinaus dem Fürsten die Zuständigkeit zur Rechtssetzung verblieben wäre, allerdings wäre sie nunmehr sekundäre Rechtsquelle, nicht mehr, wie vordem, Urrechtsquelle.

---

[1]) A. a. O. S. 197ff.

VI.

Ich eile mit den Schlußworten zur Reichsverfassung.

Es ist unbestritten, daß man mit der Aufrichtung des Reichs auch den Gesetzesbegriff der preußischen Verfassung von 1850 übernommen hat. Darüber brauche ich keine Worte zu verlieren. Nur wurden die bisher souveränen einzelstaatlichen Gesetzgebungen, indem sie dem obersten Reichswillen unterstellt wurden, zu sekundären Rechtsquellen herabgedrückt. Das Reich allein hatte die souveräne Gesetzgebung d. h. die Urrechtserzeugung. Vom Gesetzesbegriff der alten Reichsverfassung gilt also alles, was ich vom preußischen gesagt habe.

Auch die Weimarer Reichsverfassung hat keine neuen Bahnen eingeschlagen. Es läßt sich weder aus der Verfassung selbst noch aus den Verfassungsberatungen irgend etwas in diesem Sinne deuten. Sie hat den Gesetzesbegriff der alten Reichsverfassung beibehalten. Der Gesetzesbegriff unserer Reichsverfassung Art. 68ff. ist also der juristische Grundbegriff des Gesetzes, wie ich ihn entwickelt habe.

Damit ist der beherrschende Gesichtspunkt gewonnen, unter dem wir die Bestimmungen der Reichsverfassung zu betrachten haben. Die Folgerungen nach den verschiedenen Richtungen zu ziehen, ist mir nicht mehr gestattet, auch nicht, einzugehen auf das Verhältnis von „Verfassung" (im Sinne von Verfassungsurkunde) und Gesetz, die bei uns beide auf derselben souveränen Instanz beruhen. Ich habe Ihre Zeit schon zu lange in Anspruch genommen. Ich muß mich darauf beschränken, zu sagen, daß ich den Ergebnissen des Herrn Referenten, wenigstens im Prinzipiellen, zustimme. Eine grundsätzliche, richtiger terminologische Aussetzung muß ich an den Ausführungen des Herrn Referenten jedoch machen, nämlich, daß er die logischen und ethischen „Strukturprinzipien des Rechts", von denen er selbst sagt, daß sie kein positives Recht seien, als „Rechtsgrundsätze" bezeichnet. Das ist ein leicht in die Irre führender Ausdruck und daher abzulehnen. Dagegen stimme ich mit ihm darin überein, daß die Reichsverfassung das Wort Gesetz nicht bloß in der Bedeutung des konstitutionellen Gesetzesbegriffes oder, wie ich sage, des juristischen Grundbegriffes gebraucht, sondern auch noch andere Bedeutungen kennt. Welche diese sind, bedarf bei jedem Artikel besonderer Untersuchung. Nur eine Bedeutung findet sich in der Reichsverfassung nicht, nämlich die Bedeutung des rein formellen Gesetzes im Sinne der herrschenden Lehre.

Wissenschaftlich berechtigt sind nur zwei Bedeutungen des Gesetzes. Einmal das Gesetz im Sinne des dargelegten juristischen Grundbegriffes. Im Bundesstaat hat neben diesem

Begriff des souveränen Gesetzes noch der Begriff des ihm in mancher Hinsicht konformen nicht-souveränen Gesetzes eine gewisse Berechtigung. Sodann das Gesetz im Sinn von allem gesatztem Recht als Gegensatz zum Gewohnheitsrecht, solange für diesen Gegensatz noch keine besseren Worte gefunden sind. Die dritte, in der Gesetzessprache viel gebrauchte Bedeutung von Recht schlechthin, also einschließlich des Gewohnheitsrechts, können wir wissenschaftlich entbehren, weil wir hier das Wort Recht haben. Dagegen hat wissenschaftlich keine Berechtigung der Begriff des „rein formellen Gesetzes" der herrschenden Lehre. Ihn gibt es in der Rechtswelt nicht. Er verdirbt die juristische Terminologie, denaturiert unseren wichtigsten Grundbegriff. Er bringt Verwirrung, nichts als Verwirrung, wie der Streit um den Gesetzesbegriff zur Evidenz beweist. Er ist, worauf Thoma hinweist[1]), im letzten Grunde geschichtlich aus einer politischen Zweckauslegung entstanden. Daß er ein so zähes Leben hat, trotzdem er im heftigsten Kreuzfeuer des wissenschaftlichen Streites steht, hat darin seinen Grund, daß dieser Streit sich vor den Toren der das Problem entscheidenden Grundbegriffe des Gesetzes und Rechts abgespielt hat.

2a. Leitsätze des Mitberichterstatters.

1. *Der Kritik der herrschenden Lehre durch den Herrn Referenten ist grundsätzlich zuzustimmen.*
2. *Jedoch läßt sich das Problem des formellen und materiellen Gesetzes letzten Endes nur durch die Feststellung des Rechtsbegriffes lösen. In dem bekannten Sreit ist man vor den Toren des Rechtsbegriffes stehen geblieben. Auch der Rechtsssatzbegriff des Herrn Referenten befriedigt nicht restlos. Das Korreferat macht den Versuch, diese Lücke auszufüllen und den Rechtsbegriff so weit zu klären, wie es zur Lösung des Streites erforderlich ist.*
3. *Als Merkmale des Rechtsbegriffes werden erkannt: Normen für praktisches Handeln der Menschen gegeneinander, Einheit in einem Normensystem (Ablehnung der Theorie Kelsens von der Einzigkeit des Rechtsnormensystems, vielmehr Rechtspluralismus), Souveränität, Realität im Sinne des Vorhandenseins eines*

---

[1]) A. a. O. S. 188f.

geschichtlichen Entstehungsvorganges und der „gewöhnlichen Befolgung" (Ablehnung des realitätslosen Rechtsbegriffs Kelsens), Tendenz der Dauer, Gemeinschaft, umfassende Regelung. Das Zwangsproblem ist unter Ablehnung der Sanktionsnormentheorie und unter Kritik der Somlóschen „höchsten Autorität" im Sinne der Ausstattung des Rechtsganzen mit stärksten äußeren Zwangsmitteln zu lösen. Hierdurch ist die externe Abgrenzung des Rechts von Normen anderer Art gewonnen.

Das Problem der internen Abgrenzung der Rechtsnormen von den bloß rechtlich erheblichen Normen (u. a. der Unterschied von Rechts- und Verwaltungsverordnungen) ist heute verworrener denn je. Auch die „Individualisierungstheorie" des Herrn Referenten befriedigt nicht völlig. Zur Lösung ist zu unterscheiden zwischen den primären Rechtsquellen, die das „Urrecht" („ausdrückliches" und „nichtausdrückliches") setzen, und den sekundären Rechtsquellen, deren Geltungsgrund letzten Endes stets eine Beauftragung durch eine Urrechtsnorm ist, dadurch in Einheitsbezug mit dem Urrecht stehend. Die Urrechtsnormen (legal und illegal entstandene) aber werden durch den souveränen Willen der Gemeinschaft zur Einheit zusammengefaßt.

Recht bedeutet hiernach die Normen des praktischen Handelns der Menschen gegeneinander, die von der souveränen Instanz einer räumlich-persönlich abgegrenzten, durch umfassende Regelung und stärkste äußere Zwangsmittel ausgezeichneten Gemeinschaft oder auf Grund ihrer Ermächtigung zu ihrer Vertretung gesetzt sind.

4 *Mit dem Rechtsbegriff ist der Grundbegriff des Gesetzes gegeben, der in dem Gesetzesstreit bisher noch weniger als der Rechtsbegriff erörtert worden ist. Er bedeutet die von der souveränen Instanz der Rechtsgemeinschaft gesatzten Normen, das gesatzte Urrecht. Dieser Grundbegriff des Gesetzes liegt sowohl dem konstitutionellen wie dem Gesetzesbegriff des absoluten Staates zugrunde, gilt in der preußischen Verfassung von 1848 wie in der alten und neuen Reichsverfassung. Mit ihm löst sich auf einfache Weise auch das ruhelose Vorbehaltsproblem.*

5. *Den Leitsätzen des Herrn Referenten unter 9 und 10 ist zuzustimmen.*

3. Aussprache über die vorstehenden Berichte.

Kelsen-Wien: Ich bitte, mich zunächst mit dem ausgezeichneten Referate Herrn Wenzels' beschäftigen zu dürfen, dem ich mit dem höchsten Interesse gefolgt bin. Gestatten Sie, daß ich mit der Hervorhebung jener Punkte beginne, in denen ich dem Herrn Referenten zustimme. Es sind nicht wenige. Vor allem muß ich der Art der Problemstellung beipflichten. Ich halte es für durchaus richtig, daß dem Begriff des Rechtsgesetzes nur vom Begriffe des Rechtes aus beizukommen ist; und daß das Wesen des Rechtes nicht in der isolierten Rechtsnorm, sondern im Rechtssystem zu finden ist; daß aber damit das Problem der Einheit eines Normenkomplexes zum Kernproblem wird. Ich bitte, es nicht für unbescheiden zu halten, wenn ich mir hier zu bemerken erlaube, daß ich gerade diese — auf die Einheit des Normensystems gerichtete — Problemstellung schon seit meiner 1913 oder 1914 erschienenen Abhandlung über „Reichsgesetz und Landesgesetz" und insbesondere in meinem 1920 erschienenen Buche über „Das Problem der Souveränität" forciere; und daß ich im wesentlichen — mit Ausnahme einer Differenz, von der ich später sprechen werde — zu der gleichen Problemlösung gekommen bin wie der Herr Referent, wenn dieser die Einheit eines Komplexes von Rechtsnormen in der Einheit eines souveränen, d. h. höchsten, autoritativen Willens erblickt. Ich nehme an, daß Herr Wenzel hier unter „Wille" nicht gerade den realpsychischen Willensakt irgendeines empirischen Einzelmenschen, sondern einen „Willen" im spezifisch ethisch-juristischen, d. h. normativen Sinne versteht. Dafür spricht, daß er diesen autoritären Willen auch als „Urrecht", „Urrechtsnorm", bezeichnet. Ich glaube nicht fehlzugehen, wenn ich in dieser „Urrechtsnorm" meine die Einheit des Rechtssystems konstituierende Grundnorm oder doch einen sehr nahen Verwandten dieser Grundnorm wiederzuerkennen glaube, die ich selbst gelegentlich Ur- oder Ursprungsnorm genannt habe. Und ich freue mich, feststellen zu können, daß Herr Wenzel ganz so, wie ich es getan, das Problem der Einheit der ein Rechtssystem bildenden Rechtselemente in dem „Einheitsbezug" erblickt, der zwichen diesen Elementen und dem die Einheit konstituierenden Grundprinzip besteht. So daß in erster Linie zur Aufgabe gestellt ist, diesen Einheitsbezug zu finden bzw. näher zu bestimmen.

Im innigsten Zusammenhange damit steht die Bedeutung, die Herr Wenzel dem Begriff der Souveränität gibt, die er, ganz so wie ich, als einen rechtsthoretischen Begriff erfaßt und demgemäß als Qualität des Zuhöchst-Seins bestimmt und der rechtsetzenden Autorität, d. h. aber der Grundnorm und daher dem auf ihr begründeten Rechtssystem zuerkennt. Dieser Begriff der Souveränität leistet auch bei Herrn Wenzel — so wie in meinem eigenen Lehrsystem — die Funktion der Einheit oder ist doch an dieser Einheitsfunktion wesentlich mitbeteiligt, wenn dies Wenzel auch nicht ausdrücklich hervorhebt.

Ebenso stimme ich mit Herrn Wenzel überein, wenn dieser bei Bestimmung des Rechtsbegriffes auf das Zwangsmoment nicht verzichten zu können glaubt; obgleich gerade in letzter Zeit — aus Gründen, die ich hier nicht erörtern kann — geradezu ein Kampf gegen die Verwendung des Zwangsmomentes entbrannt ist, von dem unter anderem auch die von Herrn Wenzel zitierte, unter dem Titel „Der Staat als Übermensch" gegen mich erschienenen Streitschrift und meine unter dem gleichen Titel erschienene Gegenschrift Zeugnis ablegt.

Von Detailfragen, in denen ich mit Herrn Wenzel übereinstimme, möchte ich seine Bestimmung des Verhältnisses zwischen Recht und Rechtsgemeinschaft hervorheben. Er erblickt zutreffend das die Einheit in der Vielheit hier wie dort begründende Moment in ebendemselben souveränen autoritativen Willen, d. h. aber — so scheint es mir wenigstens — in der von Herrn Wenzel als Urrechtsnorm bezeichneten Grundnorm. Auch für mich hat die Einheit der Rechtsordnung und die Einheit des Staates die gleiche Wurzel in der Grundnorm. Nur daß ich aus dieser Prämisse — wie ich glaube folgerichtiger — nicht auf eine Korrelation zwischen Recht und Rechtsgemeinschaft, wie Herr Wenzel, sondern auf die Identität beider schließe (die Rechtsgemeinschaft als Rechtsordnung verstanden).

Bevor ich nun auf den prinzipiellen Gegensatz eingehe, in dem ich mich zu Herrn Wenzel tatsächlich befinde, möchte ich auf einen solchen zu sprechen kommen, den nur Herr Wenzel behauptet, der mir aber tatsächlich nicht oder doch nicht in besonderem Maße zu bestehen scheint. Es ist die sog. Stufentheorie, d. i. die Lehre, daß sich die Rechtsordnung stufenweise auf einem Wege zunehmender Individualisierung bzw. Konkretisierung aus der Grundnorm entwickelt, mit der alle die Rechtsordnung bildenden Normen bzw. Tatbestände in einem Delegationszusammenhange stehen. Diese Theorie hat zuerst mein Freund Merkl systematisch entwickelt. Von ihm habe ich sie übernommen und als wesentlichen Bestandteil in das System der reinen normativen Rechtslehre eingefügt. Herr Wenzel fällt über diese Lehre ein sehr hartes

Urteil. Er meint, sie sei „unbegründet und unannehmbar". Ich kann natürlich diese Lehre hier nicht ausführlich gegen das Urteil Wenzels verteidigen. Ich muß mich darauf beschränken, festzustellen, daß Herrn Wenzels eigene Theorie dieser Lehre zumindest sehr nahe steht. Denn seine ganze Konstruktion einer „Rechtspyramide" — Herr Wenzel verwendet selbst diesen für die Stufentheorie spezifischen Ausdruck — an deren Spitze oder „zuoberst", wie er sagt, das Urrecht, die Urrechtsnorm steht, von der auf dem Wege der „Individualisierung" verschiedene Schichten von sekundären tertiären Rechtsnormen usw. bis hinunter zur untersten Stufe führen: diese ganze Konstruktion Wenzels ähnelt dem Bilde, das die Stufentheorie von der Rechtsordnung zeichnet, wie ein Ei dem anderen. Wodurch sich Herr Wenzel von der von Merkl und mir vertretenen Stufenthorie unterscheidet, ist der Versuch, den Kreis der von der Grundnorm als delegiert anzusehenden Rechtsnormen (Rechtstatbestände) einzuengen. Ich habe nicht den Eindruck, daß Herrn Wenzel dieser Versuch geglückt ist. Er will nur Individualiserungen als sekundäre Rechtsquellen ansehen, die von der Urrechtsnorm dazu qualifiziert sind, an Stelle der souveränen Instanz für diese zu handeln. Er stellt also auf den Inhalt der Urrechtsnorm ab, um eine Einschränkung der Delegation zu gewinnen. Da diese Urrechtsnorm aber doch wohl nicht positiv gesetzt sein kann, vielmehr nur Voraussetzung des positiven Rechtes ist, ihr Inhalt daher — als Hypothesis — sich nach dem als Recht zu erkennenden positiven Material richtet, wird Herr Wenzel, fürchte ich, in einen circulus vitiosus geraten. Dazu kommt, daß die Formel: „An Stelle der souveränen Instanz und für diese zu handeln", nichts anderes als eine Umschreibung des Begriffs der Delegation ist, den die von Herrn Wenzel abgelehnte Stufentheorie benützt und daß diese Formel keinerlei Einschränkung dieses Delegationsbegriffes bedeutet. Vor allem aber scheint es mir an einem zureichenden Grund für die von Herrn Wenzel geforderte Einschränkung zu fehlen. Er wirft der Stufentheorie vor, daß nach ihr Dinge als Recht bezeichnet werden, die Recht zweifellos nicht sind, und daß dadurch eine unzulässige Ausdehnung des Rechtsbegriffes erfolge. Allein die Beispiele, die er anführt, beweisen dies keineswegs. Begründet das Kommando eines Unteroffiziers an den ihm unterstellten Soldaten, der Befehl des Amtsvorstandes an den Amtsdiener nicht eine Verpflichtung der Adressaten? Hat die Nichterfüllung dieser Pflicht keine Rechtsfolgen? Da Herr Wenzel dies doch ernstlich nicht in Abrede stellen kann, wird er sich auf die Dauer kaum der Einsicht verschließen können, daß diese Pflichten Rechtspflichten sind und daß sie es darum sind, weil der Delegationszusammenhang von ihnen, wenn auch vermittelt durch zahlreiche Zwischenstufen, bis zur Grundnorm, der Wenzelschen Urrechtsnorm, reicht, die die Quelle alles Rechts, aller rechtlichen Verbindlichkeit ist. Alle Hochachtung vor der von Herrn Wenzel angerufenen, in der Hauswirtschaft gewiß sehr tüchtigen Hausfrau, die dem Dienstmädchen — im Rahmen des Dienstvertrages — Aufträge erteilt. Aber wenn sie es — wie Herr Wenzel meint — „für ein Märchen hält", daß ihre Aufträge Rechtscharakter haben, d. h. rechtlich ebenso verbindlich sind wie das Hausgehilfengesetz, das Bürgerliche Gesetzbuch usw., auf Grund dessen sie allein solche Aufträge erteilen darf, weil sie mit ihrem Auftrag ja nur die Verbindlichkeit des Gesetzes an die Hausgehilfin heranbringt, mit ihrem Auftrag nur den bedingenden Tatbestand setzt, an den das Gesetz, vermittelt durch den Dienstvertrag, die Verbindlichkeit knüpft; selbst wenn die tüchtigste Hausfrau all dies nicht begreift, sondern für ein Märchen hält (obgleich ihr wohl die Rechtsfolgen jedenfalls bekannt sein dürften, die sich an die Tatsache knüpfen, daß die Hausgehilfin die ihr im Rahmen des Dienstvertrages erteilten Aufträge auszuführen sich weigert), so kann ich das so ernst nicht nehmen. Herr Wenzel möge mir verzeihen, wenn ich diese brave Hausfrau nur in Fragen der Hauswirtschaft, nicht aber für Probleme der Rechtstheorie als Autorität anerkenne.

Im übrigen zeigt sich deutlich, daß Herrn Wenzels Versuch zu einem sehr bedauerlichen Rückschritt der Theorie führt. Da er — notabene innerhalb des Bereichs juristisch zu begreifender Tatbestände — Pflichten gelten lassen muß, die nach seiner Reduktion des Rechtsbegriffes keine Rechtspflichten sein dürfen, muß er die alte, schon glücklich überwundene und in ihren politischen Tendenzen schon längst durchschaute Unterscheidung von Rechts- und Verwaltungsverordnungen wieder aufnehmen. Es würde zu weit führen, alle Konsequenzen des Wenzelschen Versuches einer Restriktion des Delegationsinhaltes der Grundnorm und sohin auch des Rechtsbegriffes aufzuzeigen; insbesondere die, daß der größere Teil des Verwaltungsrechtes außerhalb des Rechtsgebietes fiele; eine Lehre, die ja schon zur Genüge ad absurdum geführt wurde. Ich begnüge mich statt dessen, hier festzustellen: daß vom Standpunkt juristischer Erkenntnis nicht so sehr die Ausdehnung als vielmehr die Verengung des Delegationsbereiches der Grundnorm (und sohin des Rechtsbegriffes) eine Gefahr bedeutet. Denn wenn man irgendeinen Tatbestand juristisch begreifen will, ihn zum Gegenstand der Rechtserkenntnis macht, kann man ihn nur als Recht begreifen.

Allein selbst wenn Herrn Wenzels Versuch einer Restriktion einer von der Urrechtsnorm ausgehenden Delegation erfolgreich wäre, bedeutete er vom Standpunkt der Stufentheorie nur eine nicht sehr erhebliche Modifikation derselben. Herr Wenzel hat einen von ihm im wesentlichen angenommene Theorie für unannehmbar erklärt.

Nicht dort, wo Herr Wenzel glaubt, sondern an einem anderen Punkte, trennt mich eine Welt von ihm, um mit seinen Worten zu sprechen. Es ist das Problem der Einheit allen Rechts. Herr Wenzel bringt meine These, daß alles Recht in einem einheitlichen System begriffen werden müsse (die These von der Einheit des rechtlichen Weltbildes, um einen Ausdruck von Verdross zu gebrauchen), ganz richtig in einen Zusammenhang mit dem Problem der Geltung des Rechts. Tatsächlich hängt die Art, wie man sich die Einheit des Rechtes vorzustellen hat, von der Art der Existenz ab, die man dem Rechte zuerkennt. Sieht man die Existenz des Rechtes in seiner Soll-Geltung, dann kann die Einheit alles Rechts nur eine normative sein: die Einheit eines Systems von Normen. Hält man die Existenz des Rechts für ein Sein im Sinne von Natur-Sein, identifiziert man seine Realität mit der Wirklichkeit natürlichen Geschehens, dann geht die Einheit des Rechts in der durch das Kausalgesetz bestimmten Einheit des tatsächlichen Geschehens auf. Ob man das Recht nun als Sein oder als Sollen auffaßt, auf die Forderung, ihren Gegenstand als Einheit zu begreifen, kann keine Rechtserkenntnis verzichten, welche Richtung immer sie einschlagen mag. Das ist ein methodisches Grundprinzip, das Wenzel nicht genügend beachtet zu haben scheint.

Dann aber irrt er auch, wenn er meint, meine Anschauung von der normativen Einheit allen Rechts sei darauf zurückzuführen, daß ich die Geltung des Rechts von Seinstatsachen loslöse. Ich halte allerdings die Geltung des Rechts für eine Soll-Geltung und meine, daß auch Wenzel dieser Annahme nicht entrinnen kann, sofern er das Recht in Normen gegeben sieht. Aber ich bin weit davon entfernt, die Soll-Geltung des Rechts von den Seinstatsachen loszulösen. Seit ich mich mit der Frage der Positivität des Rechts beschäftige, habe ich mit Nachdruck betont, daß der normativen Soll-Ordnung des positiven Rechts ein — diesem Sollen bis zu einem gewissen Grade entsprechender — Seinszustand korrespondiert. Es ist eine tatsächliche Unrichtigkeit, wenn Herr Wenzel behauptet, daß ich das Verhältnis zwischen der positivrechtlichen Soll-Ordnung und der korrespondierenden Wirklichkeit erst in meiner 1925 erschienenen Allgemeinen Staatslehre zu einem „Spannungsverhältnis" gemildert habe. Ich habe in meiner Allgemeinen Staatslehre nur die Formulierung übernommen, deren ich mich wörtlich schon in meinem 1920 erschienenen Buch „Das Problem der Souveränität“ bedient habe. Herr Wenzel hat seine Behauptung vermutlich aus der gegen mich gerichteten Streitschrift „Der Staat als Übermensch“ bezogen, die es auch sonst mit der Darstellung meiner Lehre nicht sehr genau nimmt. Schon in meiner Erwiderung auf diese Streitschrift habe ich die unrichtige Behauptung mit wörtlichen Zitaten aus meinem Buche von 1920 zurückgewiesen. Herr Wenzel hätte mir eigentlich die Notwendigkeit dieser neuerlichen Berichtigung ersparen können.

Worauf es bei dem Problem der Geltung positiven Rechtes sachlich ankommt, ist dies: 1. daß das positive Recht seinem immanenten Sinne nach wesentlich Norm ist, also ein Sollen bedeutet; 2. daß das Wesen des positiven Rechtes ohne Berücksichtigung gewisser Seinstatsachen nicht restlos erfaßt werden kann. — Hierin stimme ich mit Wenzel und den meisten anderen Autoren durchaus überein. Die Differenz beginnt erst, wenn es gilt, diese beiden Momente in einer befriedigenden Formel zusammenzufassen. Darum glaube ich mit Recht behaupten zu können, daß es sich nur um eine Differenz der Formulierung handelt. Diese Formulierung ist darum so schwierig, weil sie auf die logische Ausschließlichkeit der Begriffe des Sollens und des Seins stößt. Diese Schwierigkeit glaube ich durch meine Formulierung, die die Geltung des Rechts von seinem Inhalt unterscheidet, für die Geltung nur die Kategorie des Sollens heranzieht, hinsichtlich des Inhalts aber die Korrespondenz mit einem bis zu einem gewissen Grade entsprechenden Seinsinhalt feststellt, besser begegnet zu sein als die anderen Autoren, die entweder das Seins- oder das Sollensmoment vollkommen vernachlässigen; insbesondere besser als jene, die sich in dem offenen Widerspruch bewegen, daß sie das Recht zwar als Norm auffassen, seine Existenz aber ausschließlich im Sein suchen. Im übrigen glaube ich, daß hier überhaupt ein nicht restlos zu lösendes Problem vorliegt. Es ist das Problem der Realität des Rechts. Und es wäre keineswegs zu verwundern, wenn die Rechtswissenschaft das ihr aufgegebene Realitätsproblem ebensowenig restlos zu lösen imstande wäre wie die anderen Wissenschaften, die alle mit ihren spezifischen Realitätsproblemen vergeblich ringen.

Geht man von der Annahme aus, daß das Recht Norm sei oder aus Normen bestehe — und von dieser Annahme scheint Herr Wenzel auszugehen, da er ausdrücklich erklärt, daß „wir mit dem Recht stets die Vorstellung von etwas Normativem verbinden“ —, dann ergibt sich als unabweisliche Konsequenz, daß die Existenz des Rechts in seiner Sollgeltung besteht. An dieser Konsequenz kann man — akzeptiert man meine Formulierung — unbeschadet der Tatsache festhalten, daß der Inhalt des in Soll-Geltung stehenden Rechtes zu dem Inhalt eines zugeordneten Seins in einer gewissen Maximum-Minimum-Relation steht. Daß es so etwas wie Rechtswissenschaft, Rechtserkenntnis gibt, bedeutet nun gar nichts anderes als daß die Tendenz besteht, den Gegenstand ‚Recht', der sich zunächst aus einer Fülle von Rechtserscheinungen, Rechtselementen zusammensetzt, irgendwie als Einheit zu begreifen, aus diesem Chaos ein Kosmos, ein System zu formen. Denn etwas erkennen und als Einheit erkennen ist dasselbe. Begreift man das Recht als Norm und nimmt man demgemäß als die Existenzsphäre dieses Gegenstandes die Soll-Geltung an, dann kann die gesuchte Einheit nur die Einheit eines Normensystems sein. Das negative Kriterium der Einheit ist die Widerspruchslosigkeit. Wenzel selbst sagt durchaus zutreffend: „Die Einheit eines Normensystems besteht in der Einheit der Geltung seiner Normen. Diese Einheit schließt einen unanfechtbaren Widerstreit unter seinen Teilen notwendig aus". Nur daß er — gänzlich grundlos — das Einheitspostulat der Erkenntnis auf ein willkürlich abgegrenztes Teilgebiet des Gegenstandes 'Recht' einschränkt, nämlich auf die einzelstaatliche Rechtsordnung. Wenzel leugnet doch nicht, daß es auch außerhalb der einzelstaatlichen Rechtsordnung noch Recht gibt. Besteht das Recht aus Normen und seine Existenz in der Soll-Geltung, dann bedeutet die Einheit des Gegenstandes Recht, daß es vom Standpunkt der Rechtserkenntnis nicht möglich ist, zwei Normen gleichzeitig als gültig anzunehmen, deren Inhalt sich gegenseitig ausschließt. Man kann nicht sagen: die Existenz zweier sich widersprechender Normen sei möglich und wirklich, dies zeigen die Tatsachen, die soziale Wirklichkeit. Denn eine solche Behauptung ist nur unter der Voraussetzung möglich, daß man die Normen nicht in ihrer spezifischen Soll-Geltung nimmt, sondern, daß man auf die rein tatsächlichen Vorgänge des Setzens und Befolgens einer Norm, also nicht auf das Sollen, sondern auf das Wollen und Handeln der Menschen, d. i. also auf das Sein abstellt. Damit hat man aber den spezifischen Sinn, in dem das Recht auftritt, seinen immanenten Sinn, in dem die Rechtserkenntnis ihren Gegenstand allein zu erfassen sucht, verloren.

Bietet sich der Rechtserkenntnis zunächst ein Tatbestand zweier sich widersprechender Rechtsnormen, dann ist es eben Aufgabe dieser Rechtserkenntnis, zu zeigen, daß dieser Widerspruch nur zum Schein besteht. Solch Widerspruch muß gelöst werden können, wenn anders beide Normen als Rechtsnormen gelten sollen. Wenn zwischen einem Rechtssystem und einem anderen Normensystem ein Konflikt besteht, der so unlöslich ist wie ein Konflikt zwischen Recht und Moral — Herr Wenzel nimmt die Möglichkeit eines solchen Konflikts zwischen zwei Rechtssystemen an — so ist damit nichts anderes zum Ausdruck gebracht, als daß es sich um zwei gleichzeitig nicht als Rechtsordnungen voraussetzbare Systeme handelt. Würde man etwa zu dem Ergebnis kommen, daß zwischen dem sog. Völkerrecht und der einzelstaatlichen Rechtsordnung die Möglichkeit unlösbaren Konfliktes besteht, dann bliebe, hält man an der Rechtsnatur der staatlichen Ordnung fest, nichts anderes übrig, als die Rechtsnatur des Völkerrechtes zu leugnen. Ja, sieht man genauer zu, so zeigt sich, daß bei Annahme eines unlösbaren Konfliktes zwischen zwei Normensystemen überhaupt nicht beide gleichzeitig als gültig angenommen werden können. Das ist ja auch tatsächlich das Verhältnis zwischen Recht und Moral, da man ja nur entweder vom juristischen oder vom moralischen Standpunkt aus urteilen kann und stets nur unter Ausschluß des einen von beiden urteilt.

Im übrigen ist die erkenntnismäßige Herstellung der Einheit des gesamten üblicherweise als Recht angesprochenen Materials, d. i. der einzelstaatlichen Rechtsordnungen und des Völkerrechts, gar nicht so schwierig wie es scheint. Es muß mit Nachdruck hervorgehoben werden, daß die Situation im Verhältnis dieser Rechtsmassen zueinander im wesentlichen keine andere ist als innerhalb der einzelstaatlichen Rechtsordnung selbst, deren Einheit Herr Wenzel ja ausdrücklich anerkennt, bzw. postuliert. Hier stoßen wir doch auf die Tatsache gesetzwidriger aber rechtskräftiger Urteile, gesetzwidriger aber gültiger Verordnungen, verfassungswidriger aber gültiger Gesetze. Sind das nicht widersprechende Normen, die die auch von Herrn Wenzel nicht bezweifelte Einheit des staatlichen Rechtssystems sprengen? Keineswegs. Juristische Erkenntnis deutet eben — um nur an einem Beispiel die Lösungsmöglichkeit anzudeuten — den Sinn, in dem sich die Verfassung an die Gesetzgebung richtet, so: daß ein bestimmtes Verfahren für das Zustandekommen von Gesetzen zwar vorgeschrieben, daß aber die Sanktion (durch die das „Sollen" konstituiert wird) nicht in der Nichtigkeit oder Vernichtbarkeit des verfassungswidrig zustandegekommenen Gesetzes, sondern z. B. in der Bestrafung gewisser für die Verfassungsmäßigkeit verantwortlichen Organe besteht. Ganz ähnlich verfährt juristische Erkenntnis im Fall der gesetzwidrigen aber gültigen Verordnung und des gesetzwidrigen aber rechtskräftigen Urteils. Und ganz analoge Möglichkeiten bieten sich, wie bereits bemerkt, im Verhältnis zwischen den einzelstaatlichen Rechtsordnungen so wie im Verhältnis des Völkerrechtes zu diesen. Die so zu gewinnende Einheit alles Rechts in einem einzigen System ist eben gar nichts anderes als die Konsequenz der Einheit der Rechtserkenntnis, das Postulat der Erkennbarkeit des Gegenstandes Recht. Es ist eine Einheit im formal-erkenntnistheoretischen, nicht materialpolitischem Sinne. Vielleicht ist es nur die Verwechslung dieser beiden Gesichtspunkte, die die meisten Autoren vor diesem letzten Schritt zurückschrecken läßt, den die Jurisprudenz machen muß, wenn sie als Wissenschaft vom Recht d. h. als Erkenntnis der Rechtsnormen gelten will.

Das Referat des Herrn Heller hat in mir sehr zwiespältige Gefühle ausgelöst. Einerseits freue ich mich, ihm in allen wesentlichen Punkten zustimmen zu können. Hätte ich selbst das Referat zu erstatten gehabt — ich habe hier nur den theoretischen Teil im Auge —, es wäre kaum zu anderen Ergebnissen gelangt. Um so größer ist mein Erstaunen darüber, daß es Herr Heller für notwendig gefunden hat, mich und zum großen Teil auch meinem wissenschaftlichen Freunde als Gegner, als Repräsentanten einer ganz und gar verrotteten „herrschenden Lehre" hinzustellen, die zu beseitigen er offenbar als Verdienst für sich in Anspruch nimmt.

Dies zwingt mich zu einigen Feststellungen.

Wenn ich Herrn Heller richtig verstanden habe, hält er für einen Hauptfehler der traditionellen Lehre, daß sie einen doppelten Gesetzesbegriff unterscheidet: Das Gesetz im materiellen und das Gesetz im formellen Sinne. Er macht zunächst geltend, daß es terminologisch bedenklich sei, zwei Begriffe, die unter keinen gemeinsamen Oberbegriff fallen, mit einem und demselben Werte zu bezeichnen. Er hat offenbar übersehen, daß ich diesen Einwand schon vor Jahren gemacht und demgemäß vorgeschlagen habe, statt von „Gesetz im formellen Sinn" von „Gesetzesform" zu sprechen, was manche Zweideutigkeit und damit manche Möglichkeit politischen Mißbrauchs beseitigt. Gerade in dem letzteren Punkte: In der Tendenz, den Mißbrauch zu bekämpfen, daß man aus Rechtsbegriffen, die sich als Rechts-Wesensbegriffe gebärden, politisch erwünschte Resultate deduziert — eine für das ganze Referat des Herrn Heller sehr charakteristische Tendenz — hätte sich dieser mit mir, der ich dieses Ziel schon seit Jahren verfolge, so solidarisch fühlen müssen, daß er hätte zögern sollen, mir die Rolle des Gegners par excellence zuzuteilen.

Hält man sich davon frei, aus dem — irgendwie formulierten — Begriff des Gesetzes (der natürlich nur ein Begriff des Gesetzes im materiellen Sinne sein kann) irgendwelche politische Konsequenzen, etwa gewisse Kompetenzen für bestimmte Organe abzuleiten — was Herr Heller mit Recht zurückweist — dann ist die Unterscheidung zwischen einem Begriff des Gesetzes (im materiellen Sinne) und einem — nichts als die Form des Gesetzes ausdrückenden — Begriffe keineswegs so gefährlich, wie Herr Heller meint. Faßt man als Gesetz die generelle Rechtsnorm, so entspricht der Begriff der Gesetzesform nur dem Grundsatz der modernen Staaten (konstitutionelle Monarchie, demokratische Republik), daß die generelle Rechtsnorm grundsätzlich in einer bestimmten Form, nämlich durch einen Parlamentsbeschluß (sei es allein, sei es in Verbindung mit dem Akt eines Staatsoberhauptes) zustandekommen muß. (Einschränkungen dieses Grundsatzes durch die Verfassung sind natürlich möglich.) Dabei ist zu beachten, daß der Begriff des Gesetzes ein Rechtswesensbegriff, der der Gesetzesform aber ein Rechtsinhaltsbegriff, d. h. ein Begriff ist, der einen Inhalt positivrechtlicher Ordnung zum Ausdruck bringt. Aus diesen Begriffen des Gesetzes und der Gesetzesform geht nicht hervor, daß das Parlament nur generelle Normen und nicht auch individuelle beschließen könnte. Irgendeine begreifliche Schwierigkeit sehe ich hier nicht und die „herrschende Lehre", wenn sie so verstanden wird — und sie ist wohl zum größten Teil so zu verstehen — ist keineswegs so minderwertig, wie sie Herr Heller, von einem Vorrechte jugendlicher Autoren Gebrauch machend — erscheinen lassen möchte.

Der Grundfehler der herrschenden Lehre liegt auch ganz wo anders. Herr Heller hat ihn — wenn ich ihn richtig verstanden habe — auch treffend hervorgehoben. Es ist die Identifikation des Gesetzes im materiellen Sinn mit dem Recht und sohin der Gesetzgebung mit der Rechts-Setzung, sowie die ganze damit aufs engste zusammenhängende Lehre von dem Unterschied zwischen der Gesetzgebung und den anderen Staatsfunktionen, die dadurch mehr oder weniger in eine rechtsfremde Sphäre gedrängt werden. Die Kritik dieses Teiles der herrschenden Lehre ist offenbar der Kernpunkt des Hellerschen Referates und sie erscheint mir auch als sein wertvollster Bestandteil.

Aber vielleicht bin ich in diesem Punkte nicht ganz unbefangen. Denn gerade in diesem Teil seines Referates wiederholt Herr Heller nur Gedankengänge, die ich und vor allem mein Freund Merkl des öfteren und ausführlich entwickelt haben und die als ein wesentlicher und charakteristischer Bestandteil jenes Lehrsystems angesehen werden müssen, das Herr Heller als „Kelsens Schule" bezeichnet — und bekämpft. Ich glaubte als bekannt voraussetzen zu dürfen, daß von keiner Seite stärker als von mir und meinen wissenschaftlichen

Freunden die Identifikation des Gesetzes, als einer generellen abstrakten Norm, mit dem Rechte schlechthin perhorresziert wird, das wie seit Jahren auch die Konsequenzen dieser Irrlehre bekämpfen, deren politische Hintergründe ich aufgezeigt habe. Herr Heller scheint davon keine Notiz genommen haben. Denn nur so kann ich mir zn erklären, daß er z. B. als eine seiner Hauptthesen die Unmöglichkeit des Versuches aufzeigt, zwischen Gesetzgebung und den anderen Staatsfunktionen eine theoretisch-logische Grenze zu ziehen und demgegenüber selbst die Lehre vertritt, daß alle Staatsakte ihrer Natur nach gleich und auf Ordnung des gesellschaftlichen Verhaltens der Gebietsbewohner gerichtet seien. Und daß er diese Position in einem unterstrichenen Gegensatz gerade zu mir einnimmt. Allein ich finde, daß diese seine Lehre nichts wesentlich anderes ist als die von mir vertretene und zuletzt in meiner „Allgemeinen Staatslehre" dargestellte Theorie von der durchgängigen Rechtsnatur aller Staatsakte; wobei ich unter Recht im wesentlichen Ordnung menschlichen Verhaltens, sei es in generellen, sei es in individuellen Normen, verstehe. Wenn Herr Heller in diesem Zusammenhange den Satz ausspricht — es ist ein Höhepunkt seines Referates —, daß sich das Gesetz von irgendeiner Verwaltungsvorschrift oder einem Rechtsspruch keineswegs durch seine Rechtssatzeigenschaft, sondern durch seine erhöhte Geltungskraft unterscheidet, so müßte er — bei einiger Literaturkenntnis — das Bewußtsein haben, daß dieser Satz ebensogut von mir oder einem meiner wissenschaftlichen Freunde hätte ausgesprochen werden können und daß er (zumindest in seinem negierenden Teile) beinahe wörtlich so von mir und meinen Freunden unzählige Male ausgesprochen wurde.

Ich weiß nicht, was Herr Heller unter „erhöhter Geltungskraft" versteht. Verbindlich ist die Gesetzesnorm nicht anders als die Verwaltungs- oder Gerichtsnorm. Auf das Moment des „Generellen" aber wird Herr Heller trotz seiner gegenteiligen Bemerkungen, wie mir scheint, kaum verzichten können, wenn er für die natürliche Gliederung des Prozesses der staatlichen Ordnungserzeugung (und in diesem steten immer wieder sich erneuernden Prozesse erschöpft sich das Wesen staatlicher Dynamik) nicht blind bleiben und nicht bei der theoretisch wie praktisch gleich unbefriedigenden Vorstellung einer einzigen undifferenzierten und undifferenzierbaren Staatsfunktion sein Genüge finden will. Sicherlich darf man im „Generellen" keinen qualitativen Vorzug gegenüber dem Individuellen erblicken, eine Ansicht, die mir Herr Heller mit Unrecht zumutet. Aber den logischen Vorgang des Generellen gegenüber dem Individuellen, auf dem allein ich den Unterschied zwischen genereller und individueller Norm gründe, wird wohl auch Herr Heller nicht in Abrede stellen können. Tatsächlich operiert er ja auch mit diesem grundlegenden Unterschiede. Anders könnte ich mir nicht erklären, daß er ganz in der Terminologie unserer Stufenlehre, die nur innerhalb dieser Theorie mögliche These vertritt, daß auch das Gesetz nur „Individualisierung von Normen" ist, daß er von der „Individualisierung einer Norm durch die kompetente Autorität" redet, daß er das Kommandowort einen „individualisierten Rechtssatz" nennt und daß er von einer „Konkretisierung des Gesetz durch den Richter und Verwaltungsbeamten" spricht. „Individualisierung" und „Konkretisierung": Das ist doch nichts anderes als der Abstieg (oder Aufstieg) vom Generellen, Abstrakten, zum Individuellen, Konkreten! Nichts scheint mir für das Referat des Herrn Heller bezeichnender zu sein als daß es den letztzitierten Passus, der eine für die Theorie der reinen Rechtslehre charakteristische Wendung darstellt, in unmittelbarem Anschluß an eine gegen mich und meine Schule gerichtete besonders herabsetzende Bemerkung vorträgt.

Daß Herr Heller die Lehre dieser Schule nicht in eben dem Maße persönlich anerkennt als sein Referat von ihr tatsächlich Gebrauch macht, würde mich kühl lassen. Jeder Kundige kann sich darüber sein Urteil bilden. Energisch protestieren aber muß ich, wenn Herr Heller mir und meiner Schule Ansichten unterstellt, deren gerades Gegenteil wir vertreten. Die eben erwähnte Bemerkung enthält nämlich die Behauptung, Kelsen und seine Schule — und diese seien sozusagen die letzten, die an diesem Irrtum noch festhalten — vertreten die Meinung, die Akte der Verwaltung und Rechtsprechung seien restlos durch das Gesetz bestimmt. Wenn Herr Heller meinen und Merkls Schriften nur einige Aufmerksamkeit geschenkt hätte, wüßte er, daß wir die Akte der Verwaltung und Rechtsprechung als Rechts*schöpfung* auffassen, daß wir mit dem allergrößten Nachdruck die Ansicht vertreten, daß in diesen Akten der Konkretisierung und Individualisierung ein wesentlich *Neues* zu dem vom generellen Gesetz Beinhalteten hinzutritt und daß es sich gerade hier um einen Punkt unserer Lehre handelt, in dem wir mit der sog. Freirechtstheorie übereinstimmen. Ich muß annehmen, daß es Herr Heller nicht besser *gewußt* hat, wenn er *gegen* „Kelsen und seine Schüler" den Satz vertritt, daß „jede Konkretisierung des Gesetzes durch den Richter und Verwaltungsbeamten eine folgenreiche interpositio auctoritatis bedeutet", wenn er denselben Gedanken *gegen* die herrschende Lehre, zu der er mich und meine Schüler zählt, an anderer Stelle in der Weise formuliert: „daß auch Verwaltungsorgane gleich dem urteilenden Richter und dem rechtsgeschäftlich handelnden Bürger einen selbständigen Anteil am Rechtsschöpfungsberufe des Staates haben". Es sind Lehrsätze, die

Kelsen und seine Schüler seit Jahren mit dem größten Nachdrucke vortragen.

Herr Heller wird vermutlich erwidern, daß ich diese Theorien, speziell die Stufenlehre, nicht von allem Anfange an vertreten habe. Das ist richtig. Aber dazu habe ich zu bemerken, daß ich in meinem Jugendwerke, den 1911 erschienenen „Hauptproblemen der Staatsrechtslehre" nicht nur keinen der Stufenlehre widersprechenden Standpunkt eingenommen, sondern eine Reihe von Thesen vertreten habe, die die Stufenlehre notwendig voraussetzen. So vor allem die These von dem durchgängigen Rechtscharakter der Verwaltung und insbesondere des individuellen Verwaltungsaktes. Jeder Schriftsteller hat das Recht, bei jenen Lehren genommen zu werden, die er als seine gereifte Ansicht vertritt. Und ich habe dieses Recht um so mehr, als ich die Entwicklung, die meine Lehre genommen und insbesondere meine Stellung zu Merkls Stufentheorie in der zweiten Auflage meiner „Hauptprobleme" ausführlich dargelegt habe. Diese von mir stets freimütig zugegebene Tatsache, daß meine Lehre nicht von allem Anfange an fertig war, sondern sich — nicht zuletzt gestützt auf die Arbeit meiner wissenschaftlichen Freunde — entwickelt hat, kann Herrn Heller nicht das Recht geben, seine eigenen Anschauungen beinahe ausschließlich in einer Polemik gegen diese Lehre darzustellen, ohne die sein ganzes heutiges Referat gar nicht möglich gewesen wäre.

Nawiasky-München: Zunächst eine allgemeine Bemerkung. Ich halte es für richtiger, wenn wir uns auf den Standpunkt stellen, von dem Gefühl der historischen Stunde von gestern wieder in die rauhe Wirklichkeit zurückzukehren. Man tut vielleicht besser daran, nicht allzuoft so gewaltige Emotionen zu erleben, für den Juristen ist die ruhige, kaltblütige, vielleicht nüchterne Überlegung doch am wichtigsten. In diesem Sinne habe ich die Ausführungen von Herrn Wenzel begrüßt, die sich auf einem streng juristischen Boden bewegt haben.

Aus der außerordentlichen Fülle der von den beiden Herren Berichterstattern behandelten Probleme möchte ich im folgenden nur einige wenige herausgreifen. Zunächst die Punkte, die sich auf den Bericht von Herrn Heller beziehen.

Man soll nicht immer so ohne weiteres von einer herrschenden Lehre sprechen. Sehr häufig gibt es eine herrschende Lehre als Einheit nicht, sondern vielmehr eine ganze Fülle von Meinungen, die mehr oder weniger stark voneinander abweichen.

Die Lehre vom formellen Gesetz ist vielleicht ihrer Bedeutung nach etwas übertrieben worden und daraus erklärt sich dann wieder ihre leidenschaftliche Bekämpfung. Besonders in einer republikanischen Verfassung spielt das sog. formelle Gesetz keine sehr wesentliche Rolle mehr, da es seine eigentliche politische Bedeutung verloren hat. Wer würde heute z. B. bezweifeln, daß die Regierung an das Budget gebunden ist? Auch der Gesichtspunkt des Vorbehaltes des Gesetzes hat keine allgemeine Erheblichkeit mehr, seit sich der Grundsatz der Gesetzmäßigkeit der Verwaltung durchgesetzt hat. Denn danach gibt es ja keine irgendwie geartete Staatstätigkeit ohne gesetzliche Basis. Was im besonderen die Wertung der organisatorischen Normen anbelangt, so scheint es gerade hier nicht angängig, von einer herrschenden Lehre zu sprechen, dazu gehen die Ansichten zu weit auseinander. Ich habe beispielsweise in meinem „Bundesstaat als Rechtsbegriff" und im „Bayerischen Verfassungsrecht" die organisatorischen Normen so weit als Teilrechtsnormen erklärt, als sie für das Verhältnis zwischen Individuum und Behörde bedeutsam sind. Denn durch diese Normen wird erst der Rechtssatz, daß jemand leisten soll oder fordern darf, durch Angabe der befehlenden oder erfüllenden Stelle fertig gemacht.

Von den hochinteressanten Ausführungen von Herrn Wenzel kann ich leider nur auf einzelne eingehen. Vor allem erscheint mit das Problem der Positivität der Rechtsordnung ungeheuer reizvoll; aber ich glaube, daß es weder durch die bisherigen Darlegungen von Herrn Kelsen noch von Herrn Wenzel befriedigend gelöst ist, was ich leider an dieser Stelle nicht näher ausführen kann.

Etwas eingehender möchte ich mich mit der Lehre von dem Stufenaufbau des Rechts befassen. Zunächst muß ich Herrn Merkl meinen Glückwunsch zu dem ungeheuren Erfolg aussprechen, den die von ihm besonders klar und eindrucksvoll formulierte Stufentheorie erzielt hat. Gleichwohl komme ich um sehr gewichtige Bedenken gegen die Richtigkeit dieser Lehre nicht herum. Es scheint mir nämlich nicht zutreffend zu sein, daß die Normen der einzelnen Stufen von gleicher Qualität sind. Auch Wenzel hat offenbar ähnliche Bedenken, wenn er zwischen Rechtsnormen und rechtserheblichen Normen unterscheidet. Allerdings sehe ich nicht ganz klar, worin er das Wesentliche des Unterschiedes sieht. Vor allem bin ich über seinen Begriff der „Urnormen" nicht jedes Zweifels enthoben. Denn bei genauerem Zusehen komme ich zu dem Eindruck, als ob Urnorm und Urnorm bei ihm nicht immer dasselbe bedeutet. Denn, wenn ich recht verstanden habe, spricht er von einem Entstehen von Urnormen nach Maßgabe von Urnormen. Die letzteren würden also Erzeugungsregeln, die ersteren die auf Grund solcher Regeln erzeugten Vorschriften darstellen; beide müßten dann aber getrennt werden. Ich habe den Eindruck, als ob Wenzel sich bei seiner Aufstellung mit der Lehre Kelsens von der Überordnung der in der Verfassung enthaltenen Rechtserzeugungsregeln über die einfachen Rechtsnormen berühren würde.

Die entscheidende Frage scheint mir darin zu liegen, woran ich den Rechtscharakter von Regeln für das menschliche Verhalten zu erkennen habe. Dafür kann nicht deren Normeneigenschaft allein maßgebend sein, denn es gibt ja Normen sehr verschiedener Art — beispielsweise neben Rechtsnormen Normen der Sitte usw. Es muß sich vielmehr um die besondere Rechtsnormeneigenschaft handeln. Diese aber kann nicht von einem subjektiven Moment, etwa dem Willen des Normgebers, als oberste Instanz zu handeln statt nur als Vollzieher anderer Normen, abhängig sein, sondern muß an objektiven Merkmalen erkennbar sein. Ich muß also dem Rechtsbegriff zum Maßstab wählen.

Sieht man nun das Zwangsmoment als das für die Rechtsnorm wesentliche an, und das tut ja auch Kelsen und seine Schule, mit der ich in diesem Punkt einer Meinung bin, dann ist dieses Moment nur bei der Gesetzesstufe gegeben. Hierbei ist selbstverständlich die materielle und die prozessuale Rechtsnorm als eine zusammengehörige Einheit zu erfassen. Dagegen fehlt das Zwangsmoment oberhalb und unterhalb der Gesetzesstufe.

Bezüglich der untergesetzlichen Akte bedarf das keiner näheren Ausführung; es unterliegt keinem Zweifel, daß sie ihre Sanktion und damit ihren Rechtscharakter dem Gesetz entlehnen. Aber auch die oberhalb des Gesetzes stehende Verfassung ist für sich betrachtet keine Rechtsnorm, denn auch bei ihr fehlt das Zwangsmoment. Bei dem positiven Verfassungsrecht muß man allerdings zwei Bestandteile unterscheiden, dem eigentlichen Kern und gewissen in die Verfassungsurkunden aufgenommenen Gesetzen mit erschwerter, weil an erhöhte Mehrheiten geknüpfter Änderungsmöglichkeit. Der Kern der Verfassungen enthält die Regeln über die Entstehung neuen Rechts. Aber dabei handelt es sich nicht um ein Müssen, ein unter Zwang gestelltes Sollen, sondern um ein Können. Also sind gar keine Rechtsnormen gegeben.

So bricht der Stufenbau der Rechtsnormen in sich zusammen, da die einzelnen Glieder einen grundsätzlich verschiedenen Charakter aufweisen. Man muß vielmehr scharf unterscheiden zwischen Vorschriften, denen das Zwangsmoment immanent ist, und solchen, bei denen es fehlt. In diesem Sinne wird wohl auch die Gegenüberstellung von Rechtsnormen und rechtserheblichen Normen bei Wenzel zu verstehen sein; die letzteren entlehnen ihre rechtliche Bedeutung den ersteren. Auch Kelsen hat noch in seinen Hauptproblemen an der Trennung von Normgebung und Normvollziehung fest gehalten und sich erst später den Lehren seiner Schüler angeschlossen[1]).

Noch eine Bemerkung zum Schluß. Nach der von Wenzel vorgetragenen Theorie weiß ich nicht, was ich mit dem Landesrecht anzufangen habe. Denn nach seiner Auffassung ist das Landrecht kein Urrecht, demgemäß das Land keine Gesetzesgemeinschaft, also kein Staat. Damit wird aber der bundesstaatliche Charakter des Reichs beseitigt. Dagegen steht die Gesetzeseigenschaft des Landrechts außer Zweifel, wenn man sie auf das immanente Zwangsmoment abstellt. Denn dieses Moment tragen die Landesgesetze in sich und entlehnen es nicht von der Reichsverfassung.

Tatarin-Tarnheyden-Rostock: Die Verdienste der beiden Referate für die Klärung des Problems sind zweifellos erheblich, aber die Lösung der eigentlich zur Erörterung gestellten Frage nach dem Begriff des Gesetzes in der RV. hat weder das eine noch das andere gebracht. Heller hat eine in der Hauptsache negativ eingestellte Kritik der herrschenden Labandschen Auffassung gegeben, den Rechtsbegriff aber überhaupt nicht untersucht und seinen Gesetzesbegriff nicht in Übereinstimmung mit der RV. gebracht; seine Untersuchung der Bestimmungen der RV. ist eine ganz flüchtige. Wenzel hat zwar richtig erkannt, daß die Lösung des Problems ohne Untersuchung des Rechtsbegriffs eine aussichtslose bleiben muß und daher eine sehr interessante und geschlossene Theorie des Rechtsbegriffs gegeben, aber auf die positiven Bestimmungen der RV., die mit dem Begriff des Gesetzes operieren, ist auch er nur kurz eingegangen.

I. Zunächst sei einiges zu den Hellerschen Ausführungen dargelegt. Heller kämpft gegen die Labandsche Unterscheidung des Gesetzes im materiellen und des Gesetzes im formellen Sinn. Erstens behauptet er, diese Unterscheidung sei in der RV. nicht enthalten, zweitens aber bestreitet er ihren theoretischen Wert. Ich nehme in beiden Hinsichten einen entgegengesetzten Standpunkt ein.

1. Die Unterscheidung hat zweifellos großen theoretischen Wert. Die ganze Theorie Hellers bedeutet einen Verzicht, die Mannigfaltigkeit des Rechtslebens wissenschaftlich zu erfassen. Der Standpunkt Hellers findet offenbar seine Erklärung darin, daß er den eigentlichen Sinn der Unterscheidung zwischen Gesetz im materiellem und Gesetz im formellen Sinn nicht erkannt hat. Der Grund dieser Unterscheidung liegt nicht, wie Heller behauptet hat, darin, daß hier eine Abgrenzung der Gesetz-

[1]) Eingehendere Ausführungen über die Rechtsstufentheorie im Juliheft 1927 der „Zeitschrift für öffentliches Recht".

gebung von anderen Funktionen erfolgen soll, sondern sie entspringt als notwendige Konsequenz aus der Unmöglichkeit, die Montesquieusche Dreiteilung der Gewalten selbst im reinkonstitutionellen Staat praktisch durchzuführen. Der Sinn der Montesquieuschen Lehre, die an der Schwelle des werdenden Rechtsstaats stand, war nicht allein die Unterscheidung der normensetzenden Staatsgewalt von der das Recht für den Einzelfall feststellenden richterlichen Gewalt und beider von der Exekutive, der handelnden Staatsgewalt kat'exochen (wobei auf das von Georg Jellinek aufgeworfene Problem der Unterscheidung der Regierung von der eigentlichen Exekutive hier nicht näher eingegangen werden soll), sondern zugleich und vor allem die Verteilung dieser drei Arten von Staatsfunktionen auch an drei Gruppen von Staatsorganen. Nur wenn eine solche Verteilung durchgeführt würde, nur wenn es voneinander unabhängige Organe der Gesetzgebung, der Rechtsprechung und der Verwaltung im weiteren Sinne im Staate gäbe, die einander gegenseitig zu kontrollieren imstande wären, sei der Schutz des Staatsbürgers vor Willkür, vor Unrechttun der Staatsgewalt zu gewährleisten. Das war der erste Versuch, den Rechtsstaat praktisch durchzuführen, jenen Rechtsstaat, der uns dann über neue theoretische Begründungen in den Lehren Kants, Wilh. v. Humboldts, des Frhrn. vom Stein, Otto Bährs und Rudolf v. Gneists zu einer lebendigen Wirklichkeit geworden ist. Aber gegenüber jener Montesquieuschen Forderung zeigte sich alsbald nicht nur die Unmöglichkeit, alle Normensetzung allein den Organen der Gesetzgebung zuzuweisen, sondern ebenso die Rechtsprechung allein den ordentlichen Gerichten, die Verwaltung allein den Verwaltungsorganen zu übertragen. Hand in Hand damit aber ging die Unmöglichkeit, den Gesetzgeber allein mit Normensetzung, die Justiz allein mit Rechtsprechung, die Verwaltung allein mit Verwaltungstätigkeit zu befassen. Abgesehen vom Gesetzgeber, auf den gleich einzugehen sein wird, übten die Gerichte auch Justizverwaltung, leiten sie die Vollstreckung, tragen sie durch gleichmäßige Rechtsübung zur Ausbildung des Gewohnheitsrechts bei; aber ebenso setzen die Organe der Verwaltung mit den Rechtsverordnungen materielles Recht, üben sie in der Verwaltungsgerichtsbarkeit Rechtspflege usw. Die Konsequenz dieser Rechtslage für die Gesetzgebung ist, daß der Gesetzgeber auch Verwaltung, auch Rechtsprechung üben kann; hierbei wird es sich zwar im formellen Sinne d. h. dem Organe nach um Gesetzgebung, nicht aber um Gesetzgebung im materiellen Sinne handeln. Letztere liegt nur vor, wo Normensetzung gegeben ist. Hingegen haben wir es mit einem Gesetz im formellen Sinne zu tun, wo sich ein Verwaltungs- oder eine Rechtsprechungsakt des Gesetzgebers nur in das Gewand des Gesetzes kleidet. Daraus entspringt eben die von Laband sehr richtig erkannte theoretische Notwendigkeit, das Gesetz im materiellen Sinne vom Gesetz im formellen Sinne zu unterscheiden. Die Konsequenzen jener geschilderten Lage gehen aber, wie gezeigt, über das Gebiet der Gesetzgebung weit hinaus. Man muß daneben auch von der Rechtsprechung im materiellen Sinne die Rechtspflege im formellen Sinne d. h. die Justiz, von der Verwaltung im materiellen Sinne die Verwaltung im formellen Sinne unterscheiden.

Heller mißversteht aber auch die Labandsche Lehre. Der Gesetzesbegriff nach seinen inhaltlichen Merkmalen kann selbstverständlich nur ein einziger sein. Er ist immer beim Gesetz im materiellen Sinne zu suchen. Das Gesetz im formellen Sinne stellt eine übertragene Bedeutung dar, die daraus entspringt, daß der Gesetzgeber sich oft auf Grund der Gesetze und vor allem auch auf Grund der Verfassung mit anderen Dingen befassen muß, als bloß mit der Setzung von Rechtsnormen. In der Regel ist allerdings das Gesetz im materiellen Sinne zugleich auch Gesetz im formellen Sinne.

2. Nach der heutigen Reichsverfassung mag nun Heller zugegeben werden, daß in ihr das Gebiet des bloß formellen Gesetzes enger geworden ist als früher, daß dieses in ihr von nicht sehr großer Bedeutung ist. Das heißt: es sind diejenigen Fälle seltener geworden, in denen ein Akt des Gesetzgebers ohne gleichzeitige Normensetzung erfolgt. Man mag hier heute den Haushaltsplan ausscheiden, obgleich das im Hinblick auf Art. 85 III Satz 2 gerade streitig ist; man mag es hinsichtlich der Gebietsumgliederungen nach RV. Art. 18 tun oder hinsichtlich der Fälle des Art. 82 IV oder auch hinsichtlich des Friedensschlusses nach Art. 45 II; immerhin aber bleiben z. B. die Kriegserklärung nach Art. 45 II oder die Amnestie nach Art. 79 II bloß formelle Gesetze; gewisse parlamentarische Hilfstätigkeiten so die Wahl des Präsidiums nach RV. 26 oder der Mitglieder des Wahlprüfungsgerichts (RV. 31 II), Bestellung der Ausschüsse (RV. 33—35) ebenso wie nach der alten Reichsverfassung die heute fortgefallene Funktion des Reichstags als Wahlprüfungsgericht könnten in einem weiteren Sinne ebenfalls hierher gerechnet werden, wenn sie freilich auch nicht als Gesetzgebung im formellen Sinne bezeichnet werden. Aber auch unsere heutige RV. kennt andererseits Gesetze, die bloß Gesetze im materiellen Sinne sind, d. h. Rechtsnormen, die nicht vom Gesetzgeber ausgehen, so die Verordnungen nach den Art. 91, 176, 179 II u. a. Hier mit einer Theorie der Individualisierung von Rechtssätzen zu operieren, wie es Referent tut, um zu einem einheitlichen Gesetzesbegriff zu gelangen, ist

keineswegs ein zwingendes Erfordernis. Der Vorbehalt des Gesetzes ist im übrigen, wenn man die Gesamtfunktionen des Staats ins Auge faßt, nur ein Postulat des Rechtsstaats, das zum mindesten in bezug auf die Verwaltung praktisch gar nicht restlos durchzuführen ist. Es gibt also einerseits wohl „bloß formelle" Gesetze, und andererseits ist der Standpunkt gerade für den Juristen unhaltbar, daß es keine „Nichtrechtsnormen" gibt. Das letztere behaupten bedeutet vor der Wirklichkeit des Staatslebens die Augen verschließen.

Wenn aber für den ersten Teil der RV. noch der Standpunkt des ersten Referenten mit Einschränkung hingenommen werden könnte, d. h. daß es sich hier der Regel nach um von der Volkslegislative wenigstens mitgesetzte Rechtssätze handelt, d. h. nach der herrschenden Terminologie um Gesetze zugleich im materiellen und im formellen Sinne, so versagen doch seine Thesen völlig im zweiten Teil der RV. Er gibt ja selbst zu, daß der zweite Teil Sonderbedeutungen des Wortes Gesetz aufweist. Darauf einzugehen, d. h. diese Sonderbedeutungen genau zu untersuchen, war die eigentliche Aufgabe des Referats. Heller hat selber gesagt, daß das Wort Gesetz z. B. in den Art. 114, 138, 153 u. a. einen anderen Sinn hat, als er ihn für das Gesetz überhaupt in Anspruch nimmt. Hier zeigt sich gerade die Berechtigung neben einem engeren Begriff des Gesetzes im materiellen Sinne, das zugleich Gesetz im formellen Sinne ist, auch noch einen weiteren Sinn des materiellen Gestzes gleich jede Rechtsnorm (ähnlich wie im EG. zum BGB.) zu unterscheiden. In den erwähnten Artikeln meint die RV. fraglos neben dem Gesetz im formellen Sinne auch die Rechtsverordnung (in den Heller allerdings nur eine Individualisierung des echten Rechtssatzes erblicken will), aber außerdem vor allem auch das Gewohnheitsrecht unter Umständen auch Observanz, Vereinbarung (z. B. in Art. 138). Weil eben eine Reihe von Artikeln des zweiten Teils den Sinn des Wortes Gesetz gleich jede Rechtsnorm notwendig macht, war es vor allem auch notwendig mit dem Gesetzesbegriff zugleich den Rechtsbegriff logisch zu klären, was übrigens, wie Heller richtig bemerkte, die frühere Staatsrechtslehre mangelhafterweise unterlassen hatte. Aber dieses Manko ist von Heller nicht ausgefüllt worden.

II. Sehr richtig hat der Herr Mitberichterstatter gerade hier mit seinen Ausführungen eingesetzt. Insofern bin ich mit ihm methodologisch völlig einverstanden.

Aber an diesem Punkt habe ich sachlich einige Bedenken gegen den Rechtsbegriff Wenzels. Für diesen ist zweierlei charakteristisch: 1. die Ausscheidung des kirchlichen Rechts, 2. die Zurückführung aller Rechtsnormen (= Gesetz im weiteren

Sinne) auf das staatliche Gesetz. Gegen beides habe ich Bedenken zumal gerade vom Standpunkt unserer Reichsverfassung aus. Ich will hier absehen von meiner theoretisch anderen Einstellung in bezug auf den Rechtsbegriff. Ich teile in der Hauptsache den Standpunkt Stammlers (den ich mit gewissen Modifikationen in meiner Schrift „Staat und Recht" akzeptiert habe) und halte seine Merkmale des Rechtsbegriffs für die logisch nicht weiter zerlegbaren Grundelemente desselben. Im übrigen finden sich diese Merkmale nur in andere Worte gekleidet sämtlich in der dritten These Wenzels: „Unverletzbarkeit" = „Normen", „umfassende Regelung" mit „Tendenz der Dauer"; „Selbstherrlichkeit" = „Souveränität"; „Willensverbindung" = auf dem „praktischen Handeln der Menschen gegeneinander beruhende „Gemeinschaft"; woraus die „Rechtsordnung" als „Einheit des Normensystems" (aber nicht im Kelsenschen Sinne der „Einzigkeit des Normensytems") entspringt. Hingegen halte ich mit Kelsen und Stammler die „gewöhnliche Befolgung" keineswegs für ein Essentiale des Rechtsbegriffs, sondern dieses Moment ebenso wie das „Zwangsproblem" für einen Bestandteil des Machtproblems, das ich der Staatserörterung und nicht der Rechtserörterung zuweise (vgl. meine gen. Schrift). Doch kann hierauf in diesem Zusammenhang nicht näher eingegangen werden. Aber was an der Wenzelschen Lehre sich schon in Gegensatz mit der RV. setzt, um die es sich hier doch handelt, das sind jene zwei vorhin betonten Momente. Dadurch ergibt sich bei Wenzel eine zu starke Einengung des Rechtsbegriffs der RV. gegenüber. Es unterliegt keinem Zweifel, daß die RV. von der Auffassung ausgeht, daß Recht nicht nur das ist, was, wie Wenzel sich ausdrückt, von der souveränen Instanz einer räumlich-persönlich abgegrenzten, umfassend geregelten, mit stärksten äußeren Zwangsmitteln ausgestatteten Gemeinschaft oder auf Grund ihrer Ermächtigung gesetzt ist, und daß unter „Gesetz" in ihrem Sinne nicht nur die gesatzten Normen der souveränen Instanz zu verstehen sind. Schon in den Art. 4 und 127 RV. tritt das zutage. Ich meine, daß Art. 4 nicht bloß im Sinne einer generellen reichsgesetzlichen Transformation des Völkerrechts, nicht bloß im Wenzelschen Sinne einer Auffassung des Völkerrechts als „Untergesetzesrecht" gemeint ist, sondern daß mit ihm eine selbständige Bedeutung des völkerrechtlichen Gewohnheitsrechts im anglo-amerikanischen Sinne festgelegt wird. Ebenso bin ich der Ansicht, daß der Art. 127 RV. nicht so inhaltsleer ist, wie das gemeiniglich behauptet wird. Abgesehen von der Frage, ob dieser Artikel für die sachliche Zuständigkeit der gebietskörperschaftlichen Selbstverwaltung eine praesumtio hergibt (vgl. dazu meine Schrift über „Das rechtliche

Wesen der deutschen Selbstverwaltung", 1925), legt er doch jedenfalls eben diese Selbstverwaltung der Gebietskörperschaften fest, wozu auch die Normensetzung, die Autonomie der Gemeinden gehört. Aber am schärfsten tritt die Auffassung der RV., daß es neben der staatlichen noch eine andere selbständige Normensetzung gibt, im Art. 137 III zutage, wo den Religionsgesellschaften und zwar nicht nur denjenigen, die gemäß Abs. V „Körperschaften des öffentlichen Rechts" sind, das Recht der „selbständigen" Ordnung d. h. Normierung ihrer Angelegenheiten verfassungsrechtlich gewährleistet wird. Damit erweist sich die Wenzelsche Ausschaltung des Kirchenrechts aus dem Rechtsbegriff einerseits, die Zurückführung aller Rechtssätze auf das staatliche Gesetz als unhaltbar.

Mit den von Wenzel ausgeschalteten, soeben gemäß dem Texte der RV. charakterisierten Normen, vor allem auch mit dem selbständigen Gewohnheitsrecht rechnet aber eine lange Reihe von Artikeln besonders des zweiten Teils der RV., in denen der Begriff des Gesetzes Anwendung findet, so z. B. 114, 138, 153.

In meinen soeben gegebenen Ausführungen, die bei der Spontaneität ihrer Entstehung natürlich nicht in allen Stücken eingehend begründet werden konnten, wollte ich einerseits zeigen, wie das gestellte Problem meiner Ansicht nach anzufassen war, andererseits aber dartun, daß die Unterscheidung des Gesetzes im materiellen vom Gesetz im formellen Sinne nicht nur in unserer Verfassung begründet ist, sondern sowohl theoretische als auch weittragende praktische Bedeutung hat. Daraus, daß das Gesetz im materiellen Sinne mit dem Gesetz im formellen Sinne zwar in der Regel zusammenfällt, aber oft auch auseinandergeht, ergibt sich obendrein vor allem die Notwendigkeit zwischen dem materiellen Gesetz im weiteren und im engeren Sinne zu unterscheiden.

Jellinek-Kiel: Mit meinem Herrn Vorredner bin ich darin einig, daß der eigentliche Vortragsgegenstand — der Begriff des Gesetzes in der Reichsverfassung — etwas zu kurz gekommen ist. Die beiden Berichte waren im wesentlichen Prolegomena dazu, allerdings wertvolle und anregende. Es sei mir daher gestattet anzudeuten, was etwa ich mir vom Hauptteil der Vorträge erwartet habe.

Man geht zweckmäßig vom Begriffe des Rechtssatzes aus, der sich von anderen staatlichen Willensäußerungen dadurch unterscheidet, daß er an eine abstrakte Vielheit von Bürgern gerichtete Anordnungen enthält. Dem Vorschlage des Herrn ersten Berichterstatters, alle Anordnungen als Rechtssätze zu bezeichnen, also auch solche, die nicht nach außen, und solche, die sich an bestimmte Einzelpersonen richten, kann ich nicht beipflichten. Schon das ALR. hebt, worauf Rosin hinweist, die Polizeigesetze als abstrakte Anordnungen aus den sonstigen polizeilichen Anordnungen heraus, indem es jene, und nur jene, dem Könige vorbehält. Heute ist diese Einengung des Rechtssatzbegriffs u. a. für die Scheidung der Rechtsfrage von der Tatfrage beim Rechtsmittel der Revision wichtig. Eine an eine abstrakte Vielheit von Bürgern gerichtete staatliche Anordnung gehört zur Rechtsfrage, eine Anordnung, der dies Merkmal fehlt, zum Tatbestand.

Hiernach ist die Scheidung der Gesetze in formelle und materielle im Sinne zweier sich schneidender Kreise trotz der heute gegen sie erhobenen Angriffe nach wie vor notwendig. Bezeichnet man im Reichsrecht die nach RV. Art. 68ff. zustande gekommenen Gesetze als solche im formellen Sinne, so gibt es neben den gleichzeitig formellen und materiellen Gesetzen, dem BGB., auch Gesetze, die keine Gesetze im materiellen Sinne entweder deshalb sind, weil ihnen die Allgemeinheit des Adressaten fehlt, oder deshalb, weil sie überhaupt nicht nach außen wirken. Von den Gesetzen mit unverbindlichem Inhalt sehe ich dabei ganz ab. So ist die Wahl eines Reichspräsidentenstellvertreters durch Reichsgesetz nach RV. Art. 51 das Beispiel eines nur formellen Gesetzes der ersten Art — allerdings, wie alle Wahlen gesetzgebender Organe, eines mit gewissen mittelbaren Rechtssatzwirkungen —, da es eine ganz bestimmte Einzelperson zu diesem Amte beruft, und es ist wichtig zu wissen, daß RV. Art. 51 I nur eine solche Einzelregelung gestattet, und nicht etwa ein allgemeines Stellvertretungsgesetz. Das Beispiel eines nur formellen Gesetzes der zweiten Art bildet nach wie vor das jährliche Gesetz über den Reichshaushaltsplan, das allerdings — darin stimme ich dem Herrn ersten Berichterstatter in seiner Kritik Labands bei — mehr ist als eine bloße Vorberechnung, aber trotzdem kein Rechtssatz, sondern, kurz gesagt, ein zunächst an die Minister gerichteter Dienstbefehl in Gesetzesform. An anderer Stelle verlangt die Verfassung mit dem Worte „Gesetz" ein den formellen und materiellen Erfordernissen genügendes Gesetz, so wenn nach RV. Art. 104 I die „Gesetzgebung" Altersgrenzen festsetzen kann, bei deren Erreichung Richter in den Ruhestand treten. Hier wäre offenbar ein gegen einen bestimmten Richter sich wendendes Gesetz verfassungswidrig, das Gesetz des Art. 104 I muß zugleich ein Rechtssatz sein. Auch die Vorbehaltsfunktion des Gesetzbegriffs, jene namentlich von Anschütz herausgearbeitete Beziehung des Gesetzes zur Freiheits- und Eigentumsklausel, verbindet der erste Hauptteil der RV. gelegentlich mit dem Worte „Gesetzgebung", wenn nämlich RV. Art. 45 III solche völkerrechtlichen Verträge der Zustimmung des Reichstags unterwirft, die sich auf Gegenstände der „Reichsgesetzgebung" beziehen.

Daß die Bedeutung des Wortes „Gesetz" im zweiten Hauptteil der RV. der Einzeluntersuchung bedarf, hebt der Herr erste Berichterstatter zutreffend hervor. Hier wäre namentlich die von Schmitt angeregte Frage zu prüfen, ob die Wendung „auf Grund von Gesetzen" das Vorliegen eines Rechtssatzes in Gesetzesform, also einer abstrakten Norm, verlangt, oder ob auch Einzelgesetze zulässig sind, das Wort also im weiten, rein formelle Gesetze mitumfassenden Sinne zu verstehen ist. Auch bedarf der Untersuchung, welche Eingriffe solch schwerer Natur sind, daß ein Gesetz selbst sie vorsehen muß, und welche Eingriffe solcher Art, daß eine Verordnung als Grundlage für den Eingriff genügt.

Die Lehre von der Teilung der Gesetze in materielle und in formelle ist somit so handgreiflich in den Dingen selbst begründet, daß Laband auf dem Wege reiner Überlegung zu der Zweiteilung kommen mußte. Man tut daher einem so ausgesprochen juristisch denkenden Gelehrten, wie Laband es war, Unrecht, wenn man behauptet, er habe sich bei der Erkenntnis der Doppelbedeutung des Wortes „Gesetz" irgendwie von politischen Beweggründen leiten lassen.

Hensel-Bonn: Die Ausführungen des Herrn Referenten werden manchen unter uns veranlaßt haben, nach Bestätigungen in den von uns besonders behandelten Materien zu suchen. Das moderne Steuerrecht vermag vielleicht ein besonders interessantes Beispiel für die materielle Gleichartigkeit der verschiedenen Staatsfunktionen zu bieten: Ich denke an § 108 der Reichsabgabenordnung, eine Bestimmung, die in ihrem ersten Teil bekanntlich den Reichsfinanzminister ermächtigt (mit Zustimmung des Reichsrats!), den Steuertatbestand aus „Billigkeitsgründen" abzuändern, d. h. also eine außergesetzliche normative Regelung zu treffen; der zweite Absatz des Paragraphen gibt sogar die Ermächtigung zur Tatbestandsabänderung zugunsten des Einzelfalls, er läßt also die formelle Rechtsnorm hinter einer Verfügung zurückstehen und läßt weiterhin zu, daß diese Zuständigkeit bis zu den untersten Verwaltungsinstanzen herab delegiert wird. Hier ist demnach gerade auf dem Gebiet, das bisher als Hauptbereich des Gesetzesvorbehaltes galt („nullum vectigal sine lege"), eine inhaltlich fast unumschränkte Ersatzmöglichkeit des Gesetzes durch Verfügung gegeben, und ich stimme Heller darin zu, daß es sich bei derartigen Verfügungen um echte „Rechtsetzung" handelt.

Gerade bei der hier besonders deutlich zu konstatierenden Auflockerung des formalen Rechtsstaatsgedankens erweist sich aber die immer stärker werdende Bedeutung der materiellen Rechtsstaatsidee, wie sie vielen von uns heute in den Grundrechten verkörpert erscheint. Hier berühren sich die Ideenkreise der beiden Verhandlungstage, hier baut Heller unmittelbar auf Smend auf. Der Grundsatz der Gleichheit vor dem Gesetz namentlich erweist sich als das stärkste Ferment; er ist selbst dort, wo er formell aufs schwerste verletzt erscheint, inhaltlich die oft einzige Richtschnur für die Handhabung des tatbestandsändernden Ermessens (vgl. dazu meine Abhandlung in der Vierteljahresschrift für Steuer- und Finanzrecht Bd. I S. 39ff.). So werden die Grundrechte berufen sein, die durch Zermürbung des formalen Rechtsstaatsgedankens scheinbar durchlöcherte Oberfläche unserer Rechtspyramide mit einer neuen einheitlich geschlossenen Umkleidung zu versehen.

Dyroff-München:

A.

In vielen Punkten kann ich den Diskussionsausführungen einiger Vorredner zustimmen, mich also hier kürzer fassen. Beispielsweise ist auch meiner Ansicht nach die Kriegserklärung ein Akt der Verwaltung, nämlich der auswärtigen und der Wehrmachtverwaltung. Daran reihen sich natürlich Rechtswirkungen und Rechtssetzungen in Masse.

B.

Einwendungen gegenüber Wenzel und Heller.

Hier stimme ich zunächst bezüglich der Rechtsnatur des Kirchenrechts den Darlegungen Tatarins zu.

Im übrigen will ich folgendes hervorheben:

1. Wenzel sagt über den Rechtsbegriff: „Recht bedeutet die Normen des praktischen Handelns der Menschen gegeneinander, die von der souveränen Instanz einer räumlich-persönlich abgegrenzten, umfassend geregelten, mit stärksten äußeren Zwangsmitteln ausgestatteten Gemeinschaft oder auf Grund ihrer Ermächtigung gesetzt sind." Danach wäre Gewohnheitsrecht kein Recht; denn es ist nicht gesetzt und es geht nicht von der sogenannten „souveränen Instanz" aus.

2. Der Grundbegriff des Gesetzes soll sein:

a) „Die von der souveränen Instanz der Rechtsgemeinschaft gesatzten Normen" und zugleich

b) „das gesatzte Urrecht".

Hiernach müßten jene Normen in allen Fällen Rechtsnormen sein, denn sie müssen zugleich gesatztes „Urrecht" darstellen.

Nach dem ersten Teil der Begriffsbestimmung (a) wäre die Verwaltungsanweisung in Gesetzesform Gesetz, nach dem zweiten Teil der Begriffsbestimmung (b) wäre sie es nicht.

Nach beiden Teilen der Begriffsbestimmung entsprechen im Reiche die Landesgesetze nicht dem Grundbegriff des Gesetzes. Denn der Landesgesetzgeber ist keine unterordnungslose Instanz in bezug auf die Geltung seiner Normen. Diese schüfen nach der Wenzelschen Begriffsbestimmung des Rechtes (1) der Regel nach auch kein Recht, da sie meist nicht auf Grund Ermächtigung durch die Reichsgewalt erlassen sind, sondern auf Grund eigenen Rechtes der Länder.

Da nach Wenzel der Grundbegriff des Gesetzes mit dem Rechtsbegriff gegeben sein soll, ist wohl der erste Teil der Begriffsbestimmung des Gesetzes irrtümlich auf Normen überhaupt formuliert, die von der souveränen Instanz der Rechtsgemeinschaft gesatzt sind, anstatt auf derart gesatzte Rechtsnormen, was wohl gemeint ist.

Demnach wären Verwaltungsnormen, die, wenn sie im Verordnungswege ergehen würden, Verwaltungsverordnungen wären, die ja Wenzel als Gegensatz zu den Rechtsverordnungen anerkennt, von ihm als Gesetze im Sinne des Grundbegriffes anzusehen, wenn sie im Wege der Gesetzgebung ergehen. Dann können sie aber logisch nicht dem Inhalt nach, sondern nur der Form nach, also nicht materiell, sondern nur formell Gesetze sein.

3. Nach der ersten Bestimmung des Grundbegriffes des Gesetzes ist dieses die von der souveränen Instanz der Rechtsgemeinschaft gesatzte Norm oder vielmehr Rechtsnorm, wie nach dem oben Gesagten zu berichtigen ist.

Für die konstitutionelle Einzelmonarchie — also abgesehen vom Bundesstaatsverhältnis — ist die „souveräne Instanz der Rechtsgemeinschaft" der Monarch mit Zustimmung der Volksvertretung. Beispielsweise entsprachen also die bayerischen Gesetze vor der Reichsgründung dem „Grundbegriffe des Gesetzes", soweit sie Rechtsnormen enthielten. Seit der Reichsgründung entsprechen die bayerischen Gesetze nicht mehr dem Wenzelschen Grundbegriffe des Gesetzes.

Heller sagt: Gesetze seien „die obersten von der Volkslegislative (wenigstens mit) gesetzten Rechtssätze, an die möglichst alle Staatstätigkeit gebunden sein soll".

Die herrschende Lehre besagt, wie ich es auszudrücken pflege: Formelle Gesetze, Gesetze der Form nach seien staatliche Äußerungen, die in einem verfassungsmäßig bestimmten, unter anderem für die normale Rechtssetzung des Staates vorgesehenen Verfahren, das die Mitwirkung der Volksvertretung oder der Staatsbürger selbst durch Volksabstimmung in sich schließt, — dem Gesetzgebungsverfahren des betreffenden Staates — zustande gekommen und in eine dementsprechende äußere Form des Erlasses — die Gesetzesform des betreffenden Staates — gekleidet sind, gleichviel, welchen Inhaltes sie sind.

Im wesentlichen beruht sohin der Unterschied zwischen der herrschenden Lehre und unseren beiden Berichterstattern auf deren Behauptung, Gesetze, die der Form nach Gesetze sind, müßten auch Rechtsnormen enthalten, wenn sie Gesetze im normalen Hellerschen Sinne oder Gesetze im Sinne des Wenzelschen Grundbegriffes sein sollen, wobei aber beide dann wieder sehr stark in der Frage auseinandergehen, wann eine Rechtsnorm vorliege.

C.

Meine Auffassung ist folgende:

Zu unterscheiden sind zunächst Rechtssetzung und Rechtsbildung.

Tatsächlich erfolgt mit der Rechtssetzung sehr vielfach und in unserer Zeit regelmäßig auch eine Rechtsbildung.

Die Rechtsbildung vollzieht sich

entweder durch die Rechtsschaffung, d. h. durch den bewußten Schöpfungsakt einer als Quelle von Rechtsnormen in Anerkennung stehenden Autorität oder durch ein allmähliches Sichherausbilden von Rechtsnormen, insbesondere durch Gewohnheitsrecht und verwandte Erscheinungen. Ich habe das früher Rechtssprossung genannt und nenne es jetzt das Wachsen von Recht.

Für den Begriff Rechtsbildung ist entscheidend, daß das Rechtsgebot ein neues ist, d. h. daß es der bestehenden Rechtsordnung noch nicht angehört. Die Rechtssetzung dagegen kennzeichnet sich dadurch, daß das Rechtsgebot in fixierter Erscheinungsform von einer machtvollen Autorität erlassen wird. Unter der Erscheinungsform eines Rechtsgebotes verstehe ich nicht nur die Worte, mit denen es erlassen wird, sondern auch den formellen Zusammenhang, in dem es zu den etwa uno actu ergehenden weiteren Willenserklärungen der Autorität steht, oder die formelle Selbständigkeit des Rechtsgebotes, wenn es vereinzelt ergeht. Fixiert nenne ich die Erscheinungsform, wenn sie bestimmt ist, die bleibende, einzig maßgebende äußere Form des Rechtsgebotes zu sein, also nicht etwa bloß angewandt wird, weil eben der Wille irgendwie geäußert sein muß, wenn er anderen zu Bewußtsein kommen soll.

Beim Begriff der Rechtsbildung ist ganz davon abzusehen, in welcher Form das Rechtsgebot — wenn es nur ein neues ist — erscheint. Es braucht überhaupt keine feste Erscheinungsform zu haben, was wir beim gewachsenen Recht stets beobachten können, was aber auch beim geschaffenen begrifflich nicht ausgeschlossen ist.

Beim Begriff der Rechtssetzung dagegen ist ganz davon abzusehen, ob das Rechtsgebot inhaltlich der geltenden Rechtsordnung angehört oder nicht.

Das gesetzte Rechtsgebot muß übrigens nicht notwendig ein schriftlich fixiertes sein. Es genügt, wenn es überhaupt gesetzt, d. h. in eine bestimmte Fassung, in eine bestimmte Wortformel gekleidet ist. Das kann auch bei solchen von einer Autorität geschaffenen Rechtsgeboten der Fall sein, die nur mündlich fortleben oder bloß nicht-autoritativ aufgezeichnet sind.

Ungesetzt ist heutzutage in allen konstitutionellen Staaten wohl ausschließlich gewachsenes Recht. Aber nicht alles gewachsene Recht ist ungesetztes Recht. Die autoritative Setzung gewachsenen Rechtes ist ein sehr wichtiger Fall der Rechtssetzung.

Die Rechtssetzung unterscheidet sich von anderen Akten der Autoritäten durch rein materielle, inhaltliche Begriffsmerkmale; denn in welcher Form immer die Autorität einen Akt vornimmt, ob mündlich oder schriftlich, ob unter Zustimmung anderer Willenssubjekte oder ohne eine solche, ob die etwaige Zustimmung konstatiert wird oder nicht, — immer liegt ein Akt der Rechtssetzung vor, wenn es sich sachlich um Erlassung eines Rechtsgebotes in fixierter Erscheinungsform handelt. An dem Gegenstande, dem Inhalte des Rechtssetzungsaktes können wir sodann auch ein materielles und ein formelles Moment unterscheiden, das Rechtsgebot und dessen Erscheinungsform.

Das Produkt des Rechtssetzungsaktes bezeichne ich als Rechtssatzung. Ich verstehe darunter nicht das Rechtsgebot in einer Erscheinungsform, sondern das Rechtsgebot in seiner Erscheinungsform, das so und nicht anders in die Erscheinung getretene Rechtsgebot. Man kann aber auch mit dem Ausdruck Rechtssatzung nur die eine oder die andere Seite des Begriffes, für sich betrachtet, bezeichnen, also je nach dem Zusammenhang entweder das (gesetzte) Rechtsgebot oder seine Erscheinungsform.

Man sieht leicht, daß diese beiden Begriffsmomente sich außerordentlich innig durchdringen: das Rechtsgebot können wir nur, weil es gesetzt ist, die Erscheinungsform nur, weil sie die eines Rechtsgebotes ist, als Rechtssatzung bezeichnen.

„Rechtssatz" ist uns jeder Satz der Rechtsordnung, genauer gesprochen: jeder Satz, von dem wir sagen wollen, er gehöre seinem Inhalte, wenn auch nicht seiner Form nach der jeweils in Rede stehenden Rechtsordnung an. Das in einer Rechtssatzung enthaltene Rechtsgebot können wir hiernach als Rechtssatz bezeichnen, mögen wir es in seiner autoritativ fixierten Erscheinungsform im Auge haben oder nicht. Rechtssätze nennen wir ferner diejenigen Sätze mit Rechtsinhalt, die wir aus ungesetztem Recht oder aus der logischen Verbindung mehrerer — gesetzter oder ungesetzter — Rechtsgebote abgeleitet denken.

Objektiv steht es oft gar nicht fest, ob das, was wir Rechtssatz nennen, auch wirklich ein geltender Satz der fraglichen Rechtsordnung sei; es genügt uns die Annahme, daß dies der Fall sei, um den Fachausdruck „Rechtssatz" zu gebrauchen.

Gehen wir dagegen von dieser Annahme nicht aus oder sehen wir davon ab, ob der Satz der betreffenden Rechtsordnung angehört oder nicht, so ist der weitere, farblose Ausdruck „Satz mit Rechtsinhalt", oder, wenn wir mehr den Gedankengehalt eines solchen Satzes betonen wollen, der Fachausdruck „Rechtsgedanke" am Platze.

Nach dem Gesagten erblicke ich in der Rechtssatzung ein in fixierter Erscheinungsform seitens einer machtvollen Autorität erlassenes Rechtsgebot, gleichviel, ob es inhaltlich bereits vorher in Geltung war oder nicht. Dieser Begriff ist für die Rechtslehre ein viel handlicheres Werkzeug als der Begriff des rechtschaffenden „materiellen Gesetzes", wie er seinerzeit von Laband, Seligmann und anderen entwickelt wurde.

Eine authentische Interpretation enthält ein Doppeltes:

1. eine neue Rechtssatzung;
2. das Gebot, es so anzusehen, als ob die frühere Rechtssatzung inhaltlich mit der neuen übereinstimme.

Dabei macht sich die Autorität keine Skrupeln darüber, ob das zweite Gebot auch innerlich begründet und gerechtfertigt sei.

Aus dem bisher Gesagten folgt, daß eine Rechtssatzung auch dann gegeben ist, wenn bezüglich einer konkreten Einzelheit eines individuell bestimmten Tatbestandes ein Rechtsgebot in fixierter Erscheinungsform autoritativ erlassen wird. Rechtssatzungen dieser Art bezeichne ich als Einzelheitssatzungen. Beispiel: die Verlängerung der Funktionsdauer eines bestimmten Reichspräsidenten.

Einzelheitssatzungen sind meist nicht nur Rechtssatzungs-, sondern auch Rechtsschaffungsakte, sofern sie nämlich ein neues Rechtsgebot enthalten, wodurch entweder die Wirkungen bestehender Rechtssätze für einen konkreten Tatbestand ausgeschlossen oder an einen konkreten Tatbestand Rechtswirkungen geknüpft werden, die nach der bestehenden Rechtsordnung nicht einzutreten hätten. Bloß rechtsetzend würde es dagegen beispielsweise wirken, wenn behufs Abschneidung von Zweifeln ein aus dem geltenden Recht für einen Einzelfall wirklich folgender Satz als Rechtssatzung erlassen würde. So, wenn eine bestehende konkrete Thronfolgeberechtigung durch eine Verfassungssatzung anerkannt würde. Auch hier würde autoritativ ausgesprochen, was iure legeque die Wirkung eines bestimmten Tatbestandes ein soll.

Innerhalb der umfassenderen Kategorie der Rechtssatzungen kann man von anderen diejenigen staatlichen Rechtssatzungen unterscheiden, deren Imperativ an die der Staatsgewalt Unterworfenen gerichtet ist.

Dieser materielle Gesetzesbegriff ist aber nicht der einzige, der sich aufstellen läßt.

Ein für die Wissenschaft allgemein brauchbarer Gesetzesbegriff ist es allerdings nicht, wenn man mit neueren Kodifikationen als „Gesetz" „jede Rechtsnorm" bezeichnet, worin Hänel die einzige Möglichkeit erblickte, von Gesetzen im materiellen Sinne zu sprechen. Denn es kann in allgemeiner wissenschaftlicher Terminologie unmöglich angehen, ein ungesetztes Rechtsgebot „Gesetz" zu nennen. Das geht nur zum Zwecke technischer, insbesondere gesetzestechnischer Vereinfachung.

Zulässig wäre es dagegen, alle Rechtssatzungen unter die Kategorie „Gesetze im materiellen Sinne" oder „Rechtsgesetz" zu stellen.

Insbesondere aber ist als ein weiterer brauchbarer materieller Gesetzesbegriff derjenige anzuerkennen, der alle staatlichen Rechtssatzungen umfaßt. Denn die Verschiedenheit der materiellen Quellen, aus denen ein Rechtsgebot erflossen sein, also seine Befehlskraft erhalten haben kann, gibt meines Erachtens nicht, wie Hänel meinte, formelle, sondern materielle begriffsbildende Merkmale ab; die Form kann verschieden sein.

Die zuletzt erwähnte Umgrenzung des Begriffes „Gesetz im materiellen Sinne", wonach nur als eine Unterart dieser Kategorie (der staatlichen Rechtssatzungen) die an die Untertanen gerichteten Gesetze erscheinen, empfiehlt sich für das Staatsrecht des deutschen Reiches und mancher Einzelstaaten, jedenfalls für die nicht von der Freiheits- und Eigentumsformel ausgehenden Einzelstaaten.

Staatliche Rechtssatzungen sind auch die Verfassungsrechtssatzungen, deren Imperativ sich an das Volk als Gesamtheit oder an die Volksvertretung oder in Monarchien an den Herrscher oder dessen Stellvertreter richtet.

Die Form des Gesetzes kann nun, was doch kaum bestreitbar ist, auf staatliche Willensakte beliebigen Inhalts Anwendung finden, in unvernünftiger Weise, aber auch in vernünftiger.

Hänel und unsere heutigen Berichterstatter kämpfen ja allerdings gegen nur formelle Gesetze an. Aber:

Die Regierung kann z. B. auch in Fällen, in denen eine Zustimmung der Volksvertretung zu ihrem — nicht rechtsetzenden — Akte überhaupt nicht notwendig, die Regierung also allein zuständig ist, sich jener Zustimmung versichern und es steht ihr auch frei, diese Zustimmung im Gesetzgebungsverfahren zu erholen und der Festsetzung die Form des Gesetzes zu geben. In Fällen dieser Art kann man nicht sagen, die Regierung sei zu dem betreffenden — keine Rechtssatzung darstellenden — Staatsakte verfassungsmäßig inkompetent, so daß sie zu diesem Akte erst durch die sog. „souveräne Gesetzgebung" in einem speziellen „Rechtssatz", wie Hänel sich ausgedrückt hatte, ermächtigt werden müßte. Derartige Festsetzungen können durch die Anwendung des Gesetzgebungsverfahrens ihre sachliche Natur doch nicht ändern, sie können aus einem Nichtrechtsatz keinesfalls ein Rechtssatz werden. Das wäre ein mysteriöser Inhaltswandel durch bloße Anwendung eines Verfahrens.

Auch in Fällen, in welchen die Zustimmung der Volksvertretung, nicht aber die Gesetzesform zu einem Verwaltungsakte, z. B. zu einer Schuldaufnahme verfassungsrechtlich notwendig ist, liegt es nicht wesentlich anders.

Die Isolierung der Rechtsnormen von anderem Gesetzesinhalt ist oft schwierig durchzuführen oder überhaupt unmöglich. Nicht nur dieser Umstand, sondern auch bewußtes freies Wollen der Regierung muß häufig das Zustandekommen von Gesetzen veranlassen, die Rechtssatzungen und rein formell-gesetzliche Bestandteile nebeneinander enthalten.

Formelle Gesetze, die zugleich Rechtssatzungen sind, nenne ich jetzt „Rechtsgesetze". (Früher gebrauchte ich diesen Ausdruck in anderem Sinne.) Formelle Gesetze, die nicht zugleich Rechtssatzungen sind, nenne ich „Formgesetze" oder „nur formelle Gesetze".

Schon aus dem Gesagten ergibt sich, daß es auch rechtlich relevante Gesetze gibt, die keine Rechtssatzungen sind.

Wenn man nun, wie das schon Hänel getan hat, zugibt,

a) daß Gesetze vielfach neben den Rechtssatzungen „enuntiative Bestandteile" enthalten, deren Aussonderung von den dispositiven Bestandteilen „den mannigfachsten, die ganze juristische Technik herausfordernden Schwierigkeiten" unterliegen kann, sodann

b) daß es auch „Gesetze" gegeben hat und geben wird, die überhaupt keine Rechtssätze, sondern lediglich juristisch Irrelevantes enthalten und gleichwohl im Gesetzgebungsverfahren zustande kamen, die Form eines Gesetzes in jeder Beziehung an sich tragen und vom Gesetzgeber als Gesetze gewollt und bezeichnet sind,

so ist es meines Erachtens ein wissenschaftliches Bedürfnis, alle „Gesetze", sowie alle in Gesetzen enthaltenen Bestimmungen, mithin alles, was unter Durchführung des Gesetzgebungsverfahrens in der Form eines Gesetzes verkündet worden ist, eben wegen dieser seiner Form und der Form seines Zustandekommens als „Gesetz schlechthin" zu bezeichnen, ohne zunächst auf den Inhalt — ob Rechtssatzung oder nicht — Rücksicht zu nehmen, dessen Qualifizierung teils von der Stellungnahme zu schwierigen Streitfragen abhängt, teils erst durch die — wiederum bestreitbare, nicht objektiv-gewisse Resultate liefernde — Auslegungskunst gewonnen werden kann. Verwirft man diesen „formellen Begriff", so muß man stets außerordentlich vorsichtig mit der Bezeichnung „Gesetz" oder „gesetzliche Bestimmung" umgehen, weil immer die Gefahr droht, daß die Theorie deduziert, eine Bestimmung, die die Form des Gesetzes tatsächlich hat, sei kein Rechtssatz, weshalb sich diese Form nicht auf sie beziehen könne.

Ferner wurde schon von Hänel der Einwand erhoben, daß bei der weiteren Einteilung der „Gesetze im formellen Sinne" ein Einteilungsglied, das juristisch relevant sei, einem anderen Einteilungsglied gegenüberstehe, das teils juristisch relevant und teils juristisch irrelevant sei. Wenn es nun aber ein wissenschaftliches Bedürfnis ist, diesen Begriff des „Gesetzes" auf ausschließlich formelle, aber immerhin juristische Merkmale zu gründen, so ergibt sich naturgemäß erst bei der weiteren Einteilung die Rücksicht auf den Inhalt. Und hierbei ist es dann sehr wohl wissenschaftlich zu rechtfertigen, eine hervorragende Gattung von „Gesetzen", die diesen Namen in einem vorzüglichen Sinne entweder als Rechtssatzungen überhaupt oder als Gesetze im Sinne der Freiheits- und Eigentumsformel wegen ihres Inhalts verdienen, hervorzuheben. Daß unter den Gesetzen, die unter diese besondere Kategorie nicht fallen, sich wieder weitere Gattungen unterscheiden lassen, die unter sich ihrem Inhalt nach so wesentlich verschieden sind, wie das rechtlich Irrelevante vom rechtlich Relevanten, kann um so weniger etwas verschlagen, als man ja natürlich bei den weiteren juristischen Untersuchungen vom rechtlich Irrelevanten abzusehen hat.

Von den Gesetzen, die teils Rechts-, teils Formgesetze sind, müssen wohl unterschieden werden Gesetze, die unter Einschaltung von Verordnungen erlassen sind, und Verordnungen, die unter Einschaltung von Gesetzen erlassen sind.

Ein Gesetz der ersteren Art war die württembergische Strafprozeßordnung von 1843, die in ihrem Art. 462 für eine Reihe ihrer Artikel bestimmte, sie seien „als im Wege der Verordnung ergehende Vorschriften von der Verabschiedung ausgenommen". Solche eingeschaltete Bestimmungen, die nur äußerlich, nicht auch juristisch Teile des Gesetzes sind, kann man Schaltverordnungen nennen. Selbst wenn sie in dem von der Volksvertretung gutgeheißenen Gesetzentwurf enthalten waren, sind sie doch Verordnungen, weil entweder unmittelbar ersichtlich ist, daß ihnen die Gesetzesform fehlt (z. B. wenn sie bei der Konstatierung der Gesetzesvoraussetzungen in der Eingangsformel ausdrücklich ausgenommen sind) oder weil die an sich gegebene Gesetzesform kraft einer besonderen Bestimmung als nicht vorhanden anzusehen ist.

Die Aufnahme einer Schaltverordnung in ein Gesetz kann nur stattfinden, wenn die Volksvertretung damit einverstanden ist. Wäre sie dies nicht, so müßte sie entweder wollen, daß die fraglichen Bestimmungen ebenfalls in Gesetzesform — wie in einem interessanten württembergischen Fall von 1866 — erlassen oder aber, daß sie überhaupt nicht in das Gesetz eingeschoben werden.

Gesetzliche Bestimmungen, die in eine Verordnung eingeschoben sind, nenne ich Schaltgesetze.

So waren Schaltgesetze die periodischen Steuererhebungsgesetze des früheren bayerischen Rechtes, die ein Einschiebsel des sogenannten Finanzgesetzes bildeten. Die bayerischen „Finanzgesetze" waren nämlich in Wirklichkeit keine Gesetze, obwohl sie ganz wie solche der Zustimmung des Landtages unterworfen zu werden pflegten; denn sie ermangelten der Gesetzesform. Juristisch waren sie vielmehr Verordnungen, wie sich schon aus der üblichen Einleitungsformel ergab, worin die Zustimmung beider Kammern des Landtages nur in Ansehung der Erhebung der direkten und der Veränderung der indirekten Steuern, also nur für das eingeschaltete periodische Steuererhebungsgesetz konstatiert war.

Auch der Haushaltsplan des heutigen bayerischen Rechtes muß übrigens nicht als formelles Gesetz erlassen werden — im Gegensatz zum Haushaltsplan des Reichsrechtes. § 80 VU. sagt nur, auf Grund des Haushaltsplanes beschließe der Landtag über die nach den bestehenden Steuergesetzen zu erhebenden Steuern: Finanzgesetz. Es kann also der Haushaltsplan zum formellen Bestandteil des Finanzgesetzes gemacht werden. Er muß aber nicht hierzu gemacht werden.

Meine heutigen Ausführungen gehen zum größten Teile auf Darlegungen zurück, die ich schon vor 38 Jahren in meiner Abhandlung über „Rechtssatzung und Gesetz" (in den Annalen des deutschen Reichs 1889) gemacht habe. Sie reagieren aber vor allem auf das, was wir heute gehört haben, und berücksichtigen einige Wandlungen, die in meiner eigenen Stellungnahme seit jener Zeit eingetreten sind

Merkl-Wien: Die Debatte zeigt, daß das Gesetz nicht in seiner Isolierung, sondern nur unter Bezugnahme auf die anderen ihm wesensgleichen Rechtserscheinungen betrachtet werden kann. Das Gesetz ist eben nicht die einzige, sondern nur eine unter zahlreichen, zeitlich und örtlich wechselnden Rechtserscheinungen, woraus sich eine stufenförmige Struktur der Rechtsordnung ergibt. So sind meines Erachtens einerseits die Verfassungssätze, andererseits die gerichtlichen Urteile und die Verwaltungsakte Rechtsnormen. Diese Erkenntnis des rechtlichen Stufenbaues habe ich unmittelbar Kelsen zu verdanken, bei dem sie sich in nuce bereits in seinen „Hauptproblemen" angedeutet fand. Eine wertvolle Bestätigung meiner Ansicht waren mir sodann Ausführungen Thomas in der Festschrift für Otto Mayer. Vor allem waren aber den Prozessualisten, namentlich Bülow, untergesetzliche Rechtssatzformen in der Gestalt des Urteils aufgetaucht und in ihrer Natur als Rechtsnormen zum Problem geworden. Mein Vorredner Nawiasky hat die Normenqualität der untergesetzlichen Rechtserscheinungen anerkannt, nur ihre volle Rechtsqualität in Abrede gestellt; er hat jedoch meines Erachtens mit Unrecht die obergesetzliche Rechtserscheinung, die Verfassung, nicht als Rechtsnorm anerkennen wollen. Was sind aber rechtserhebliche Normen anderes als Rechtsnormen? Bestreitet man den Rechtssatzcharakter der außergesetzlichen Rechtserscheinungen wegen des Mangels des Zwangsmomentes, so möchte ich dem entgegenhalten, daß die Zwangsdrohung allen genannten Rechtserscheinungen gleicherweise immanent ist. Der Zwang ist nur die Realisierung des Rechtssatzes. Meines Erachtens ist Rechtssatz alles das, was einer Anwendung durch Staatsorgane fähig ist, also z. B. auch Verfassung, Verwaltungsakt und Gerichtsurteil. Ebenso wie die Stufentheorie die Rechtsordnung nach untenhin auf die Fälle der individuellen Rechtserscheinungen erstreckt, erweitert sich die Rechtsordnung in dem rechtlichen Weltbild, das besonders platisch mein Wiener Kollege Verdroß gezeichnet hat, nach obenhin durch die Unterordnung der staatlichen Rechtsordnung unter die Stufen des Völkerrechtes. Und schließlich findet ein Anschluß des Rechtsnormensystems an die ganze Normenwelt, ein Regreß von der Rechtsordnung zur Einheit der aus Moral, Religion usw. aufgebauten Sollordnung statt. Ein weiterer Regreß vom Sollen in die Wirklichkeit, so daß sich eine höhere Einheit von Sollen und

Sein ergeben würde, kann allerdings erkenntnismäßig nicht vorgenommen werden.

Waldecker-Königsberg verweist kurz auf einen Vortrag, den er in Königsberg vor 14 Tagen gehalten hat und in dem er auf die behandelten Fragen eingegangen sei.

Schlußwort **Heller**-Berlin: Daß mein Referat auf verhältnismäßig umfangreichen historischen und systematischen Erwägungen aufbaut, hat seine Notwendigkeit darin, daß die heutige Staatsrechtslehre keinen Schritt tun darf, ohne ihre letzten höchst fragwürdig gewordenen Fundamente zu überprüfen. Auch zum vorliegenden Thema lassen sich meines Erachtens nur (technisch mehr oder weniger erhebliche) theoretische Willkürlichkeiten aussagen, es sei denn, daß man sich entschließt, den konstitutionellen Gesetzesbegriff mit dem materiellen Rechtsstaatsgedanken einerseits und mit den Begriffen Rechtssatz und Rechtsgrundsatz andererseits in einen grundsätzlichen Zusammenhang zu bringen.

Die Diskussion hat mich nicht davon überzeugen können, daß die herrschende Zweiteilung des Gesetzesbegriffs irgend etwas beiträgt zur Bestimmung des gesetzlichen Vorbehalts oder zur Klärung der in der Reichsverfassung vorhandenen Sonderbedeutungen des Wortes „Gesetz". Überflüssige Einteilungen ergeben aber überflüssige Probleme und erzeugen meist weitgehende Verwirrungen.

Auf die gründlichen Ausführungen Wenzels im einzelnen einzugehen, muß ich mir sowohl deshalb versagen, weil unsere methodischen Voraussetzungen zu verschieden sind, als vor allem auch deshalb, weil wir über das zur Diskussion stehende Thema durchaus der gleichen Meinung sind. Daß der von mir vertretene Begriff des Rechtssatzes der überlieferten juristischen Ansicht als zu weit gefaßt erscheint, ist psychologisch verständlich. Zu fragen ist aber, ob dieser Begriff in einer der Theorie und Praxis befriedigenden Weise begrenzt werden kann. Diese Begrenzung ist Wenzel ebensowenig wie allen anderen gelungen, obwohl er aus seinem Rechtsbegriff unzulässigerweise das Kirchenrecht von vornherein ausschließt und das Völkerrecht nur recht unbefriedigend zu konstruieren vermag. Selbst dann aber kann Wenzel zur Kennzeichnung seines Rechtsbegriffs nicht auskommen ohne den Zusatz: „oder auf Grund ihrer (der souveränen Instanz) Ermächtigung" gesetzte Normen, welche Normen aber doch offensichtlich den Befehl des Unteroffiziers mit einbegreifen. Durchaus abzulehnen ist die Aufstellung eines überhistorischen jedenfalls von der Institution des gewaltenteilenden Rechtsstaates losgelösten, auch im Absolutismus nachzuweisenden Gesetzesbegriffs. Mit dieser Ausweitung werden historisch recht eng determinierte Begriffe systematisch wertlos.

Der Einwurf Nawiaskys, es sei im Grunde eine herrschende Zweiteilungslehre gar nicht vorhanden, wird durch die Tatsache der gesamten Verfassungsliteratur und die nachfolgenden Diskussionsredner z. B. durch Tatarin widerlegt, der den Stand dieser Lehre ziemlich genau wiedergibt. Richtig ist Nawiaskys Feststellung, daß der von ihm, Kelsen und Merkl akzeptierte Rechtsbegriff die Merklsche Stufentheorie unhaltbar macht.

W. Jellinek will den Rechtssatzbegriff durch die Kombination der alten Lehre von der „Allgemeinheit" mit der neuen von der „Wirkung nach Außen" bestimmen, ohne dabei die von mir bestrittene Berechtigung dieser Kriterien zu begründen. Seine Beispiele, insbesondere seine Konstruktion des Haushaltsplans, sowie des Gesetzes auf Grund des Art. 51 RV. sind nicht überzeugend. Ein Gesetz auf Grund Art. 104 I. RV. das sich auf einen einzelnen Richter bezieht, wäre verfassungswidrig, weil und sofern es willkürlich, d. h. den Rechtsgrundsatz der Gleichheit verletzend wäre, nicht aber deshalb, weil es einem logischen Grundsatz der Allgemeinheit widerspräche. Was die politischen Motive Labands anlangt, so sind solche als objektive Faktoren bei ausnahmslos jedem selbst bei dem „reinen" Rechtstheoretiker wirksam eben deshalb, weil in der Geisteswissenschaft gar nichts handgreiflich in den Dingen begründet ist. Wie weit bei Laband außerdem subjektiv bewußte politische Tendenzen wirksam waren, ist eine noch keineswegs ausgemachte, von mir jedenfalls nicht angeschnittene Frage.

Die Eigenart der Kelsenschen Polemik erfordert eine ausführlichere Antwort. Nach Kelsen hätte ich ihn und seine Schüler nicht nur ausgeschrieben, die Quelle meiner Gedanken nicht nur nicht anerkannt sondern sogar verleugnet und nach außen hin bekämpft; wobei nur die Frage offen bleibt, ob ich so dumm war, es nicht besser zu wissen, oder so schlecht, es nicht besser wissen zu wollen.

Meine Inanspruchnahme für die Kelsensche Schule muß ich entschieden ablehnen. Mit dem gebührenden Nachdruck weise ich die Behauptung zurück, ich hätte von den Lehren dieser Schule einen größeren Gebrauch gemacht, als ich persönlich anerkenne. Kann Kelsen zwischen uns wirklich keine anderen Differenzen herausfinden, als die zehnjährige Altersdifferenz, auf die er — in einer merkwürdig gearteten Reinheit der Methode — einen besonderen Wert zu legen scheint?

Sachlich verhält sich die Angelegenheit so, daß ich einen, u. a. auch von Merkl ausgeführten, von ihm als Stufentheorie durchgeführten Gedanken, den Kelsen nachträglich übernommen hat, mir zu eigen gemacht habe und — wie auch noch die Zurufe während der Kelsenschen Diskussionsrede bewiesen — an der betreffenden Stelle Merkl ausdrücklich zitiert habe.

Nun ist dieser Gedanke weder der „Kernpunkt" meines Referats, noch „ein wesentlicher und charakteristischer Bestandteil" des Kelsenschen Systems (er sprengt es geradezu), noch hat dieser Gedanke innerhalb meiner Anschauungen die gleiche Bedeutung wie bei Kelsen und Merkl. Um dieses zu belegen, bedarf es nicht einmal des Hinweises auf meine „Krisis der Staatslehre" und „Souveränität". Die Nebeneinanderstellung folgender Sätze Kelsens dürfte genügen: einmal behauptet er, meine These, das Gesetz unterscheide sich von irgendeiner Verwaltungsvorschrift oder einem Rechtsspruch keineswegs durch seine Rechtssatzeigenschaft, sondern durch seine erhöhte Geltungskraft, könne „ebensogut" von ihm und seinen Schülern ausgesprochen worden sein, ja, dieser Satz sei „beinahe wörtlich so" von ihnen ausgesprochen worden. Im nächsten Satz erklärt Kelsen nicht zu wissen, was ich unter „erhöhter Geltungskraft" verstünde. Sollte es Kelsen wirklich verborgen sein, daß hier einer der Kernpunkte meines Referats und zugleich meines Gegensatzes zu seinem formalistischen Apriorismus liegt, daß gerade diese Umdeutung von Herrschaftsbeziehungen in logische Beziehungen ein Symptom jenes Rechtsrationalismus darstellt, dessen Vertreter par exellence heute Kelsen ist? Der als Stufentheorie bezeichnete Gedanke hat mit jener Methode als solcher gar nichts zu tun. Er ist weder ein für Kelsen noch ein für seine Schüler charakteristischer Lehrsatz, was jeder daraus entnehmen mag, daß mein, von Kelsen für sich und seine Schule beanspruchter Satz von dem selbständigen Anteil an dem Rechtsschöpfungsberufe der Staatsgewalt sich wörtlich bei Bülow, Gesetz und Richteramt, erschienen 1885 auf S. 13 findet. Daß für mich die Individualisierung von Rechtssätzen durch Gemeinschaftsautorität innerhalb von substantiellen Rechtsgrundsätzen etwas von der Kelsenschen Individualisierung von Normen toto coelo Verschiedenes bedeutet, zeige ich an anderer Stelle ausführlich (Souveränität, pass.). Gewiß hat u. a. auch Kelsen die unrichtige Auffassung bekämpft, welche die Unterscheidung der drei Gewalten des Rechtsstaates als eine apriorische versteht. Das von mir stets anerkannte Verdienst dieser Kritik wird aber dadurch paralysiert, daß Kelsens Methode — sofern sie konsequent bleibt! — keinerlei Möglichkeit besitzt, diese und alle anderen, historisch-politisch bedingten, positivrechtlich unentbehrlichen Unterscheidungen zu erfassen.

Schließlich hat Kelsen sich Smends und meinen Ausführungen gegenüber für berufen erachtet, vor dem „Einbruch der Politik von rechts und links" in die Jurisprudenz zu warnen. Für mich bedeutet gerade dieser Einbruch die Hoffnung, daß die Staatsrechtslehre sich auf ihre Seins- und Bewußtseinsvoraussetzungen besinnt und, eben dadurch von einseitiger Parteipolitik besser geschützt, auf dem besten Wege ist, aus dem unfruchtbaren und willkürlichen positivistischen Logismus herauszukommen. Mit Kelsens, übrigens nur angeblich, reinen Formen kann man zwar alle ihres Inhalts entleerten und sodann willkürlich konstruierten Begriffe zu einem System zusammenbiegen; man kann aber mit ihnen weder den Staats- noch den Rechtsbegriff fassen, am allerwenigsten aber den Rechtsstaatsbegriff — ist doch nach Kelsen jeder Staat ein Rechtsstaat — und den konstitutionellen Gesetzesbegriff.

Schlußwort Wenzel-Rostock: Ich danke zunächst für das entgegengebrachte Interesse und die Anregungen. Die Diskussion hat mich erkennen lassen, daß ich nicht immer verstanden, ja hier und da direkt mißverstanden worden bin. Dies erklärt sich aus der starken Gedrängtheit meiner Darlegungen, der ich mich befleißigen mußte. Ich muß bekennen, daß die Einwendungen, die man in der Diskussion erhoben hat, mich nicht überzeugt haben. Die vorgerückte Stunde verbietet es mir, auf die Mißverständnisse und Einwendungen näher einzugehen. Es sei nur kurz bemerkt, daß das System des „staatlichen" Rechts, wie man heute das weltliche Recht der zivilisierten Nationen bezeichnet, nicht bloß das von den „staatlichen" Organen (also der Rechtspersönlichkeit „Staat"), sondern auch das von den eingegliederten engeren Gemeinschaften und Verbänden in ausdrücklicher oder in gewohnheitsrechtlicher Form gesetzte Recht, das ja alles hinsichtlich seiner Geltung letzten Endes der einen souveränen Instanz untersteht, umfaßt. (vgl. meine Jur. Grundprobleme S. 403). Im Bundesstaat gehören zu dem durch den souveränen Oberstaatsgesetzgeber konstituierten einheitlichen Rechtssystem auch die Gesetze der Gliedstaaten. Sie sind dort, wo sie einst souverän waren, aus primären zu sekundäre Rechtsquellen geworden. (Über die trotzdem mögliche Eigenschaft der Glieder als Staaten — freilich nunmehr nichtsouveräne — vgl. meine Grundprobleme S. 248ff., 280ff.) Dadurch, daß die RV. den Grundsatz der Nichteinmischung in die kirchlichen Verhältnisse verkündet, erscheint das „kirchliche Recht" noch keineswegs als ein dem weltlichen, d. h. „staatlichen" Recht gleichgeartetes Recht. Gegenüber Herrn Dyroff sei klargestellt, daß auch das Gewohnheitsrecht „gesetzt" (aber nicht „gesatzt") ist und auch von der souveränen Instanz ausgehen kann, ferner, daß ich als „gesatztes Urrecht" den Inbegriff der von der souveränen Instanz gesatzten Normen bezeichne.

Gestatten Sie mir, auf die Ausführungen von Herrn Kelsen mit einigen Worten einzugehen. Zunächst darf ich meiner

Freude Ausdruck geben, daß Herr Kelsen in manchen wesentlichen Punkten mit mir übereinstimmt.[1]) Leider ist die Übereinstimmung nicht eine so weitgehende, wie es nach den Ausführungen von Herrn Kelsen den Anschein hat. Ich muß mich hier jedoch auf ganz Weniges beschränken.

Mein Urrecht ist von Kelsens „Grundnorm" denkbar verschieden. Die „Grundnorm" ist nach den Ausführungen Kelsens in seinen Schriften (Problem der Souveränität, Allg. Staatslehre) überhaupt kein positiv gesetztes Recht, also keine echte Rechtsnorm, sondern nur eine von der Erkenntnis eingeführte bloße Hypothese, mein Urrecht dagegen ist keine Hypothese, vielmehr positiv gesetztes Recht, ja gerade das Recht katexochen, dessen Inhalt sich auch nicht auf Normen über die Gesetzesentstehung beschränkt, sondern der allerverschiedenste sein kann, und durch dessen Bestimmungen insbesondere das sekundäre Recht erst seine Rechtsqualität erhält und näher umgrenzt wird.

Meine Theorie vom sekundären Recht ist nicht, wie Herr Kelsen glaubt, ein Kind oder naher Verwandter oder eine Modifikation der „Stufentheorie". Sie wendet sich gerade gegen den Grundgedanken dieser Theorie, daß schon jede Realisierung einer Rechtsnorm wieder eine Rechtsnorm ergebe, und erblickt den Grund des sekundären Rechts nicht in dem Moment der bloßen Realisierung, sondern in dem Moment der besonderen Qualifizierung durch das Urrecht, also in etwas ganz anderem. Wenn Herr Kelsen meint, daß meine Theorie dahin führe, daß die innerhalb des Rechtsbereiches fallenden Pflichten und Folgen nicht mehr als Rechtspflichten und -folgen erscheinen, so ist mir dies unverständlich. Die auf Grund von Rechtsnormen gesetzten Pflichten und Folgen (z B. durch Abschluß eines Dienstvertrages, Vereinbarung einer Konventionalstrafe) können und müssen an Hand dieser Rechtsnomen gewertet werden, erscheinen also notwendig als rechtliche, d. h. durch das Recht gebilligte Pflichten und Folgen, ohne daß die gesetzten Pflicht- und Folgennormen (also in unserem Beispiel die Dienstvertrags-Normen) wieder Rechtsnormen sein müssen. Wie will Herr Kelsen die auf Grund von Rechtsnormen vorgenommenen Akte nichtnormativen Inhalts (z. B. Mahnungen, Warnungen, rein körperliche Handlungen), die also nicht wieder Rechtsnormen darstellen können, als Rechtsakte begreifen? Die Scheidung von Rechtsnormen und bloß rechtlichen Normen ablehnen,

[1]) Diese Punkte sind bereits in meinen 1920 erschienenen Juristischen Grundproblemen entwickelt worden; vgl. die Noten des Vortrages.

bedeutet ein Ankämpfen gegen die geschichtlichen Tatsachen. Die betreffende Rechtstheorie beweist damit nur, daß sie nicht imstande ist, die Wirklichkeiten, die ihr zu begreifen aufgegeben sind, zu erfassen. Das Denken, Begreifen, Philosophieren muß sich eben nach dem Sein richten (Bergbohm). Ich muß es mir hier versagen, nachzuweisen, daß die ganze „Stufentheorie" nur ein schlechter Ersatz für das von ihr aus dem Rechtsbegriff hinausgewiesene Moment der Realität ist.

Die Versuche Kelsens, zwischen der „Geltung des Rechts" in dem von ihm gemeinten Sinne und den Seinstatsachen eine gewisse Verbindung herzustellen, sind mir wohlbekannt, insbesondere auch seine Formulierung in Problem der Souveränität S. 96ff., die ich ausdrücklich erwähnt habe. Aber es wird keinem aufmerksamen Leser entgehen, daß in seinen späteren Schriften die Verknüpfung enger geworden ist (vgl. Allg. Staatslehre S. 18f., 250), ohne allerdings zur endgültigen Aufnahme des Realitätsmomentes in den Rechtsbegriff zu führen. Nach seinen heutigen Ausführungen könnte ein Fernerstehender annehmen, daß der Streit sich lediglich um die präzisere Formulierung von an sich unbestrittenen Momenten innerhalb des Rechtsbegriffes (nämlich Norm und Realität) drehe, während er doch in Wirklichkeit darum geht, ob das Moment der Realität überhaupt in den Rechtsbegriff hineingehört, was Herr Kelsen in seinem „Problem der Souveränität" entschieden verneint hat. Wenn er heute sagt, daß „das Wesen des positiven Rechts ohne Berücksichtigung gewisser Seinstatsachen nicht restlos erfaßt werden kann", warum nimmt er dann dieses Wesensmoment nicht in den Rechtsbegriff hinein? Die von ihm hierfür angeführte „logische (!) Ausschließlichkeit der Begriffe (!) des Sollens und des Seins" bildet doch kein Hindernis, wenn beide Begriffe in der Erscheinung des Rechts sich vorfinden, auch beide in der Definition des Rechts zu verwenden. Ich vermag die Schwierigkeit der Zusammenfassung beider Momente in einer Formel nicht zu erkennen; ich habe sie wenigstens bei meiner Formulierung des Rechtsbegriffes nicht empfunden und glaube doch, in ihr weder das „Seins-" noch das „Sollensmoment" vernachlässigt zu haben. Die eigenartige Unterscheidung aber, die Herr Kelsen vornimmt, um die angebliche Schwierigkeit zu überwinden, insbesondere die sinnwidrige Beschränkung der „Geltung" nur auf die Kategorie des Sollens führt zur Unklarheit und Verwirrung. Die von ihm so betonte Tatsache, daß das Recht aus Normen besteht — die Kelsensche „Sollgeltung" — wird ernstlich von niemandem bestritten, bringt uns aber allein in der Erkenntnis sowohl der allgemeinen Natur dieser Normexistenz wie darüber hinaus der spezifischen Eigenart der Rechtsnormen nicht weiter. Den Weg zu dieser Erkenntnis versperrt man sich aber, wenn man das Moment der Realität von der Schwelle der begrifflichen Betrachtung des Rechts zurückweist. Insbesondere wird es bei der Beschränkung auf die „Sollgeltung" niemals gelingen, das Spezifische des Rechts zu erfassen; denn in der „Sollgeltung" kann es nicht gefunden werden, weil das Recht dieses Moment mit allen anderen Normenarten gemeinsam hat.

VI. Verzeichnis der Redner.

V. Verzeichnis der Mitglieder der Vereinigung der deutschen Staatsrechtslehrer.

Gegründet am 13. Oktober 1922.

Vorstand.

1. Thoma, Dr. Richard, ord. Professor der Rechte, Geheimer Hofrat, Heidelberg, Ziegelhäuser Landstr. 17.
2. Smend, Dr. Rudolf, ord. Professor der Rechte, Berlin-Nicolassee, Teutonenstr. 1.
3. Nawiasky, Dr. Hans, a. o. Professor der Rechte, München, St. Annaplatz 8.

Mitglieder.

1. Anschütz, Dr. Gerhard, ord. Professor der Rechte. Geheimer Justizrat, Heidelberg, Ziegelhäuser Landstr. 35.
2. Apelt, Dr. W., ord. Professor der Rechte an der Universität Leipzig, Sächsischer Staatsminister des Innern, Ministerialrat a. D., Dresden.
3. Bilfinger, Dr. Karl, ord. Professor der Rechte an der Universität Halle a. S., Paulusstr. 4.
4. Bornhak, Dr. Conrad, a. o. Professor der Rechte, Geheimer Justizrat, Berlin SW 61, Blücherplatz 2.
5. Brie, Dr. jur., Dr. theol. h. c., Siegfried, ord. Professor der Rechte, Geheimer Justizrat, Breslau, Auenstr. 35.
6. Bruns, Dr. Viktor, ord. Professor der Rechte, Berlin-Zehlendorf-West, Prinz-Friedrich-Karl-Str. 21.
7. Bühler, Dr. Ottmar, ord. Professor der Rechte, Münster i. W., Gertraudenstr. 15.
8. Calker, van, Dr. Wilhelm, ord. Professor der Rechte, Geheimer Justizrat, Freiburg i. B., Josefstr. 15.
9. Dochow, Dr. Franz, a. o. Professor, Heidelberg, Leopoldstr. 37.
10. Dyroff, Dr. Anton, ord. Professor der Rechte, Geheimer Hofrat, München, Viktoriastr. 9.
11. Ebers, Dr. Godehard Josef, ord. Professor der Rechte, Köln-Marienburg, Ulmenallee 124.

12. Finger, Dr. A., ord. Professor der Rechte, Geheimer Justizrat, Halle a. S., Reichardtstr. 2.
13. Fleischmann, Dr. Max, ord. Professor der Rechte, Halle a. S., Kaiserplatz 14.
14. Frisch, v., Dr. Hans, früher ord. Professor an der Universität Czernowitz, jetzt Privatdozent an der Universität Wien, VIII, Josefstädterstr. 17.
15. Fürstenau, Dr. Hermann, a. o. Professor der Rechte, Senatspräsident am Oberverwaltungsgericht, Berlin W 15, Sächsischestr. 8.
16. Genzmer, Dr. Felix, ord. Professor der Rechte, Marburg a. L., Wilhelmstr. 52.
17. Gerber, Dr. Hans, a. o. Professor an der Universität Marburg a. L., Schwanallee 44.
18. Giese, Dr. Friedrich, ord. Professor der Rechte, Konsistorialrat, Frankfurt a. M., Rheinstr. 29 II.
19. Gmelin, Dr. Hans G. A., ord. Professor der Rechte, Gießen, Wiesenstr. 2.
20. Glum, Dr. F., Privatdozent der Rechte an der Universität Berlin, Berlin-Zehlendorf, Fürstenstr. 24.
21. Heckel, Dr., a. o. Professor der Rechte, Berlin-Friedenau, Goßlerstr. 21.
22. Helfritz, Dr. Hans, ord. Professor der Rechte, Geheimer Regierungsrat, Breslau, Eichendorffstr. 63.
23. Heller, Dr. Hermann, Privatdozent an der Universität Leipzig, derzeit Berlin-Schlachtensee, Adalbertstr. 41.
24. Henrich, Dr. phil., jur. et rer. pol., Privatdozent an der Universität Wien, XVIII, Dittesgasse 40.
25. Hensel, Dr. Albert, a. o. Professor, Bonn, Joachimstr. 14.
26. Herrfahrdt, Dr. Heinrich, Privatdozent an der Universität Greifswald, Karlsplatz 18.
27. Heyland, Dr., Privatdozent an der Universität Gießen, Amtsrichter a. D., Adresse: Frankfurt a. Main-Süd, Gartenstr. 36.
28. Hippel, v., Ernst, Privatdozent der Rechte an der Universität Heidelberg, Beethovenstr. 51.
29. Holstein, Dr. Günther, ord. Professor der Rechte, Greifswald, Wolgasterstr. 39d.
30. Hübner, Dr. Rudolf, ord. Professor der Rechte, Geheimer Justizrat, Jena, Beethovenstr. 6.
31. Isay, Dr. Ernst, Oberlandesgerichtsrat in Hamm, Privatdozent an der Universität Münster i. W.
32. Jacobi, Dr. Erwin, ord. Professor der Rechte, Leipzig, Mozartstr. 9.
33. Jahrreiß, Dr. Hermann, a. o. Professor an der Universität Leipzig, N 22, Landsbergerstr. 1.

34. Jellinek, Dr. Walter, ord. Professor der Rechte, Kiel, Esmarchstr. 59.
35. Jerusalem, Dr. J. W., a. o. Professor an der Universität, Jena, Humboldstr. 21.
36. Kahl, Dr. Dr. D., Wilhelm, ord. Professor der Rechte, Geheimer Justizrat. M. d. R., Berlin-Wilmersdorf, Kaiserallee 23.
37. Kaufmann, Dr. Erich, ord. Professor der Rechte, Bonn, Dechenstr. 6.
38. Kelsen, Dr. Hans, ord. Professor der Rechte, Mitglied und ständiger Referent des Verfassungsgerichtshofs, Wien, VIII, Wickenburggasse 23.
39. Köhler, v., Dr. Ludwig, ord. Professor der Rechte, Staatsminister a. D., Tübingen, Hirschauerstr. 6.
40. Koellreutter, Dr. Otto, ord. Professor der Rechte, Oberverwaltungsgerichtsrat, Jena, Schaefferstr. 2.
41. Kraus, Dr. Herbert, ord. Professor der Rechte, Königsberg i. Pr., Goltzallee 12.
42. Kulisch, Dr. Max, ord. Professor der Rechte, Innsbruck, Adolf-Pichler-Str. 8.
43. Lassar, Dr. Gerhard, a. o. Professor an der Universität Hamburg, St. Benediktstr. 1.
44. Laun, Dr. Rudolf, ord. Professor der Rechte, Hamburg 37, Isestr. 123 I.
45. Layer, Dr. Max, ord. Professor der Rechte, Graz, Elisabethstr. 43.
46. Liermann, Dr. Hans, Privatdozent an der Universität Freiburg i. B., Thurnsenstr. 17.
47. Lukas, Dr. Josef, ord. Professor der Rechte, Münster i. W., Mauritzstr. 25.
48. Marschall v. Bieberstein, Freiherr, Dr. F., ord. Professor der Rechte, Freiburg i. B., Dreisamstr. 11.
49. Menzel, Dr. Adolf, ord. Professor der Rechte, Hofrat, Wien, 19/15, Windhabergasse 2a.
50. Merkl, Adolf, Dr. a. o. Professor der Rechte, Wien VIII Burggasse 102.
51. Mirbt, Dr. H., Privatdozent an der Universität Göttingen, Düsterer Eichenweg 22.
52. Nawiasky, Dr. Hans, a. o. Professor der Rechte, München, St. Annaplatz 8.
53. Neuwiem, Dr. R., ord. Professor der Rechte, Greifswald, Langefuhrstr. 14.
54. Oeschey, Dr. Rudolf, a. o. Professor an der Universität Leipzig, Adresse: München, Schellingstr. 1, Leipzig, Haydenstr. 12.

55. Perels, Dr. Kurt, ord. Professor der Rechte, Hamburg, Gustav-Freytag-Str. 7.
56. Peters, Dr. Hans, Privatdozent an der Universität Breslau, Charlottenstr. 53.
57. Pohl, Dr. Heinrich, ord. Professor der Rechte, Tübingen, Waldhäuserstr. 26.
58. Redlich, Dr. Josef, früher ord. Universitäts-Professor Minister a. D., Wien XIX, Armbrustergasse 15.
59. Richter, Dr. Lutz, a. o. Professor an der Universität Leipzig W 31, Rochlitzstr. 1.
60. Rieker, Dr. Karl, ord. Professor der Rechte, Geheimer Justizrat, Erlangen, Löwenichstr. 19.
61. Rothenbücher, Dr. Karl, ord. Professor der Rechte, München, Kaiserplatz 12.
62. Ruck, Dr. Erwin, ord. Professor der Rechte, Geheimer Justizrat, Basel-Bottmingen, Neuenruck.
63. Sartorius, Dr. Karl, ord. Professor der Rechte, Tübingen, Wilhelmstr. 12.
64. Seidler, Dr. Gustav, Hofrat, Professor an der Universität, Wien XVIII, Hasenauerstr. 53.
65. Smend, Dr. Rudolf, ord. Professor der Rechte, Berlin-Nicolassee, Teutonenstr. 1.
66. Schmidt, Dr. Richard, ord. Professor der Rechte, Geheimer Hofrat, Leipzig, Sternwartenstr. 79.
67. Schmitt, Dr. Carl, ord. Professor der Rechte, Bonn, Godesberg-Friesdorf, Bonnerstr. 211.
68. Schoen, Dr. Paul, ord. Professor der Rechte, Geheimer Justizrat, Göttingen, Merkelstr. 5.
69. Schönborn, Dr. W., ord. Professor der Rechte, Kiel, Bartelsallee 6.
70. Schranil, Dr. Rudolf, a. o. Professor an der Universität, Prag VII 1303.
71. Stier-Somlo, Dr. Fritz, ord. Professor des öffentlichen Rechts und der Politik an der Universität, Köln-Marienburg, Marienburgerstr. 31.
72. Strupp, Dr. Karl, a. o. Professor an der Universität, Frankfurt a. M., Kettenhofweg 139.
73. Tatarin-Tarnheyden, Dr. Edgar, ord. Professor der Rechte, Rostock i. M., Moltkestr. 18.
74. Thoma, Dr. Richard, ord. Professor der Rechte, Geheimer Hofrat, Heidelberg, Ziegelhäuser Landstr. 17.
75. Triepel, Dr. Heinrich, ord. Professor der Rechte, Geheimer Justizrat, Berlin-Grunewald, Humboldstr. 34.
76. Vervier, Heinrich, Dr. jur. und rer. pol., Regierungsrat I. Kl., Privatdozent an der Universität Würzburg, Theresienstr. 13.

77. Waldecker, Dr. Ludwig, ord. Professor der Rechte, Königsberg i. Pr., Körteallee 25.
78. Walz, Dr., Oberbürgermeister, ord. Honorarprofessor an der Universität Heidelberg.
79. Wenzel, Dr., Max, ord. Professor der Rechte, Rostock i. M., Kaiser-Wilhelm-Str. 26.
80. Wittmayer, Dr., Leo, Tit. a. o. Professor, Ministerialrat Wien, Schottenhof.
81. Wolgast, Dr., Ernst, Privatdozent an der Universität Königsberg i. Pr., Wrangelstr. 7 II.
82. Zorn, Dr. Philipp, ord. Professor der Rechte i. R., Geheimer Justizrat, Ansbach, Jüdtstr. 15.

VI. Satzung[1].

§ 1.

Die Vereinigung der deutschen Staatsrechtslehrer stellt sich die Aufgabe:

1. wissenschaftliche und Gesetzgebungsfragen aus dem Gebiete des öffentlichen Rechts durch Aussprache in Versammlungen der Mitglieder zu klären;
2. auf die ausreichende Berücksichtigung des öffentlichen Rechts im Universitätsunterricht und bei staatlichen und akademischen Prüfungen hinzuwirken;
3. in wichtigen Fällen zu Fragen des öffentlichen Rechts durch Eingaben an Regierungen oder Volksvertretungen oder durch öffentliche Kundgebungen Stellung zu nehmen.

§ 2.

Zum Eintritt in die Vereinigung ist aufzufordern, wer an einer deutschen Universität als Lehrer des Staats- oder Verwaltungsrechts tätig ist oder gewesen ist und sich der wissenschaftlichen Forschung auf dem Gesamtgebiete dieser Wissenschaften gewidmet hat.

Die Aufforderung geschieht auf Vorschlag eines Mitglieds durch den Vorstand. Ist dieser nicht einmütig der Überzeugung, daß der Vorgeschlagene die Voraussetzungen für den Erwerb der Mitgliedschaft erfüllt, so entscheidet die Mitgliederversammlung.

Als deutsche Universitäten im Sinne des Absatz 1 gelten die Universitäten des Deutschen Reichs, Österreichs und die deutsche Universität zu Prag.

Staats- und Verwaltungsrechtslehrer an anderen deutschen Universitäten außerhalb des Deutschen Reiches können auf ihren Antrag als Mitglieder aufgenommen werden.

Für Lehrer des Staats- und Verwaltungsrechts, die früher an einer deutschen Universität im Sinne des Absatz 3 tätig gewesen sind, aber jetzt bei einer ausländischen Universität tätig sind, gilt Absatz 3 und 4.

---

[1]) Beschlossen am 13. Oktober 1922.

§ 3.

Eine Mitgliederversammlung soll regelmäßig einmal in jedem Jahre an einem vom Vorstande zu bestimmenden Orte stattfinden. In dringenden Fällen können außerordentliche Versammlungen einberufen werden. Die Tagesordnung wird durch den Vorstand bestimmt.

Auf jeder ordentlichen Mitgliederversammlung muß mindestens ein wissenschaftlicher Vortrag mit anschließender Aussprache gehalten werden.

§ 4.

Der Vorstand der Vereinigung besteht aus einem Vorsitzenden, seinem Stellvertreter und einem Schriftführer, der auch die Kasse führt. Der Vorstand wird am Schlusse jeder ordentlichen Mitgliederversammlung neu gewählt[1]).

Zur Vorbereitung der Mitgliederversammlung kann sich der Vorstand durch Zuwahl anderer Mitglieder verstärken. Auch ist Selbstergänzung zulässig, wenn ein Mitglied des Vorstandes in der Zeit zwischen zwei Mitgliederversammlungen ausscheidet.

§ 5.

Zur Vorbereitung ihrer Beratungen kann die Mitgliederversammlung, in eiligen Fällen auch der Vorstand, besondere Ausschüsse bestellen.

§ 6.

Über Aufnahme neuer Mitglieder im Falle des § 2 Abs. 2 sowie über Eingaben in den Fällen des § 1 Ziffer 2 und 3 und über öffentliche Kundgebungen kann nach Vorbereitung durch den Vorstand oder einen Ausschuß im Wege schriftlicher Abstimmung der Mitglieder beschlossen werden. Mit Ausnahme der Entscheidung über die Aufnahme neuer Mitglieder bedarf ein solcher Beschluß der Zustimmung von zwei Dritteln der Mitgliederzahl, und es müssen die Namen der Zustimmenden unter das Schriftstück gesetzt werden.

§ 7.

Der Mitgliedsbeitrag beträgt fünf[2]) Mark für das Kalenderjahr.

---

[1]) Durch Beschluß vom 10. März 1925 fiel der bisherige Satz: „Der Vorsitzende und sein Stellvertreter dürfen innerhalb eines Zeitraums von sieben Jahren nur einmal wiedergewählt werden", fort.

[2]) Beschlossen am 12. April 1924.

FSC
www.fsc.org
MIX
Papier | Fördert
gute Waldnutzung
FSC® C083411

Kolibri 360 GmbH
Ferdinand-Jühlke-Straße 7
99095 Erfurt, Deutschland
produktsicherheit@kolibri360.de